장래의 비밀

요한계시록

장래의 비밀 요한계시록

초판 1쇄 발행 2023년 9월 1일

지은이 윤대성
펴낸이 장길수
펴낸곳 지식과감성#
출판등록 제2012-000081호

교정 이주연
디자인 오정은, 정윤솔
편집 정한나
검수 정은솔, 정윤솔
마케팅 김윤길

주소 서울시 금천구 벚꽃로298 대륭포스트타워6차 1212호
전화 070-4651-3730~4
팩스 070-4325-7006
이메일 ksbookup@naver.com
홈페이지 www.knsbookup.com

ISBN 979-11-392-1264-8(03230)
값 20,000원

지식과감성#
홈페이지 바로가기

장래의 비밀

요한계시록

윤대성 목사

불이 섞인 유리 바다를 지나

수정 같은 유리 바다에 서다

지식과감성#

시작하며

코로나의 전 세계적 확산과 그로 인한 전 세계적인 통제, 러시아와 우크라이나의 그칠 줄 모르는 전쟁과 궁지에 몰려 핵 카드를 진지하게 고민하는 푸틴, 폭염, 폭설, 홍수 등 전 세계적인 이상 기후, 처처에 기근, 지진, 화산 폭발과 미국과 중국의 치열한 패권 경쟁, 이란의 핵 개발과 이를 결코 용인할 수 없는 이스라엘의 공격… 재난들이 연이어 일어나고 있다.

주께서 난리와 난리의 소문이 있고, 민족이 민족을, 나라가 나라를 대적하여 일어나며 곳곳에 기근과 지진과 전염병이 있다고 하신 바로 그 재난의 시작이 지금 우리 앞에 찾아오고 있다. 땅이 깨지고 깨지며, 땅이 갈라지고 갈라지며 땅이 흔들리고 흔들리며, 땅이 취한 자같이 비틀비틀하며, 원두막같이 흔들리며 땅의 기초가 진동하리라고 했다. 이 모든 일은 우연히 일어나는 것이 아니다. 때가 가깝다. 재난은 이미 시작되었다.

그렇다면 이 모든 일은 언제 끝날 것이며 어떻게 끝날 것인가? 세계는 지금 어디로 흘러가고 있으며 이 길 끝에는 무엇이 기다리고 있는가? 인류가 살길은 무엇이며 살기 위해서 어떤 노력을 해야 하는가? 요한계시록은 우리에게 일어나는 수많은 궁금증에 대한 해답을 주고 있다. 지금은 요한계시록을 이해하고 준비해야 할 때다.

주님의 때가 다가오고 있다. 주님의 때가 이르기 전에 적그리스도의 기세가 하늘을 찌를 듯한 환난의 날도 점점 우리에게 다가오고 있다. 자본주의와 민주주의 체제의 끝이 오고 적그리스도의 체제가 오고 있다. 그 후엔 예수 그리스도의 왕국이 올 것이다.

지금은 자다가 깰 때다.

학교 갈 시간이 되어도 일어나지 않는 아이가 있다면 깨워야 한다. 출근할 시간이 되어도 깨지 않는 사람이 있다면 깨워야 한다. 이제는 영적 잠에서 깨어 일어나야 할 때다.

우리 인생은 눈물 골짜기에 핀 한 송이 꽃과 같다. 이스라엘 백성들이 '물의 바다' 홍해를 지나 약속의 땅에 이른 것처럼, 불이 섞인 유리 바다를 건너야 수정 같은 유리 바다에 서서 보좌에 계신 하나님을 영원토록 예배할 수 있을 것이다. 마음과 믿음의 각오를 단단히 하고 그날을 준비해야 하리라.

모든 영광을 주님께!

2023년 4월 1일 금호강 가에서

윤대성 목사

차례

계시의 책 요한계시록

오래전 새벽 기도를 위해 일어나는 순간 내 귀를 가득 채우는 뿔 나팔 소리를 들은 적이 있다. 너무나 또렷하고 강렬한 음률로 내 귀를 가득 채운 뿔 나팔 소리는 "빛나고 높은 보좌와 그 위에 앉으신"이라는 찬양이었다. "빛나고 높은 보좌와 그 위에 앉으신 주 예수 얼굴 영광이 해같이 빛나네. 해같이 빛나네." 잠을 깬 후에도 한참 동안 내 귀를 울리던 그 뿔 나팔 소리를 잊을 수 없다. 복음으로 인해 밧모섬에 갇혀 힘든 노역 생활을 하던 예수님의 제자 사도 요한은 어느 날 영광의 주님을 만나 찬란하게 빛나는 하나님의 보좌를 보게 된다. 요한계시록은 밧모섬에서 만난 예수님으로부터 받은 명령을 따라 소아시아 일곱 교회에 보낸 편지다. 요한계시록의 기록 연대가 95년경 정도니 사도 요한이 예수님의 제자로 예수님을 따라다닐 때는 한창 젊은 청년이었으나 이제는 거의 80대 노인이 되어 이 글을 써서 보낸 것이다. 여생을 편안히 보내야 할 인생의 마지막 황혼 녘에 지중해의 외로운 섬에 갇혀 힘든 노역 생활을 하던 외로운 노사도에게 예수님이 찾아오셨고 거기서 소아시아 일곱 교회에서 일어나고 있는 소식과 마지막 때 있을 장래의 비밀을 듣고 본 대로 기록하여 편지로 보낸 것이다. 요한계시록은 성경에 기록된 하나님의 약속이 어떻게 성취되고 완성되어 가는지를 한 폭의 그림처럼 보여 준다. 요한계시록은 단지 우리의 장래를 보여 주는 예언의 책 정도가 아니라, 구원의 여정을 담은 성경의 축소판이요 성경의 결론을 보여 주는 책 같은 것이라 할 수 있다. 요한계시록을 바로 이해하기 위해서는 성경 전체에 대한 이해와 성령의 도우심이 필요하다. 이제 요한계시록의 여정을 시작하기로 하자.

요한계시록 소개

"예수 그리스도의 계시라 이는 하나님이 그에게 주사 반드시 속히 될 일을 그 종들에게 보이시려고 그 천사를 그 종 요한에게 보내어 지시하신 것이라 요한은 하나님의 말씀과 예수 그리스도의 증거 곧 자기의 본 것을 다 증거하였느니라 이 예언의 말씀을 읽는 자와 듣는 자들과 그 가운데 기록한 것을 지키는 자들이 복이 있나니 때가 가까움이라 요한은 아시아에 있는 일곱 교회에 편지하노니 이제도 계시고 전에도 계시고 장차 오실 이와 그 보좌 앞에 일곱 영과 또 충성된 증인으로 죽은 자들 가운데서 먼저 나시고 땅의 임금들의 머리가 되신 예수 그리스도로 말미암아 은혜와 평강이 너희에게 있기를 원하노라 우리를 사랑하사 그의 피로 우리 죄에서 우리를 해방하시고 그 아버지 하나님을 위하여 우리를 나라와 제사장으로 삼으신 그에게 영광과 능력이 세세토록 있기를 원하노라 아멘 볼지어다 구름을 타고 오시리라 각인의 눈이 그를 보겠고 그를 찌른 자들도 볼 터이요 땅에 있는 모든 족속이 그를 인하여 애곡하리니 그러하리라 아멘 주 하나님이 가라사대 나는 알파와 오메가라 이제도 있고 전에도 있었고 장차 올

자요 전능한 자라 하시더라 나 요한은 너희 형제요 예수의 환난과 나라와 참음에 동참하는 자라 하나님의 말씀과 예수의 증거를 인하여 밧모라 하는 섬에 있었더니"(계 1:1-9)

요한계시록은 예수 그리스도의 계시의 책이다.[1] '계시'의 헬라어 원어는 '아포칼립시스'로 '숨은 것이 드러나다', '감춰었던 것이 나타나다'라는 뜻이다. 요한계시록은 요한 개인의 생각, 감정, 경험, 느낌, 상상, 주장, 사상을 글로 쓴 것이 아니라, 하나님께서 보여 주신 것을 가감 없이 그대로 기록한 글이다.[2] 1-3절의 "보이시려고", "하나님의 말씀과 예수 그리스도의 증거", "자기의 본 것", "이 예언의 말씀"은 모두 '계시'를 뜻하는 말이다. '묵시'가 감추는 것이라면 '계시'는 드러내는 것이다. 요한계시록은 감추려는 것이 아니라 드러내려는 책이다. 그러나 모든 이에게 드러내려는 것은 아니다. 어떤 이에게는 드러내고 어떤 이에게는 감추려는 이중성을 가지고 있다. 예수님께서 종종 비유로 말씀하신 이유도 여기에 있다. "그러므로 내가 저희에게 비유로 말하기는 저희가 보아도 보지 못하며 들어도 듣지 못하며 깨닫지 못함이니라"[3] 그렇다면 어떤 이에게 드러내고 어떤 이에게 감추는 것인가? "그때에 예수께서 대답하여 가라사대 천지의 주재이신 아버지여 이것을 지혜롭고 슬기 있는 자들에게는 숨기시고 어린아이들에게는 나타내심을 감사하나이다 옳소이다 이렇게 된 것이 아버지의

1 계 1:1
2 계 1:2; 22:18-19
3 마 13:13

뜻이니이다 내 아버지께서 모든 것을 내게 주셨으니 아버지 외에는 아들을 아는 자가 없고 아들과 또 아들의 소원대로 계시를 받는 자 외에는 아버지를 아는 자가 없느니라"[4] 스스로 지혜롭다고 생각하며 배척하는 자들에게는 숨기시고 어린아이와 같이 자기를 낮추며 주의 뜻을 찾고 순종하는 주의 백성들에게는 드러내신다.[5] 교만한 악인들에게 감추시는 것은 깨닫지 못하게 하여 하나님의 일을 방해하지 못하도록 하려는 것이요 어린아이와 같은 자기 백성에게 드러내시는 것은 듣고 깨달아 영적 유익을 얻고 준비하게 하려는 것이다. 그러나 주의 백성이라도 아직 믿음이 어리거나 때가 되지 않았을 때 그 뜻을 감추셨다가 믿음이 자라고 때가 될 때 드러내신다.

계시의 책을 잘 이해하려면 계시를 주신 분을 잘 이해해야 한다. 요한계시록을 계시한 '주체'는 삼위일체 하나님이다. "예수 그리스도의 계시"라 했으니 '예수님의 계시'요, 하나님께서 예수 그리스도에게 주신 것이니 '하나님의 계시'요, '성령의 감동'으로 기록된 것이니[6] 하나님의 깊은 것까지도 통달하시는 '성령님'의 계시다.[7] 삼위일체 하나님께서 계시하신 책을 인간의 지혜와 지식으로 풀 수 없다. 요한계시록을 바르게 이해하기 위해서는 삼위일체 하나님을 이해할 수 있도록 성경을 많이 읽고 보혜사 성령님의 도우심을 어린아이와 같이 겸손한 마음으로 간구하는 자세가 필요하다.

계시의 '내용'은 "반드시 속히 될 일"이며, 계시의 '목적'은 반드시 속히

---

4 마 11:25-27

5 마 18:4; 막 10:15; 롬 1:22

6 계 1:10

7 고전 2:10

일어날 일들을 하나님의 종들(그리스도의 종들)에게 보이시고 알게 하려는 것이다.[8] 요한계시록의 세 부분(사도 요한이 본 것, 이제 있는 일, 장차 될 일)[9] 중에서 '장차 될 일'을 알려 주려는 것이 계시를 주신 주된 목적이다. 장차 될 일을 알고 대비하기를 바라시는 것이 주의 뜻임을 알 수 있다.

계시의 '경로'(전달 과정)는 하나님 → 예수 그리스도 → 천사 → 사도 요한[10] → 소아시아 일곱 교회와 성도들[11]을 통해 모든 교회와 오늘 우리에게 성경으로 전달되었다. 이 계시의 책이 우리 손에 오기까지 하늘과 땅의 많은 수고가 있었다. 계시의 '완전성'은 하나님의 말씀과 예수 그리스도의 증거 곧 자기가 본 것을 다 증거했다는 사도 요한의 진술을 통해 확인할 수 있다.

계시의 '유익'은 이 예언의 말씀을 읽는 자와 듣는 자와 그 가운데에 기록한 것을 지키는 자에게 복이 있다는 것이다. 읽고 들어야 준비할 수 있고, 거기서 나아가 지켜 행하는 자가 '성전 안에 있는 자들'[12]로서 참믿는 자요 천년 왕국에서 왕 노릇하고 새 예루살렘성에 들어갈 자들이다.

때가 가깝다고 했다. 주님 다시 오실 때가 가깝고 마지막 때가 가깝다는 뜻이다. 그러나 2천 년이 지나도록 예수님이 오시지 않았다. 때가 가깝다는 말씀은 무슨 뜻인가? "사랑하는 자들아 주께는 하루가 천년 같고 천년이 하루 같은 이 한 가지를 잊지 말라 주의 약속은 어떤 이의 더디다고 생

8 계 1:1
9 계 1:19
10 계 1:1
11 계 1:4-11
12 계 11:1

각하는 것 같이 더딘 것이 아니라 오직 너희를 대하여 오래 참으사 아무도 멸망치 않고 다 회개하기에 이르기를 원하시느니라"[13]라고 했다. 주께는 천년이 하루 같고 밤의 한 경점(약 3시간)과 같다.[14] 창조주 하나님의 시간으로는 영원도 한순간에 불과하다. 창조주 하나님의 시간과 하루살이 같은 사람의 시간이 어찌 같을 수 있겠는가? 똑같은 시간이라도 어른이 느끼는 시간과 아이가 느끼는 시간이 다른 것처럼 주님의 시간과 우리가 느끼는 시간은 다르다. 어른이 순간이라고 보는 시간이 아이에게 더디고 길게 느껴지는 것처럼, 주님의 시간이 우리에게는 더딘 것처럼 느낄 수 있다. 따라서 주님의 약속이 잘못된 것이 아니라, 시간에 대한 이해의 차이, 시간의 상대성 때문임을 알 수 있다. 그러면 2천 년이 지나도록 주의 때가 더딘 이유는 무엇인가? 오직 주께서 우리를 대하여 오래 참으사 아무도 멸망하지 아니하고 다 회개하기에 이르기를 원하시기 때문이다. 그런데 지금은 주님의 시간으로나 우리의 시간으로나 주님의 때가 매우 임박했음을 느낄 수 있다.

요한계시록의 구성

요한계시록은 어떻게 구성되어 있을까? 밧모섬에서 사도 요한에게 나타나신 예수님은 "그러므로 네 본 것과 이제 있는 일과 장차 될 일을 기록하라"[15]라고 말씀했다. 그 말씀대로 요한계시록은 사도 요한이 본 것,[16] 이

---

13 벧후 3:8-9

14 시 90:4

15 계 1:19

16 요한계시록 1장

제 있는 일,[17] 장차 될 일,[18] 이 세 부분으로 이루어져 있다. 사도 요한이 본 것은 밧모섬에서 본 예수 그리스도의 영광스러운 모습이요, 이제 있는 일은 소아시아 일곱 교회에 일어나고 있는 현재 일이며, 장차 될 일은 장차 온 세상에 일어날 장래의 일에 대한 것이다.

내용	요한이 본 것	지금 있는 일	장차 될 일
시간	과거	현재	미래
성경	1장	2-3장	4-22장
예언의 무대	밧모섬	소아시아	전 세계

요한계시록의 구성

세 부분의 연관성

요한계시록의 이 세 부분은 성막을 연결한 고리와 같이 서로 연결되어 있다.[19] 1장에서 요한이 목격한 영광스러운 예수님의 모습은 2-3장의 소아시아 일곱 교회의 영적 상태와 관련 있고, 2-3장의 예수님의 칭찬, 책망, 위로, 경고, 약속의 말씀들은 4장 이후 마지막 때에 성취되는 것을 볼 수 있다.

예수님이 에베소 교회에 '일곱 별을 붙잡고 일곱 촛대 사이를 다니시는 분'으로 나타나신 것은 처음 사랑을 버린 죄를 회개하지 않을 때 촛대(교회)를 옮기신다는 뜻이며 마지막 때에 '두 촛대'(두 증인)가 세워지는 것을

17 요한계시록 2-3장

18 요한계시록 4-22장

19 출 26:6-11

볼 수 있다.[20]

서머나 교회에 '처음이며 마지막이요 죽었다가 살아나신 이'로 나타나신 것은 죽도록 충성하면 생명의 면류관을 주시고 부활의 영광에 참여할 것을 보여 주신 것으로 천국의 이십사 장로들이 금 면류관을 받은 모습과 천년 왕국 때 '죽었다가 다시 살아난 자들이 주님과 함께 왕 노릇'하는 모습으로 성취된다.[21]

버가모 교회에 '좌우에 날선 검을 가지신 이'로 나타나신 것은 니골라당의 행위에 대하여 말씀의 검으로 싸우실 것을 보여 준 것으로, 마지막 때 니골라당과 같은 적그리스도 정부와 말씀의 검으로 싸우시는 모습으로 성취된다.[22]

두아디라 교회에 '불꽃같은 눈과 빛난 주석과 같은 발을 가진 하나님의 아들'로 나타나신 것은 예수님이 사람의 뜻과 마음을 살피는 자로서 자칭 선지자라 하는 여자 이세벨의 행위를 살피고 있다는 것과 그것을 회개하지 않으면 그를 따르는 자들(영적 자녀)을 큰 환난으로 던지시고 사망(온역, 전염병)으로 죽이셔서 각 사람의 행위대로 갚아 주실 것을 보여 주기 위함이며, 넷째 인의 때에 청황색 말 탄 자가 땅 사분의 일의 권세를 얻어 사망으로 죽이는 모습과 큰 환난이 임하는 것과 행위대로 갚아 주시는 모습을 통해 성취된다.[23]

사데 교회에 '하나님의 일곱 영과 일곱 별을 가진 분'으로 나타나신 것은

---

20 계 1:10-16; 2:1, 5; 11:4

21 계 1:17-18, 2:8-10; 4:4; 20:4

22 계 1:16; 2:12, 15-16; 19:21

23 계 1:14-15; 2:18-23; 6:8-17; 16:6; 18:6-7

행함이 없는 죽은 행위를 회개하여 도적같이 주님을 맞이하지 말고 의의 흰 옷을 입으라는 것이며[24] 이것은 도적같이 오리라는 경고와 천국에서 흰 옷 입은 자들의 모습을 보여 줌으로써 성취된다.[25]

빌라델비아 교회에 '다윗의 열쇠를 가지신 이'로 나타나신 것은 그들 앞에 열린 문을 두시겠다는 복된 약속이며 사도 요한이 열린 문을 통해 천국에 입성하는 모습을 통해 성취된다.[26]

라오디게아 교회에 '아멘이요 충성되고 참된 증인이요 하나님의 창조의 근본'으로 나타나신 것은 영적 착각에 빠지지 말고 미지근한 신앙생활을 회개하고 열심을 내라는 것으로, 환난 때 미지근한 자들이 적그리스도와 싸워 패배하여 수치를 당하는 모습으로 성취된다.[27]

2~3장의 약속이 4~22장에서 어떻게 성취되는지 다음 도표를 참고하기 바란다.

---

24 계 3:2-4

25 계 1:4-16; 3:1; 4:4; 7:9; 16:15

26 계 1:18; 3:7-8; 4:1

27 계 1:5-7; 3:14-15, 19; 13:7

교회	지금 있는 일에서의 약속	장차 될 일에서의 성취
에베소	계 2:7	계 22:2
서머나	계 2:11	계 20:14
버가모	계 2:17	계 12:14
두아디라	계 2:22	계 6:17
	계 2:22	계 6:8
	계 2:27	계 12:5
	계 2:28	계 22:16
사데	계 3:5	계 4:4; 7:9; 20:12
빌라델비아	계 3:8	계 4:1
	계 3:10	계 12:5-9; 14:1
	계 3:12	계 11:1-4; 22:2
라오디게아	계 3:21	계 20:4

지금 있는 일과 장차 될 일의 연관성

결국 요한계시록은, 여호수아와 갈렙과 출애굽 2세대들이 약속을 믿고 믿음을 지킴으로써 광야를 지나 약속의 땅(가나안 땅)을 유업으로 받은 것처럼, 주님의 약속을 믿고 광야와 같은 세상에서 끝까지 믿음을 지켜 주님의 그 모든 약속을 받아 누리라는 것이다.

일곱 교회는 지상 교회의 '거울'과 같고 '이정표'와 같다. 신앙생활은 믿음의 경주요 믿음의 씨름이요 믿음의 선한 싸움이다.[28] 이 싸움에서 총사령관이요 응원군이신[29] 주께서 성도를 지켜보고 응원하며 함께 싸우심을 알고 믿음의 선한 싸움에서 이기라는 것이다.[30]

---

28 고전 9:24; 히 12:1-2; 엡 6:12; 딤전 1:18; 6:12

29 히 12:2

30 유 1:3

제1부

사도 요한이 본 것(1장)

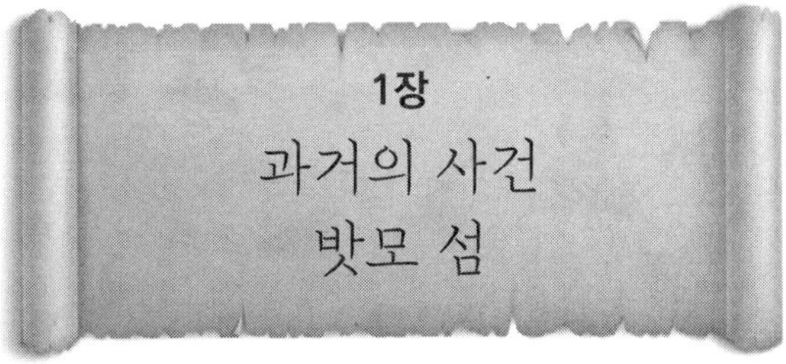

앞서 요한계시록은 세 부분으로 구성된다고 했다. 이제 그 첫 부분이 시작된다. 요한계시록의 첫 부분은 1장에 기록된 내용으로 사도 요한이 본 예수님의 영광스러운 모습이며 과거의 사건이요 예언의 무대는 밧모섬이다.

내용	**요한이 본 것**	지금 있는 일	장차 될 일
성경	**1장**	2-3장	4-22장
시간	**과거**	현재	미래
예언의 무대	**밧모섬**	소아시아	전 세계

요한계시록의 구성

1. 문안(계 1:4-9)

사도 요한은 요한계시록에 대한 간략한 소개를 마치고 자신이 본 것을 드러내기에 앞서 소아시아 일곱 교회에 삼위일체 하나님의 이름으로 문안한다. 소아시아는 고대 그리스에서 아시아라 불렸던 지방으로, 오늘날의 튀르키예 영토 중 토로스산맥과 폰투스산맥 서쪽의 반도, 그중에서도 에게해와 인접한 지역만을 가리키는 말이었으나 그 의미가 점점 확대되어 유라시아에서 유럽을 뺀 나머지 지역의 대륙을 일컫는 말이 되었다. 소아시아의 일곱 교회는 에베소, 서머나, 버가모, 두아디라, 사데, 빌라델비아, 라오디게아 교회이다.[1]

삼위일체 하나님의 이름으로 문안(계 1:4-5)

> "요한은 아시아에 있는 일곱 교회에 편지하노니 이제도 계시고 전에도 계시고 장차 오실 이와 그 보좌 앞에 일곱 영과 또 충성된 증인으로 죽은 자들 가운데서 먼저 나시고 땅의 임금들의 머리가 되신 예수 그리스도로 말미암아 은혜와 평강이 너희에게 있기를 원하노라"(계 1:4-5)

사도 요한은 성부 하나님(하나님 아버지)을 '이제도 계시고 전에도 계시고 장차 오실 이'로 소개한다. 하나님은 소아시아에 일어나는 현재의 일뿐 아니라, 과거의 역사와 미래의 일까지 만사를 주관하시는 분이다. 영원토

1 계 1:11

록 살아 계셔서 만유를 주관하시는 천지의 주재시다.[2]

사도 요한은 보혜사 성령 하나님[3]을 '그(하나님) 보좌 앞에 있는 일곱 영'으로 소개한다. 이를 4장에서는 "보좌 앞에 일곱 등불 켠 것"[4]이라고 했다. 이것은 지성소 앞의 등대 위에 '켠 일곱 등불'이 상징하는 실체가 보좌 앞에 있는 하나님의 일곱 영인 성령임을 의미한다. '등대'는 예수님을 상징한다.[5] 하나님의 일곱 영인 성령은 "온 땅에 보내심을 입은 하나님의 일곱 영"[6]으로 성소 안에 켠 일곱 등불이 온 성소를 두루 비추는 것처럼, 하나님의 일곱 영인 성령은 온 창조 세계를 두루 살피시고 비추시는 하나님의 영이시다. 여기의 '일곱'은 육지, 바다, 강과 물 근원, 하늘 등 하나님께서 창조하신 모든 세계(만유)를 상징한다.[7] 하나님의 영인 성령은 온 천지(우주)에 충만하신 분으로 계시지 않은 곳이 없다.[8]

사도 요한은 성자 예수님을 "또 충성된 증인으로 죽은 자들 가운데서 먼저 나시고 땅의 임금들의 머리가 되신 예수 그리스도"[9]라고 소개한다. 예수님은 하나님의 온 집을 맡은 아들로서 십자가에 죽기까지 충성하신 하나님의 충성된 증인이며, 죽은 자들 가운데 가장 먼저 부활하신 부활의 첫 열매요, 만왕의 왕이요 만주의 주로서 로마 황제를 비롯한 땅의 모든 통

---

2 창 14:19-22; 마 11:25; 행 4:24; 17:24; 계 6:10
3 요 14:16-26; 15:26; 16:7
4 계 4:5
5 계 5:6
6 계 5:6
7 창세기 1장, 요한계시록 8장과 16장 참조
8 렘 23:24; 시 139:7-12
9 계 1:5

치자들을 다스리시는 왕(머리)이실 뿐 아니라 온 교회와 만유를 다스리시는 왕이시다.[10] 공중의 권세 잡은 자 사탄[11]이 잠시 로마 황제를 비롯한 세상 통치자들의 왕 행세를 하고 있지만, 그를 다스리고 제어하시는 진정한 왕은 예수님이시다. 성도는 모든 권세가 하나님께로부터 난 것임을 알고 존중하고 복종하되,[12] 세상 권세가 주의 뜻을 거스를 때는 두려워하지 말고 주께 맡기며 모든 권세 위에 계신 주를 두려워하고 주의 뜻을 행해야 한다.

삼위일체 하나님

하나님은 한 분이시나 세 신격을 가지신 삼위일체 하나님(성부, 성자, 성령)이시다. 성경은 이를 분명히 증언하고 있다. "예수께서 하나님의 아들이심을 믿는 자가 아니면 세상을 이기는 자가 누구뇨 이는 물과 피로 임하신 자니 곧 예수 그리스도시라 물로만 아니요 물과 피로 임하셨고 증거하는 이는 성령이시니 성령은 진리니라 증거하는 이가 셋이니 성령과 물과 피라 또한 이 셋이 합하여 하나이니라"[13] 사도 요한이 쓴 또 다른 편지인 요한일서에서 사도 요한은 '세상을 이기는 자 둘'을 소개하고 있다. 세상을 이긴다는 것은 세상 정부를 물리적인 힘으로 싸워 이긴다는 뜻이 아니라, '세상의 죄와 죽음과 마귀 사탄의 권세'를 오직 믿음과 말씀으로 싸워 이긴다는 뜻이다. 세상을 이기는 자 둘은 '하나님께로부터 난 자' 성도[14]

---

10 히 3:6; 고전 15:20-23; 딤전 6:15; 계 3:10; 17:14; 19:16; 요 12:31
11 엡 2:2
12 롬 13:1
13 요일 5:5-8
14 요 3:3; 계 12:11

와 '물과 피로 임하신' 예수 그리스도를 가리킨다. '물'은 '말씀'이신 하나님을 상징하는 것으로, 예수님이 '태초부터 계신 생명의 말씀'[15]이요 하나님이심을 의미한다. '피'가 상징하는 것은 육체다.[16] 예수님이 피로 임하셨다는 것은, 하나님이신 예수님께서 (피가 상징하는) 사람(육신)의 몸을 입고 이 땅에 오신 것을 의미한다.[17] 물은 신성(神性), 피는 인성(人性)을 상징하는 것으로 예수님이 신격과 인격을 함께 가진 분 곧 하나님이면서 사람임을 의미한다. 50% 하나님, 50% 사람이 아니라 100% 하나님이요, 100% 하나님이시다. 이것을 확실히 증거하는 증인이 셋인데 '성령과 물과 피'라고 했다. 성령은 진리의 성령,[18] 물은 성부 하나님, 피는 성자 예수님을 상징한다. 두 증인이라고 했으면 물과 피로 임하신 예수님과 성령이라고 하겠지만, 세 증인이라고 했으니 이 구절에서의 물은 성부 하나님, 피는 성자 예수님[19]을 가리키는 것이다. 율법은 두세 증인의 증언이 있어야 진실을 입증받을 수 있다고 말한다.[20] 그런데 예수님이 신성과 인성을 가지신 분이라는 증인이 둘이 아니라 셋이니 이것이 확실한 진리라는 것이다. 그런데 이 '세 증인' 곧 '성령과 물과 피'가 상징하는 성부, 성자, 성령 하나님이 '합하여 하나'라고 했다. '합하여'란 말은 '총계'를 의미한다. 셋을 합하면 분명 셋이어야 한다. 그런데 하나라고 했다. 이것은 세 증인이 '신격은 셋'이지만 '몸은 하나'라는 것을 의미하는 것이다. 성부, 성자, 성령이 세 분이

15 요 1:1; 요일 1:1
16 레 17:11
17 요 1:14
18 요 15:26; 16:13
19 마 3:17
20 신 19:15

라는 오해를 막고 한 분임을 강조하기 위해 '합하여 하나'라고 말한 것이다. 이것이 '삼위일체'다. 예수님은 '나와 아버지는 하나'라고 하여[21] 성부와 성자가 하나인 것을 증언했고, 베드로는 성령을 속이는 것이 하나님을 속이는 것이라 하여[22] 성부와 성령이 하나인 것을 증언했고, 사도행전에서는 '예수의 영'을 성령이라 하여[23] 성자와 성령이 하나인 것을 증언하고 있다.

삼위일체 하나님의 성경적 근거는 곳곳에서 발견할 수 있다. "하나님이 가라사대 우리의 형상을 따라 우리의 모양대로 우리가 사람을 만들고"[24] 라고 했다. 이 구절의 '하나님'은 복수형 단수다. 그래서 술어도 단수다. 하나님은 한 분이라는 것이다.[25] 그렇다면 '나의 형상을 따라 나의 모양대로 내가 사람을 만들고'라고 해야 한다. 그런데 "우리의 형상을 따라 우리의 모양대로 우리가 사람을 만들고"라고 '우리'를 세 번이나 강조하고 있다. 하나님은 한 분이시지만 복수의 신격을 가진 분이기 때문이다. 창세기 11장의 바벨탑 사건에서도 "여호와께서 가라사대 … 자, 우리가 내려가서"[26] 라고 했다. '여호와'는 하나님의 이름으로 단수다. 술어인 '이르시되'도 단수다. 그러면 '내가 내려가서'라고 해야 하는데 "자, 우리가 내려가서"라고 했다. 여호와 하나님은 한 분이나 복수의 신격을 가졌다. 그 복수의 신격

21 요 10:30
22 행 5:3-4
23 행 16:7
24 창 1:26
25 신 6:4
26 창 11:6-7

이 바로 '아버지와 아들과 성령' 곧 성부, 성자, 성령 하나님이다.[27]

그렇다면 세 신격(삼위)의 차이는 무엇일까? 먼저 '관계'의 차이가 있다. 성부와 성자는 '아버지와 아들의 관계'요, 성부와 성자, 성부와 성령의 관계는 '보내는 자와 보냄받은 자'의 관계이다. 성부는 성령을 보내시고 성자도 성령을 보내신다.[28] 마치 왕이 사신이나 대사를 타국에 보내는 것과 같다. 또 '사역'의 차이가 있다. '구원 사역'에 있어 성부는 구원을 계획하시고 성자는 성취하시고 성령은 적용하신다. '교회 사역'에 있어 성자는 직분을 세우시고 성령은 은사를 나누어 주시며 성부는 역사를 이루신다.[29] '기도 사역'에 있어 성부는 기도의 대상이요 성자는 기도의 중보자며[30] 성령은 기도를 돕는 자시다.[31] 또 '질서'로는 성부 성자 성령의 순서이지만 '영광과 권능'은 동등하며 높고 낮음이 없다. 성부 하나님이 크고 성자와 성령은 종속된 하나님이라는 생각은 잘못된 생각이다.

삼위일체를 물이 수증기로 변하고 얼음으로 변하는 '상태의 변화'로 오해하거나, 세 신격이 하나님의 삼분의 일을 나누어 가진 것으로 오해하지 말아야 한다. 인간의 지성으로 이해할 수 없는 것을 억지로 이해하려 하지 말고 성경의 증언을 그냥 믿음으로 받아들이면 된다. 무한 광대하신 창조주 하나님을 한낱 티끌과 먼지에 불과한 사람이 어떻게 다 이해할 수 있겠는가?

우리는 '삼신'을 믿는 것이 아니라 '유일하신 하나님'을 믿는다. 그러

---

27 마 28:19; 고후 13:13
28 요 14:16, 26; 15:26
29 고전 12:4-6
30 딤전 2:5; 요 15:16
31 롬 8:26

나 그 한 하나님은 성부, 성자, 성령 세 신격을 가진 한 하나님이다. 우리는 세 신격을 가진 한 분 하나님을 믿는다. 이것이 여러 신들을 믿는 다신교나, 삼위일체를 부정하는 이슬람교와 다른 점이다. 삼위일체에는 '일체'의 '통일성'과 함께 '삼위'의 '다양성'이 있다. 가톨릭(천주교)은 삼위일체에다 예수님의 육신의 어머니 마리아를 '성모'라 하여 성부 성자 성령의 반열에 더하여 올려놓고 성모를 성자와 성부 이상의 존재로 신격화하는 우상 숭배의 큰 죄를 범하고 있다. 이것은 아세라 숭배와 같은 가증한 우상 숭배다.

우상 숭배자들은 천국에 들어갈 수 없다.[32] 바벨론의 우상인 벨과 느보가 파괴된 것처럼 성모 우상 숭배와 온갖 성인 숭배는 주께서 재림하시는 날 무너지게 될 것이다.[33] 우상 숭배자들은 속히 회개하고 돌이켜 오직 삼위일체 하나님만 섬겨야 한다.

은혜와 평강을 기원함(계 1:5)

사도 요한은 삼위일체 하나님의 이름으로 문안하며 '은혜와 평강'을 기원했다.[34] 성도는 세계 각처에 흩어져 있는 나그네와 행인 같은 사람들이다.[35] 나그네와 순례자와 같은 인생길에 꼭 필요한 필수품이 있다면 그것은 물질이나 명예나 권세가 아니라 은혜와 평강이다. 은혜와 평강은 이스라엘의 제사장들이 이스라엘을 축복할 때 하나님께 구하던 축복의 말씀이다. "여호와는 네게 복을 주시고 너를 지키시기를 원하며 여호와는 그

---

32 계 21:8; 22:15
33 사 46:1; 계 18:2
34 계 1:5
35 벧전 2:11

얼굴로 네게 비취사 은혜 베푸시기를 원하며 여호와는 그 얼굴을 네게로 향하여 드사 평강 주시기를 원하노라 할찌니라 하라"[36] 사도 바울은 편지를 쓸 때마다 거의 모든 문안 인사에 은혜와 평강을 기원했다.[37] 은혜와 평강은 초대 교회 성도뿐 아니라 오고 오는 모든 세대의 성도에게 꼭 필요한 나그네의 필수품이다.

그렇다면 은혜는 무엇이며, 평강은 무엇인가? '은혜'는 물이 위로부터 아래로 흐르는 것처럼 위에 계신 하나님께로부터 아래에 있는 우리에게 값없이 내리는 선물이다. '삯'이 일에 대한 '보수'로 주는 것이라면 '은혜'는 '값없이' 주는 것이다. 사람이 살아가는 데 필요한 모든 환경은 은혜로 주신 것들이다. 달이나 금성이나 화성에는 사람이 살 수 없지만, 지구는 사람이 살 수 있는 햇빛, 공기, 물, 산소 등 모든 조건을 갖추고 있다. 그 모든 것들이 하나님께서 은혜로 주신 것들이다. 사람이 받은 모든 것들은 다 하나님께서 은혜로 주신 것들이다. 노아가 홍수 심판을 피하고 하나님과 동행한 것도 하나님의 은혜다.[38] 예수 믿고 구원받는 것은 하나님의 은혜다. 구원은 행위로 말미암은 것이 아니라 은혜로 주신 하나님의 선물이다.[39] 주의 뜻을 이룸도 하나님의 은혜다. "여호와께서 집을 세우지 아니하시면 세우는 자의 수고가 헛되며 여호와께서 성을 지키지 아니하시면 파수꾼의 경성함이 허사"[40]라고 했다. 사람이 수고한다고 이루는 것이 아니요 힘

36 민 6:24-26

37 롬 1:7; 고전 1:3; 고후 1:2; 갈 1:3; 엡 1:2; 빌 1:2; 골 1:2; 살전 1:1; 살후 1:2; 딤 1:4; 몬 1:3; 벧전 1:2; 벧후 1:2

38 창 6:8

39 엡 2:8-9

40 시 127:1

쓰고 애쓰며 쌓는다고 되는 것이 아니다. 빨리 달린다고 먼저 도착하는 것이 아니다. "나의 나 된 것은 하나님의 은혜로 된 것"[41]이다. 당연히 누리는 것이 아니다. 은혜 아닌 것이 없다. 은혜 없이 살 수 있는 사람은 없다. 풀잎이 매일 아침 이슬을 머금고 사는 것처럼, 성도는 매일 은혜를 머금고 사는 나그네임을 알아야 한다.

은혜로 살아가는 나그네 된 성도에게 꼭 필요한 것이 그리스도의 평강(평화, 평안)이다. 세상에는 두 가지 평화가 있다.[42] 세상이 주는 평화와 주님이 주시는 평화다. 세상 평화는 외부로부터 오는 것이요 있다가도 없어지며 잠시 왔다가 사라지는 불안하고 위태로운 평화다. 그러나 주님의 평화는 내부로부터 오는 우리 주께서 주시는 것이요 폭풍우가 몰아치는 바닷속 깊은 곳의 고요함 같은 것이다. 난리와 난리의 소문이 들리고 환난과 시험이 닥쳐도 흔들리지 않는 놀랍고도 깊은 평화다. 이스라엘은 이 평화를 오랫동안 갈망했으나 얻지 못하고 누리지 못했다. 그들의 왕도(王都) 예루살렘은 '평화의 성'이라는 뜻이었으나 아이러니하게도 하나님의 집인 성전을 모신 하나님의 성 예루살렘에 평화가 없었다. 그들이 하나님의 말씀을 듣지 않았기 때문이다. "슬프다 네가 나의 명령을 듣지 아니하였도다 만일 들었더면 네 평강이 강과 같았겠고 네 의가 바다 물결 같았을 것"[43]이라고 했다.

그러면 어떻게 평화를 누릴 수 있을까? 하나님께서 이스라엘 자손 중에 모세와 같은 선지자 하나를 일으키실 것인데 그의 말씀을 들으라 하셨

---

41 고전 15:10

42 요 14:27

43 사 48:18

다.[44] 바로 그 선지자가 예수 그리스도시다.[45] 예수 그리스도를 나의 주인(왕)으로 영접하고 그 말씀에 순종할 때 참 평화를 누릴 수 있다. 그러나 유대인들은 평화의 왕[46]으로 오셔서 평화의 소식(복음)을 전하시고 자기 몸을 평화의 제물로 내어 주신 그분을 십자가에 못 박아 죽였다. 참평화를 누리려면 십자가의 죽음으로 하나님과 사람, 사람과 사람 사이에 참평화를 이루신 예수 그리스도[47]를 영접하고 그 뜻대로 살아야 한다.

예수 그리스도를 송축함(계 1:5-6)

> "우리를 사랑하사 그의 피로 우리 죄에서 우리를 해방하시고 그 아버지 하나님을 위하여 우리를 나라와 제사장으로 삼으신 그에게 영광과 능력이 세세토록 있기를 원하노라 아멘"(계 1:5-6)

사도 요한은 삼위 하나님의 이름으로 은혜와 평강을 기원한 후 "우리를 사랑하사 그의 피로 우리 죄에서 우리를 해방하시고 그의 아버지 하나님을 위하여 우리를 나라와 제사장으로 삼으신" 예수 그리스도를 송축했다. '우리'라는 단어가 4번 반복되고 있다. 예수님의 모든 행위는 우리를 위한 '대표자'의 행위다. 예수님은 우리의 '대표자' 그리스도다. 대표자의 행위는 소속된 자들의 모든 것을 대표하고 대신한다. 국가 대표 선수가 경기에서 이기면 소속된 국민의 승리요 지면 소속된 국민의 패배다. 경기장에 들

44 신 18:15
45 행 3:22-26
46 사 9:6; 미 5:5
47 엡 2:14-16

어가 공 한 번 건드리지 않아도 말이다.

이와 같은 대표 원리를 설명한 것이 로마서 5장이다. 우리 인류에게는 두 대표자가 있다. 첫째는 아담이요, 둘째는 마지막 아담 예수 그리스도다.[48] 이 두 대표자 중에 누구에게 소속되는지가 영원한 운명(영생과 영벌)을 결정하게 된다. 아담은 '불순종'이라는 '한 범죄'로 인하여 이 세상에 '죄와 저주와 죽음'을 가져왔다.[49] 그래서 그를 따르는 자, 그에게 소속된 모든 사람은 정죄를 받고 심판을 받아 영원한 멸망(지옥 형벌)에 이르게 된다.[50] 그와 반대로, 마지막 아담 예수 그리스도는 '십자가의 죽음'이라는 '한 의로운 순종의 행위'[51]로 인하여 이 세상에 '의와 생명(영생)과 복'을 가져왔다. 그래서 그를 따르는 모든 사람은 의롭다 함을 받아 심판을 면하고 영원한 생명(영생)을 누리게 된다.[52] 대표자 예수 그리스도의 의로운 행위가 그에게 속한 모든 사람의 행위가 되기 때문이다. 예수님의 의로운 행위[53]는 우리의 의로운 행위가 된다. 예수님의 죽음은 우리의 죄의 죽음이 되고, 예수님의 부활은 우리의 부활이 되고, 예수님의 승천, 하나님 보좌 우편에 좌정하심은 우리의 승천과 좌정이 된다.[54] 예수님의 그 모든 행위는 우리의 대표자로서 우리를 대신하고 대표한 행위다.

---

48 고전 15:45
49 롬 5:12
50 롬 5:12; 히 9:27
51 롬 5:18-19
52 롬 5:12
53 롬 8:4
54 히 12:2; 엡 2:5-6

우리의 대표자 예수님은 "우리를 사랑하사 그의 피로 우리 죄에서 우리를 해방"[55]하셨다. 말과 혀로만 사랑하신 것이 아니라 자기 생명을 아낌없이 십자가라는 제단에 제물로 내어 주셔서 죄와 죽음과 사탄의 권세에서 우리를 구원하시고 참자유와 해방을 주셨다. 그뿐 아니라 "그 아버지 하나님을 위하여 우리를 나라와 제사장으로" 삼으셨다. '성막'이 상징하는 하나님 나라의 백성으로 삼으시고, 성막의 일꾼 된 제사장들과 같은 하나님 나라의 제사장들 곧 주의 일꾼들로 삼으셨다.[56] 진실로 예수님은 세세토록 찬양과 영광과 존귀를 받기에 합당하신 분이시다.[57]

예수 그리스도의 재림을 소망함(계 1:7)

> "볼찌어다 구름을 타고 오시리라 각인의 눈이 그를 보겠고 그를 찌른 자들도 볼 터이요 땅에 있는 모든 족속이 그를 인하여 애곡하리니 그러하리라 아멘"(계 1:7)

우리를 사랑하사 자기 생명까지 내어 주신 예수님은 다시 오신다. 재림의 약속은 초림의 약속보다 3배나 더 많이 기록되었다. 그렇다면 예수님은 어떻게 오시는가?

예수님의 재림은 '영광'의 재림이다. "구름을 타고 오시리라"라고 했다. 이것은 예수님이 친히 하신 말씀이다.[58] 예수님께서 구름 가운데 승천하실

55 계 1:5
56 벧전 2:9
57 계 1:6
58 마 26:64

때 두 천사가 "다시 오실 때는 하늘로 가심을 본 그대로 다시 오시리라"[59] 라고 했다. '구름'은 하나님의 영광과 임재를 상징한다. 하나님께서는 영광의 구름 가운데 나타나셨다.[60] 예수님이 구름을 타고 재림하시는 것은 '영광의 재림'을 뜻한다. "그때에 인자의 징조가 하늘에서 보이겠고 그때에 땅의 모든 족속들이 통곡하며 그들이 인자가 구름을 타고 능력과 큰 영광으로 오는 것을 보리라"[61] 예수님이 이 세상에 처음 오셨을 때는 우리를 죄 가운데 구원하기 위해 '고난'의 주님으로 오셨다. 그러나 다시 오실 때는 하얀 세마포를 입고 백마를 탄 모든 천사와 모든 성도의 하늘 군대와 함께 구름을 타고 '영광'의 주님으로 오실 것이다.[62] 예수님이 이 세상에 처음 오셨을 때는 자기 백성이 영접하지 않았으나,[63] 다시 오실 때는 구원받은 자기 백성들의 열렬한 환영을 받을 것이다. 예수님이 예루살렘에 입성하실 때 호산나를 외치며 열렬하게 환영하던 무리처럼 말이다. 예수님의 이름 앞에 모든 무릎이 꿇고 모든 입(사람)이 예수 그리스도를 주(主)라 시인할 것이다.[64] 다니엘은 환상 중에 예수님의 영광스러운 재림의 광경을 미리 보았다. "내가 또 밤 이상 중에 보았는데 인자 같은 이가 하늘 구름을 타고 와서 옛적부터 항상 계신 자에게 나아와 그 앞에 인도되매 그에게 권세와 영광과 나라를 주고 모든 백성과 나라들과 각 방언하는 자로 그를 섬기

---

59 행 1:11

60 출 19:16; 24:15; 33:9-10; 34:5; 40:34-35; 레 16:2; 민 9:15-17; 11:25; 16:42; 왕상 8:10-11

61 마 24:30

62 계 19:14

63 요 1:11

64 빌 2:11

게 하였으니 그 권세는 영원한 권세라 옮기지 아니할 것이요 그 나라는 폐하지 아니할 것이니라"[65] 이 세상의 주인이요 주관자(왕)이신 주께서 자기 것을 찾으러 자기 땅(지구)에 오셔서 자기의 영원한 왕국(천년 왕국)을 세우실 것이다. 그때에 예수님을 믿고 따르는 성도는 나라를 얻어 왕 노릇할 것이다.[66] 그 누림이 영원하고 영원하고 영원할 것이다.[67]

예수님의 재림은 눈에 보이지 않는 영적 재림이 아니라, 모든 사람의 눈으로 볼 수 있는 '가시적' 재림이다. '은밀한 재림'이 아니라 '공개적 재림'이다. "각인의 눈이 그를 보겠고 그를 찌른 자들도 볼 터"[68]라고 했다. 예수님의 초림도 가시적 초림이었다. 초림 때는 몇몇 사람들이 아기로 오신 예수님의 얼굴을 보았으나 재림 때는 각 사람의 눈, 곧 모든 사람의 눈이 '각 사람의 주'로 오시는 분, 믿는 자를 구원하고 악인들을 심판하기 위해 왕위를 받아 오시는[69] 예수님의 얼굴을 보게 될 것이다. 예수님의 재림은 일부 사람에게만 나타나는 부분적 재림이 아니라 '전 세계적 재림'이다. 지구상의 모든 사람이 어떻게 동시에 주님을 볼 수 있을까? 지금도 사람들이 지구촌 곳곳에서 일어나는 일들을 동시에 TV와 인터넷으로 볼 수 있다. 하물며 전능하신 하나님께 그것이 어려운 일이겠는가?

예수님의 재림은 '심판'의 재림이다. "그를 찌른 자들도 볼 터이요 땅에 있는 모든 족속이 그를 인하여 애곡하리니 그러하리라"[70]라고 했다. '예수

65 단 7:13-14
66 단 5:31
67 단 7:18
68 계 1:7
69 눅 19:15
70 계 1:7

님을 찌른 자들', 곧 아프게 하고 상하게 하던 십자가의 원수들[71]이 예수님을 보게 될 것이다. 예수님을 십자가에 못 박은 로마 군병들, 십자가에 못 박도록 충동질하던 대제사장들, 서기관과 바리새인들, 무지하여 함께 조롱하며 모욕하던 수많은 무리들 그리고 예수님이 다시 오실 때까지 교회와 주의 종들과 성도들을 핍박하던 모든 자들이 주님의 얼굴을 보게 될 것이다. 예수님은 십자가에 못 박히실 때 욕을 받으시되 대신 욕하지 아니하시고, 고난을 받으시되 위협하지 아니하시고 오직 공의로 심판하시는 자에게 부탁하셨다.[72] 그때는 심판하지 않으시고 심판을 하나님 아버지께 부탁하시고 참으셨다. "그 앞에 있는 즐거움을 위하여!"[73] 곧 십자가의 희생을 통해 우리를 구원하실 구원의 즐거움을 위해서다. 그것 때문에 모든 것을 참고 심판을 하나님 아버지께 맡기셨더니 하나님 아버지께서는 도로 심판을 아들에게 다 맡기셨다.[74] 그래서 다시 오실 때는 세상의 심판자로 오실 것이다. 예수님이 처음 세상에 오셨을 때는 우리의 구원자로 오셨으나[75] 다시 오실 때는 세상의 심판자로 오신다. 처음 오셨을 때는 참으셨으나 다시 오실 때는 참지 않으시고 진노를 쏟으신다. 그래서 이날을 '하나님과 어린 양의 진노의 큰 날'이라 부른다.[76] "주 예수께서 저의 능력의 천사들과 함께 하늘로부터 불꽃 중에 나타나실 때에 하나님을 모르는 자들과 우리 주 예수의 복음을 복종치 않는 자들에게 형벌을 주시리니 이런 자

71 빌 3:18
72 벧전 2:23
73 히 12:2
74 요 5:22
75 요 3:17
76 계 6:17

들이 주의 얼굴과 그의 힘의 영광을 떠나 영원한 멸망의 형벌을 받으리로 다"[77]라고 했다. 믿지 않는 자들에게 그날은 진노의 날이 될 것이나, 믿는 성도들에게는 "그날에 강림하사 그의 성도들에게서 영광을 얻으시고 모든 믿는 자에게서 기이히 여김을 얻으시리라"[78]라고 하신 대로 놀라운 일을 행하신 주님께 큰 영광을 돌려 드리는 큰 기쁨의 날이 될 것이다.

그때 '땅에 있는 모든 족속'이 애곡한다고 했다. '땅의 모든 족속'을 영원한 죽음에서 구원하기 위해 전파된 영원한 생명의 복음[79]을 거절하고 배척했기 때문이다. 예수님이 다시 오실 때까지 충분한 시간과 기회를 주셨으나 영생의 복음을 저버렸고 영생의 복음을 전파하는 자들을 미워하고[80] 죽였으니, 그 전하신 복음대로 주께서 재림하시는 광경을 똑똑히 보고 자신들에게 임할 심판을 생각하며 땅을 치고 통곡하는 것이다. 그러나 후회해도 아무 소용없다. 복음이 주어졌을 때, 아직 은혜받을 만할 때, 구원의 기회가 있을 때 예수님을 구주로 믿고 영접해야 하는 것이다.[81] 방주의 문이 닫힌 후에 열 자가 없는 것처럼, 구원의 문이 닫히고 심판의 날이 찾아오면 아무리 주의 이름을 불러도 소용없을 것이다. 이제 그들을 기다리고 있는 것은 불꽃 중에 강림하시는 우리 주의 영원한 심판의 불꽃, 꺼지지 않는 지옥의 불꽃뿐이다. 그러나 회개하고 구원의 복음을 받은 땅의 모든 족속은, 흰 옷을 입고 하나님의 보좌와 어린 양 예수님 앞에 서서 하나님을

77 살후 1:7-9
78 살후 1:10
79 창 12:3; 마 28:19; 행 1:8
80 마 24:9
81 고후 6:2

예배할 것이다.[82] "그러하리라 아멘"이라고 했다.[83] '아멘'은 '그렇습니다', '그대로 되기를 원합니다'라는 뜻이다. 진실로 그 말씀대로 이루어질 것이다.

계시의 대표자 하나님의 자기소개(계 1:8)

> "주 하나님이 가라사대 나는 알파와 오메가라 이제도 있고 전에도 있었고 장차 올 자요 전능한 자라 하시더라"(계 1:8)

계시의 대표자 주 하나님께서 소아시아 일곱 교회와 모든 교회를 향해 인사를 대신하여 자기를 소개하는 모습이다. 알파는 헬라어 첫 글자요 오메가는 마지막 글자다. 이것은 하나님이 만물과 역사의 시작(창조)부터 마지막까지 한 치의 착오도 없이 만사를 시작하시고 자기 뜻대로 이루어 가시고 끝내시는 영원한 만유의 주관자임을 의미한다. 하나님은 시초부터 종말을 알리며 아직 이루지 아니한 일을 옛적부터 보이고 자신의 기뻐하시는 모든 뜻을 이루어 가는 분이시다.[84] "이는 만물이 주에게서 나오고 주로 말미암고 주에게로 돌아감이라 영광이 그에게 세세에 있으리로다 아멘"[85]이라고 했다. 만물은 주 하나님께로부터 나와 주 예수 그리스도를 반환점으로 하여, 다시 나온 길로 주 하나님께로 돌아간다. 만물은 주 하나님께로부터 '나오는 역사'와, 주 하나님께로 '돌아가는 역사'로 이루어진다.[86]

---

82 계 7:9

83 계 1:7

84 사 46:10-11

85 롬 11:36

86 자세한 내용은 저자의 책, 《나온 길로 돌아가는 하나님의 경륜 청사진》 참고하라

나온 길로 돌아가는 하나님의 경륜

주 하나님께로부터 나오는 역사는 어떠한가? 나오는 역사의 첫 번째 여정은 '천지와 에덴동산 창조'이다.[87] 하나님은 아무 것도 없는 것(무)에서 6일 동안 말씀으로 각기 종류대로 만물을 창조하시고 사람과 에덴을 창조하셨다. 모든 것이 하나님께로부터 나왔다. 하나님께서 창조하지 않은 것은 아무 것도 없다. 주 하나님은 모든 것의 '시작'이다.

87 창세기 1-2장

주(主) 예수 그리스도 → 〈마태복음-요한복음〉 →	
구약 교회 시대 **'교회'** 〈창세기 12장-말라기〉	신약 교회 시대 **'교회'** 〈사도행전-요한계시록 12장〉
니므롯의 바벨에서의 반역 **'반역'** 〈창세기 10-11장〉	적그리스도의 바벨론에서의 반역 **'반역'** 〈요한계시록 13-16장〉
물 심판 **'심판'** 〈창세기 6-9장〉	불 심판 **'심판'** 〈요한계시록 17-19장〉
↑ 아담의 천년 시대 **'천년'** 〈창세기 4-5장〉	예수 그리스도의 천년 왕국 **'천년'** ↓ 〈요한계시록 20:1-6〉
뱀의 미혹과 하나님의 심판 **'미혹'** 〈창세기 3장〉	사탄의 미혹과 하나님의 심판 **'미혹'** 〈요한계시록 20:7-15〉
천지와 에덴 창조 **'창조'** 〈창세기 1-2장〉	새 하늘 새 땅과 새 예루살렘 창조 **'창조'** 〈요한계시록 21-22장〉
주(主) 하나님	

나온 길로 돌아가는 하나님의 경륜

두 번째 여정은 '뱀의 미혹과 하나님의 심판'이다.[88] 온 천하를 꾀는 자 마귀 사탄은 뱀을 통해 하와를 미혹했다.[89] 하와와 아담이 범죄하여 세상

88 창세기 3장

89 계 12:9; 고후 11:3

에 죄와 죽음이 찾아왔고 마귀 사탄은 이 세상 임금이 되었다. 미혹의 결과 하나님의 심판이 미혹의 순서대로 찾아왔다. 뱀에게는 흙으로 식물을 삼고 배로 기어다니며 여자의 후손에게 멸망당하는 벌이 찾아왔고, 여자에게는 해산의 고통과 남자의 지배를 받는 벌이 찾아왔고, 아담에게는 종신토록 수고해야 양식을 얻게 되는 벌이 찾아왔고, 모든 사람에게 죽음이 찾아왔다.

세 번째 여정은 '아담의 천년 시대'이다.[90] 미혹을 받은 아담은 위임받은 청지기가 아니라 하나님처럼 되기를 원했고 왕 노릇하기를 원했다. 그래서 왕 노릇할 수 있는 천년 시대가 주어졌으나 그 삶은 왕 노릇이 아닌 죄와 죽음과 사탄에게 종노릇하는 삶이었다. 아담의 아들 가인과 그의 후손 라멕의 삶은 죄에 종노릇하는 비참한 삶이 어떤 것인지 보여 준다. 아담은 930년을 살았고 이 시대에 살던 대부분의 사람들이 900년 이상을 살았지만 결국 죽음이 찾아왔다. 천년은 '영원한 삶'을 상징한다. 그런데 이 시대에 천년을 채운 사람이 아무도 없는 것은 죄 아래 결코 영생은 없다는 것을 보여 준다. 이 시대는 죄와 죽음과 사탄의 천년 왕국 시대라 할 수 있다. 그래서 천년 왕국 시대라 하지 않고 천년 시대라 부른다.

네 번째 여정은 '물(홍수) 심판'이다.[91] 아담의 천년 시대는 죄악이 관영하여 결국 물(홍수) 심판으로 막을 내린다. 홍수 심판은 죄의 끝에 하나님의 무서운 진노와 심판이 기다리고 있다는 것을 만천하에 확실히 보여 준다. 물은 40일 밤낮으로 하늘과 땅 양쪽에서 쏟아져 150일 동안 땅에 가

90 창세기 4-5장

91 창세기 6-9장

득했고, 노아와 함께 홍수를 피하여 방주에 들어간 네 생물은 1년이 지난 후에야 나올 수 있었다. 홍수 후 하나님은 노아와 함께 구원받은 네 생물과 구원의 언약을 맺으시고 이들을 통해 새 역사를 시작하셨다.

다섯 번째 여정은 '니므롯의 바벨에서의 반역'이다.[92] 홍수 후 니므롯은 바벨에서 시작하여 앗수르에 이르는 나라를 건설하고 그의 땅 바벨에서 우상의 도성과 우상의 신전 바벨탑을 만들어 하나님께 반역했으나 하나님의 심판으로 인류는 온 세상에 흩어지고 만다.

여섯 번째 여정은 '구약 교회 시대'이다.[93] 하나님은 흩어진 인류를 불러 모아 하나님을 섬기는 '하나님 나라'(교회)를 건설하시려고 아브라함을 부르셨다. 그 모델인 구약 교회는 율법에 종노릇하던 시대로, 아브라함의 터 위에 모세가 기초를 쌓고 다윗이 건설한 유대인 중심의 교회다. 구약 교회는 모든 민족 구원의 비전으로 출발했으나[94] 그 비전과 반대로 그들의 영역은 이스라엘(북이스라엘), 유다(남유다), 예루살렘으로 점점 축소되다가 마침내 멸망하고 만다. 여기까지가 주 하나님께로부터 나온 역사로 주 하나님으로부터 점점 멀어져 간 역사였다.

일곱 번째 여정은 '반환점'이라 할 수 있는 하나님의 아들 '주 예수 그리스도'의 때이다.[95] 하나님의 아들 주 예수 그리스도는 아버지를 떠난 탕자와 같은 역사의 방향을 유턴하여 다시 아버지 하나님께로 돌이키셨다. 주 예수님은 '방황의 끝'이요 '회복의 시작'이다. 주 예수로부터, 역사는 나온

---

92 창세기 10-11장

93 창세기 12장-말라기

94 창 12:3

95 마태복음-요한복음

길로 되돌아간다.

주 하나님께로 돌아가는 역사는 어떠한가? 돌아가는 첫째 여정은 '구약 교회 시대'와 대비되는 '신약 교회 시대'이다.[96] 신약 교회 시대는 겨자씨와 같고 한 알의 밀알[97]과 같은 한 분 예수 그리스도로부터 시작하여 구약 교회 시대와 반대로 복음 전파를 통해 예루살렘, 온 유대(남유다), 사마리아(북이스라엘), 땅끝(모든 민족)까지 잃어버린 땅을 회복하는 '복음 전파 시대'요 죄와 사탄의 세력과 믿음의 선한 싸움을 싸우는 '영적 전쟁 시대'다. 모세가 장인 이드로의 양 떼를 '서쪽으로' 인도한 것같이,[98] 예루살렘에서 시작된 복음은 사마리아를 넘어 소아시아에서 '서쪽으로' 유럽, 아프리카를 지나 아메리카, 아시아에 이르렀고 이제 중동과 원점 예루살렘까지 복음이 전파되면 끝이 올 것이다.

두 번째 여정은 '니므롯의 바벨에서의 반역'과 대비되는 '적그리스도의 바벨론에서의 반역'이다.[99] 바벨과 바벨론은 같다. 니므롯이 바벨에서 반역한 것처럼, 뱀의 후손(사탄의 하수인) 적그리스도(짐승)는 신약 교회 시대 끝에 나타나 그의 도성 바벨론을 중심으로 3년 반 동안 때와 법을 바꾸며 그의 우상에게 절하지 아니하고 그의 표를 받지 않는 자를 죽이며 성도를 핍박하고 하나님과 그리스도께 반역하는 일을 도모한다.

세 번째 여정은 '물(홍수) 심판'과 대비되는 '불 심판'이다. 반역자 적그리스도와 그의 추종자들은 미디안의 날과 같이 서로 불살라 멸망시킬 뿐 아

96 사도행전-요한계시록 12장

97 요 12:24

98 출 3:1

99 요한계시록 13-16장

니라 그리스도 재림의 날 하늘의 불 심판을 받아[100] 멸망한다.

네 번째 여정은 '아담의 천년 시대'와 대비되는 '예수 그리스도의 천년 왕국'이다.[101] 이스라엘 백성들이 애굽에서 나와 광야를 지나 약속의 땅(가나안)에 이른 것처럼, 성도들은 멸망하는 세상에서 나와 광야와 같은 피난처에서 양육받다가 마침내 의와 생명이 꽃피는 천년 왕국(죄와 죽음이 왕노릇하는 아담의 천년 시대와 정반대되는 시대)에서 그리스도와 함께 왕노릇한다. 그곳은 아브라함에게 약속하신 하나님의 꿈, 하나님의 나라가 성취되는 곳이다.

다섯 번째 여정은 '뱀의 미혹과 하나님의 심판'과 대비되는 '사탄의 미혹과 하나님의 심판'이다.[102] 천지가 시작될 때 에덴동산에서 인류를 미혹하던 뱀 곧 마귀 사탄은 천 년 동안 무저갱에 갇혔다가 천년 왕국 끝날 잠시 풀려날 때 또다시 온 세상을 미혹한다. 그러나 하나님과 인류의 원수 마귀 사탄과 그의 모든 추종자들과 사망과 음부까지 모두 영원한 유황 불못에 들어간다.

마지막 여섯 번째 여정은 '천지 창조와 에덴동산 창설'과 대비되는 '새 하늘 새 땅과 새 예루살렘의 창조'이다.[103] 천년 왕국이 끝나고 최후 심판 역시 끝난 후 하늘과 땅은 완전히 새롭게 창조된다. 죄와 저주와 죽음과 사탄의 세력을 상징하는 바다와 그 실체인 죄와 저주와 죽음과 사탄은 영원히 사라진다. 이로써 만물과 역사는 끝이 나고 구원받은 성도는 하나님

---

100 벧후 3:6-7
101 계 20:1-6
102 계 20:7-15
103 계 21-22장

아버지와 하나님의 아들과 성령의 나라에서 영원토록 하나님을 섬기며 영생복락을 누린다.

만물과 역사는 주 하나님께로부터 나와 하나님의 아들 주 예수 그리스도께 이르고, 아들을 반환점으로 하여 주 하나님 아버지께로 돌아간다.

아침에 일터로 나와 일을 마친 후에는 오던 길로 집에 돌아가는 것처럼, 엘리사가 엘리야와 함께 나온 길로 돌아간 것처럼, 나온 길(오던 길)로 돌아간다. 나온 길로 돌아가게 하신 뜻은 무엇일까? 우리 인생은 누구도 앞서 그 길을 가 본 적 없는 초행길이다. 초행길에 길을 잃지 않게 하시려는 하나님의 자상한 섭리 때문이 아닐까? 만물은 하나님 아버지께로부터 나와 하나님 아버지께로 돌아간다. 우리 영혼이 하나님 아버지께로부터 나와 하나님 아버지께로 돌아가는 것처럼,[104] 하나님으로부터 나온 우리 육신이 흙에서 나와 잠시 흙으로 돌아갔다가 부활의 날 하나님 아버지께로 돌아가는 것처럼.[105]

주 하나님은 진실로 만물과 역사의 주인이며 주관자요 시작과 끝이다. 하나님의 아들 주 예수는 그 길이 되신다.[106] 우리 인생의 열쇠요 해답은 하나님께 있다. 그래서 하나님을 가까이하는 것이 복 중의 복이다.[107]

---

104 전 12:7

105 창 3:19; 고후 5:2; 살전 4:16-17

106 요 14:6

107 시 73:28

하나님께서 이와 같은 전능하신 만유의 주인과 주관자로 소아시아 일곱 교회에 자신을 소개하신 것은, 어떤 환난 가운데서도 세상과 사람을 두려워하지 말고 역사의 참주인과 주관자이신 전능자 하나님을 바라보며 인내와 소망으로 믿음의 선한 싸움에서 이기라는 것이다.

2. 계시의 시작(계 1:9-11)

"나 요한은 너희 형제요 예수의 환난과 나라와 참음에 동참하는 자라 하나님의 말씀과 예수의 증거를 인하여 밧모라 하는 섬에 있었더니 주의 날에 내가 성령에 감동하여 내 뒤에서 나는 나팔 소리 같은 큰 음성을 들으니 가로되 너 보는 것을 책에 써서 에베소, 서머나, 버가모, 두아디라, 사데, 빌라델비아, 라오디게아 일곱 교회에 보내라 하시기로"(계 1:9-11)

계시의 전달자 요한의 자기소개

사도 요한은 자신이 본 것을 진술하기 전에 먼저 계시의 전달자인 자기 소개부터 시작한다. 사도 요한을 잘 모르는 성도를 위해서다. 먼저 사도 요한은 자기를 '사도'라 주장하기보다 '너희 형제'라고 소개한다. 그것은 소아시아 교회가 당하는 고난과 '동일한 고난'[1]을 사도 요한도 당하고 있으니 힘을 내라는 의미를 담고 있다. 믿음의 형제는 위급한 때 함께하는 자다.[2] 요한은 믿음의 형제란 '예수의 환난과 나라와 참음에 동참하는 자'임을 가르쳐 준다. 곧 예수의 나라인 하나님 나라를 위해 모든 환난[3]을 참고 인내하는 자들이 예수 그리스도의 형제인 성도의 참모습이라는 것이다.

사도 요한이 소아시아 일곱 교회에 편지한 때는 대략 A.D. 95년경으로 보인다. 이때는 로마 황제 도미티안의 박해가 절정에 달하던 때다. 예루살

1 벧전 5:9
2 잠 17:17
3 고후 1:4

렘을 멸망시킨 티투스(디도)가 로마 황제에 즉위한 지 2년을 넘기지 못하고 갑작스런 열병으로 죽은 후 티투스의 동생 도미티안이 로마의 11대 황제가 되었는데, 이 사람은 자기 형제나 원로원 의원들까지 살해할 정도로 잔인한 자로 그의 박해는 로마 제국의 10대 박해 중 하나였다. 그는 로마 시민들에게 로마의 전통적 신들을 섬기게 하면서 황제인 자신을 신들의 신이라 선포하며 로마에 금은으로 형상을 만들게 하고 로마 내의 모든 사람들에게 1년에 한 번씩 황제를 위해 향을 태우며 '가이사는 주님이시다!'라고 말하게 하여 자신을 네로처럼 신격화했다. 황제 숭배를 거절하고 황제를 주(主)라 부르는 것을 거절하던 성도들을 죽였고 황제 숭배를 거부한 유대인들도 함께 탄압을 받았다. '그리스도인들이 음란한 밤 집회를 가지며, 자기 자녀들을 죽인다'라는 거짓 혐의를 씌워 박해하고 죽였으며 기아, 전염병, 지진의 발생을 기독교인들 때문에 로마의 모든 신들이 노한 것이라 하여 재산을 압수하고 추방시켜 맹수들의 밥이 되게 했다. 성도들은 신앙의 자유를 찾아 로마를 떠나거나 숨어서 신앙생활을 해야 했고 박해는 로마를 넘어 로마 제국 전역으로 확대되었다. 순교자들의 수는 날로 증가했다. 15년 동안 네로처럼 악하게 통치하던 도미티안 황제는 결국 네로처럼 비참하게 살해되고 만다.

사도 요한은 바로 이 악한 도미티안 황제 시대 때 밧모섬에 갇혀 있다가 계시를 보게 된다.[4] 사도 요한의 유배지인 밧모섬은 에베소의 남서쪽 90km쯤에 있는 에게해의 작은 섬이다.

---

4 계 1:9

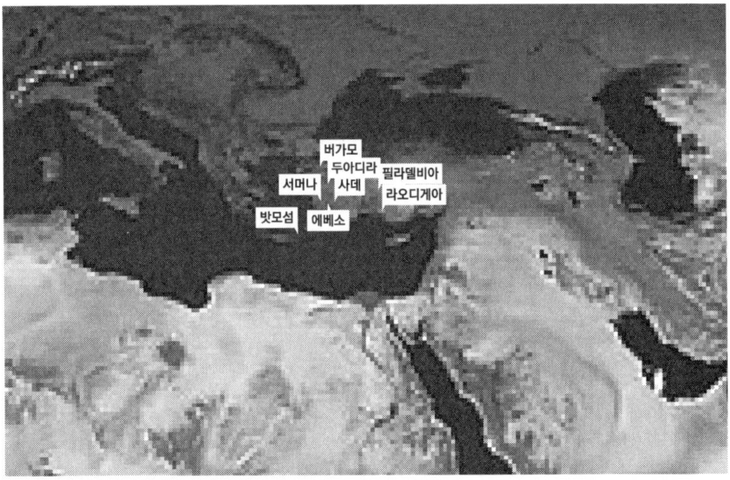

밧모섬과 소아시아 일곱 교회

사도 요한이 계시를 본 때는 주의 날[5] 곧 주께서 부활하신 주일(主日, 일요일)이었다. 사도 요한은 주의 날, 소아시아에 있는 일곱 교회(에베소, 서머나, 버가모, 두아디아, 사데, 빌라델비아, 라오디게아 교회)에 편지를 보내라는 나팔 소리 같은 큰 음성을 듣고 예수 그리스도를 보게 된다.

5 계 1:10

3. 영광스러운 예수님의 모습(계 1:12-16)

"몸을 돌이켜 나더러 말한 음성을 알아 보려고 하여 돌이킬 때에 일곱 금 촛대를 보았는데 촛대 사이에 인자 같은 이가 발에 끌리는 옷을 입고 가슴에 금띠를 띠고 그 머리와 털의 희기가 흰 양털 같고 눈 같으며 그의 눈은 불꽃 같고 그의 발은 풀무에 단련한 빛난 주석 같고 그의 음성은 많은 물소리와 같으며 그 오른손에 일곱 별이 있고 그 입에서 좌우에 날선 검이 나오고 그 얼굴은 해가 힘있게 비취는 것 같더라"(계 1:12-16)

사도 요한이 본 것은 '하나님의 아들 주 예수 그리스도'의 영광스러운 모습이었다. 예수님의 첫 번째 모습은 '하나님의 아들'의 모습이다. '그의 아버지가 하나님'이라고 했다.[1] 예수님의 눈은 불꽃 같았는데[2] 이것은 예수님이 온 세상을 두루 감찰하시고 사람의 심장과 폐부를 감찰하시며 모든 것을 아시는 전지(全知)하신 하나님의 아들임을 의미한다.[3] 예수님의 발이 풀무불에 단련한 빛난 주석과 같은 것[4]은 예수님이 죄와 죽음과 사탄의 권세를 정복하시고 산 자와 죽은 자를 심판하시는 하나님의 아들임을 의미한다.[5] 예수님의 음성이 많은 물소리와 같은 것[6]은 태초부터 계신 하나님

1 계 1:6
2 계 1:14
3 렘 17:10; 20:12; 요 2:24-25
4 계 1:15
5 요일 3:8
6 계 1:15

의 맑고 힘찬 음성임을 보여 준다.[7] 예수님의 입에서 나오는 좌우에 날선 검[8]은 예수님의 입에서 나오는 말씀이 혼과 영과 관절과 골수를 찔러 쪼개는 좌우에 날선 검과 같은 하나님의 말씀임을 의미한다.[9] 예수님의 얼굴이 해가 힘 있게 비치는 것 같은 것[10]은 예수님이 만물에 생명을 주고 소성시키는 생명의 근원되신 창조주 하나님임을 의미한다.[11] 예수님이 자신을 "처음이요 나중"[12]이라 한 것은 성부 하나님이 자신을 "알파와 오메가"라 한 것과 똑같은 표현으로[13] 예수님이 성부 하나님과 동일한 신성을 가진 하나님의 아들임을 의미한다. 예수님은 '근본 하나님의 본체'요 '하나님의 형상'이다.[14] 이 하나님의 형상을 모델로 사람이 만들어졌다.[15] "나를 본 자는 아버지를 보았다"라고 친히 말씀하신 대로[16] 예수님은 눈으로 볼 수 없는 영이신 하나님의 본체를 보여 주고, 첫 사람 아담이 잃어버린 하나님의 형상을 회복시킬 하나님의 아들이다. 예수님이 하나님의 아들인 것은 하나님의 증언이요, 예수님 자신의 증언이며, 천사의 증언이요, 제자들의 증언이며, 예수님을 십자가에 못 박은 백부장의 증언이요, 귀신들도 익히 알

---

7 요 1:1
8 계 1:16
9 히 4:12
10 계 1:16
11 시 84:11; 눅 1:78; 요 1:3
12 계 1:17; 22:13
13 계 1:8
14 빌 2:6; 고후 4:4
15 창 1:26
16 요 14:9

고 있는 사실이다.[17] 예수님은 하나님의 아들로서 우리의 모든 문제를 알고 해결할 수 있는 전능자시다.

사도 요한이 본 영광스러운 예수님의 두 번째 모습은 '주인'(主人)의 모습이다. 예수님이 오른손에 일곱 교회의 담임 목사(주의 사자)를 상징하는 일곱 별을 붙잡고,[18] 일곱 교회를 상징하는 일곱 금촛대[19] 사이로 다니신 것은,[20] 교회의 주인으로서 각 교회에 파송하신 주의 사자를 오른손의 권능으로 붙잡고 교회를 다스리는 왕(통치자)임을 의미한다. 별은 천사를 상징하기도 하지만, 이 구절의 별은 주께서 각 교회에 파송하신 주의 사자를 가리킨다.[21]

일곱은 '온 땅' 곧 '온 세계'를 상징하는 것으로[22] 일곱 금촛대와 일곱 별은 일차적으로는 소아시아 일곱 교회와 담임 목사(주의 사자)를 가리키나, 그들을 포함한 모든 교회와 모든 담임 목사들을 상징한다. 천지 창조 때 하나님의 영이 수면(水面)에 운행하신 것처럼,[23] 교회의 주인 되신 예수님은 주의 사자를 통해 교회를 다스리며 운행하고 계신다. 하나님의 명을 받은 모세가 제사장을 위임하여 성전에서 섬기는 일을 하도록 맡긴 것처럼[24] 예수님은 주의 사자들을 위임하여 각 교회를 맡기고 그들을 통해 주의 교

---

17 마 3:17; 16:16; 17:5; 26:64; 27:54; 막 3:11; 눅 1:32; 요 1:49; 11:4; 11:27; 20:31

18 계 1:16

19 계 1:20

20 계 1:12

21 계 12:4; 창 37:9; 민 24:17

22 계 5:6

23 창 1:2

24 출 29:22

회들을 다스리신다.

예수님은 교회뿐 아니라 '땅의 임금들의 머리'로서[25] 이 세상 모든 나라의 주인이요 왕이다. '만왕의 왕이요 만주의 주'시다.[26] 예수님은 만유의 창조자로서[27] '만유의 주인'(主人)이요 주관자(통치자)시다.[28] 예수님은 나를 창조하시고 죄에 팔린 나를 자신의 피로 값 주고 사신(구원하신) 나의 구원자요 '나의 주인(구주)'이시다.[29]

그러므로 예수님은 만유와 교회와 우리의 주인이요 왕이시다. 그래서 예수님을 '주 예수님'이라 부르는 것이다. 주 예수님은 하나님의 맏아들 곧 장자로서 만유의 '상속자'요[30] 예수님을 믿는 자들은 주 예수 그리스도의 형제들로서 예수님과 함께 만유를 상속받을 '상속자들'이다.[31]

사도 요한이 본 영광스러운 예수님의 세 번째 모습은 '사람의 아들' 곧 인자(人子)의 모습이다. 예수님을 '인자(人子) 같은 이'라고 했다.[32] 다니엘은 '사람의 아들' 그리스도 예수의 모습을 환상 중에 보았다.[33] 예수님은 하나님의 아들이면서 동시에 사람의 아들이다. 신성과 인성을 동시에 가지신 분이시다. 광야에서 이스라엘의 장막 가운데 거한 하나님의 장막인 성막과 같이, 말씀이신 하나님이 육신의 몸을 입고 우리와 함께 거하신 분이

---

25 계 1:5
26 계 19:16
27 요 1:3; 골 1:16
28 행 10:36
29 눅 1:47; 고전 6:20
30 히 1:2; 1:6
31 히 1:14; 2:11
32 계 1:13
33 단 7:13

다.[34] 예수님은 이사야의 예언대로 처녀 마리아의 몸에서 육신의 몸을 입고 성령으로 잉태되셨고 미가 선지자의 예언대로 베들레헴의 한 구유에서 태어나셨으며, 흑암에 앉은 갈릴리가 큰 빛을 보리라는 이사야의 예언대로 '갈릴리 나사렛'의 시골 마을에서 가난한 아버지 요셉의 목수 일을 도우셨고, 30세쯤 되셨을 때 '갈릴리의 가버나움'을 중심으로 하나님 나라의 복음을 전파하기 시작하셨다.[35] 예수님은 머리 둘 곳이 없이, 거처할 방 한 칸 없이 사람이 겪는 모든 배고픔, 목마름, 피곤함, 환대와 배신, 고통의 시험을 우리와 똑같이 당하셨다. 예수님은 100% 우리와 똑같은 사람이로되 한 가지 다른 점은 '죄가 없다'라는 것이다.[36]

"그의 머리와 털의 희기가 흰 양털 같고 눈 같다"[37]라고 한 것은 예수님이 죄가 없는 순결하고 거룩한 분임을 의미한다. 죄가 없다는 것은 '사람 가운데 유일'하게 '죄 없는 대속(속죄) 제물의 자격을 갖춘 분'임을 의미한다. "내가 전에 죽었었노라"[38]라고 한 것은 죄 없으신 예수님이 우리 죄를 대속하기 위해 십자가의 제물로 죽으신 것을 의미한다.[39] 예수님은 힘이 없어서 죽으신 것이 아니라 우리의 죗값을 지불하기 위해 세상 죄를 지고 가는 하나님의 어린 양으로서 온갖 고난을 다 당하시고 십자가에 못 박혀 죽으셨다.[40]

---

34 요 1:1, 14

35 사 7:14; 9:2; 미 5:2; 눅 3:23; 마 9:1

36 히 4:15

37 계 1:14

38 계 1:18

39 사 53:5-6

40 요 1:29; 레 16:10

예수님은 성경의 예언대로 아리마대 사람 부자의 묘실에 헌화하는 무리 하나 없이 장사 지내시고 죽은 지 3일 만에 부활하신 후, 40일 동안 부활을 증언하며 하나님 나라의 일을 말씀하시다가 제자들이 보는 가운데 감람산에서 승천하시고 하나님의 보좌 우편에 좌정하셨다.[41] 예수님은 지금도 살아 계셔서 하나님 보좌 우편에서 우리를 위해 간구하고 계시며, 장차 구름을 타고 재림하셔서 믿는 자를 구원하시고 온 세상을 심판하실 것이다.[42]

하나님의 아들이 사람의 몸을 입고 사람이 되신 것은, 사람 가운데 의로운 제물이 없고[43] 육체가 없는 천사는 제물이 될 수 없기 때문이다. 하나님의 아들 주 예수님은 육신의 몸을 입고 이 땅에 오셔서 자기 살을 찢고 자기 피를 흘리셔서 하나님 앞에 단 한 번의 영원한 속죄 제사를 드리시고 우리를 영원한 죄와 사망에서 구원하셨다.

사도 요한이 본 영광스러운 예수님의 네 번째 모습은 '그리스도'의 모습이다. 예수님이 대제사장의 복장인 발에 끌리는 옷을 입고 가슴에 금띠를 띤 것[44]은 멜기세덱의 계열을 좇은 '대제사장'이며 만유를 대표하는 하나님의 일꾼 '그리스도'임을 의미하는 것이다.[45] 예수님이 '사망과 음부의 열쇠'를 가지신 것[46]은 삶과 죽음, 하늘과 땅의 모든 권세를 가지신[47] 하나님

41 사 53:9; 마 12:40; 16:21; 17:23; 20:19; 27:57; 28:1; 요 2:19; 행 1:3; 1:9; 7:55; 막 16:19; 눅 22:69; 24:21; 골 3:1; 히 1:3; 8:1; 10:12; 12:2

42 롬 8:34; 마 26:64

43 사 59:16

44 계 1:13

45 출 28:4, 42; 히 5:6; 눅 9:20

46 계 1:18

47 마 28:18

의 그리스도임을 의미한다. 그리스도는 사람의 이름이 아니라 왕과 같은 '직분'의 이름이다. 이 땅의 대통령은 백성만 섬기지만, 그리스도는 하나님과 사람 사이의 중보자로서 위로는 하나님의 뜻을 받들어 하나님을 섬기고 아래로는 사랑과 온유로 백성을 다스리는 겸손한 대통령이다. 헬라어 '그리스도'는 히브리어 '메시아'로서 '기름 부음을 받은 자'라는 뜻이다. 구약 시대에 하나님의 일을 위해 기름 부음 받은 '세 직분'이 왕, 제사장, 선지자다. 그리스도는 이 세 가지 직분을 함께 가진 자로서 다윗왕이 예표하는 분이다. 예수님은 말과 일에 능한 '선지자'로서 하나님의 뜻을 자기 백성에게 다 전하셨고,[48] 레위의 계열 아론 자손 제사장이 아닌 멜기세덱의 계열을 좇은 '대제사장'으로서[49] 십자가라는 제단에서 짐승의 몸과 피가 아닌 자기 몸과 피를 제물로 단 한 번의 영원한 속죄 제사를 드리시고 하나님 보좌 우편에 앉으셨다. 예수님은 다윗의 자손으로 오신 '왕'으로서 자기 백성을 하나님의 말씀과 모든 교훈으로 가르치고 다스리시며 자기 백성을 그들의 죄 가운데서 구원하셨다.[50] 예수님은 기름 부음 받은 그리스도로서 왕, 제사장, 선지자의 역할을 다하셨다.

노아가 방주 안에 있던 모든 생물 곧 네 생물을 대표한 자라면,[51] 그리스도는 신구약 교회의 모든 구원받은 생명들(네 생물)의 대표자다. 예수님은 "우리를 사랑하사 그의 피로 우리 죄에서 우리를 해방하시고 그의 아버지

48 눅 24:19; 요 7:16
49 시 110:4; 히 5:10
50 마 1:21
51 창 9:9-10

하나님을 위하여 우리를 나라와 제사장으로 삼으신"[52] 그리스도로서 모든 생애를 자신을 위해서가 아니라 '우리'를 위한 '대표자로서의 삶'을 사셨다. 하나님과 사람 사이의 중보자는 오직 예수 그리스도 한 분뿐이다.[53] 예수님과 같은 자격을 갖춘 자는 하늘 위에나 땅 위에나 땅 아래 그 어느 곳에도 없다.[54] 하나님의 아들이요 사람의 아들이신 그리스도는 하나님과 사람, 곧 하늘과 땅을 잇는 유일한 구원의 고속 도로요 다리다.[55] 예수님 외에 더 이상의 그리스도, 또 다른 그리스도는 없다. 교황이나 적그리스도나 그 누구도 그리스도가 될 수 없다. 마지막 때 적그리스도는 자신을 그리스도로 속일 것이나 속지 말아야 한다. 그는 사탄의 종이요 사탄의 그리스도일 뿐이다.

사도 요한이 본 영광스러운 예수님의 모습은 '하나님의 아들, 주, 예수(사람의 아들), 그리스도'의 모습이다.[56] '하나님의 아들'과 '주'는 예수님이 완전한 하나님임을 의미하며 '예수'와 '그리스도'는 예수님이 완전한 사람임을 의미한다. '하나님의 아들'과 '예수'는 신성과 인성을 가진 '정체성'을 보여 주며, '주'와 '그리스도'는 예수님이 찬양과 경배받을 유일하신 주(主) 하나님인 동시에 하나님의 아들로서 하나님 아버지를 찬양하며 경배하는 만유의 대표라는 '신분'을 보여 준다. 예수님은 완전한 하나님이요 완전한 사람이다. 예수님이 '하나님의 아들, 주, 예수, 그리스도'라는 사실은 초대

52 계 1:5-6
53 딤전 2:5
54 계 5:4
55 창 28:12; 요 1:51; 14:6
56 엡 1:3

교회 모든 사도와 성도의 공통된 고백이었다. 예수 그리스도의 오심으로 역사는 예수님이 오시기 전의 '기원전' 곧 B.C.(Before Christ)의 역사와, 예수님이 오신 후의 '기원후' 곧 A.D.(Anno Domini)의 역사로 나누어졌다. 이것은 예수님으로부터 비로소 진정한 역사(삶)가 시작된다는 것을 역사가 스스로 증언하는 셈이다. 예수님 없는 역사는 흙에 기록되는 역사와 같다.[57] 잠시 있다가 사라지는 의미 없는 역사일 뿐이다. 한 개인의 삶도 예수님 없는 삶은 진실로 헛될 뿐이다. 예수님이야말로 만물과 우리의 기원(근원)임을 잊지 말아야 한다.

옛날 인도의 한 왕이 코끼리 한 마리를 가져와서 장님 여섯 명에게 만져 보게 했다. 코를 만진 장님은 코끼리를 '기다란 무'같이 생겼다 하고, 귀를 만진 장님은 '곡식을 까부를 때 사용하는 키'같이 생겼다 하고, 다리를 만진 장님은 '커다란 절구통'같이 생겼다고 했다. 여기에서 '장님 코끼리 만지기'라는 말이 나왔다. 신앙의 세계도 그렇다. 사람들은 자신이 알고 경험한 것을 전부로 생각하고 그것과 다르면 잘못된 것으로 판단하기 쉽다. 그러나 우리의 지식과 경험은 '일부분'일 뿐임을 알아야 한다. 소아시아 일곱 교회에 나타나신 예수님의 모습은 각 교회의 영적 상황에 따라 달랐다. 어떤 교회는 주님의 손을 보고 어떤 교회는 주님의 입을 보고 어떤 교회는 주님의 눈과 발을 보았다. 각기 다른 부분을 보았지만 모두 한 주님을 본 것이다. 그들이 섬기는 주님이 다르거나 잘못 본 것이 아니라, 각자의 영적 상태에 따라 본 것이 다를 뿐이다. 그들이 본 주님의 일부분을 모두 합치면 사도 요한이 1장에 기록한 예수님의 전체 모습을 볼 수 있게 된다.

---

57 렘 17:13

그러나 요한이 본 예수님의 전체 모습조차 예수님의 전부는 아니다. 사람의 자로 잴 수 없고 우주도 다 담을 수 없고 그릴 수 없는 무한하신 주님을 어찌 사람이 다 알 수 있겠는가? 우리는 모두 부분적으로 알고 부분적으로 행할 뿐이다. 하늘나라에 가서야 얼굴과 얼굴을 대하여 보듯 온전하게 보고 알 수 있을 것이다. 내가 아는 것으로 경솔하게 판단하지 말고 존귀하신 예수님을 더 많이 알아 가도록 끊임 없이 힘써야 한다.

남아프리카의 한 다이아몬드 광산업자가 레몬만 한 크기의 세계에서 가장 큰 다이아몬드를 발견하고, 이것을 가장 신임하는 부하 직원에게 네 명의 호위병을 붙여 런던으로 수송하게 했다. 직원이 런던에 도착하여 금고를 열어 보니 다이아몬드는 없고 석탄 덩어리만 하나 들어 있었다. 직원은 어떻게 해야 할 줄 몰랐다. 얼마 후 업주가 도착하여 두려워하는 부하 직원을 위로하며 '걱정하지 말라'라고 안심시켜 주었다. 며칠 후 사무실에 일반 소포 하나가 남아프리카로부터 배달되었다. 직원이 소포를 열어 보니 바로 그 다이아몬드가 들어 있었다. 업주의 지혜로 짜낸 가장 안전한 다이아몬드 운반 방법은 '평범한 소포 배달'이었다. 사람의 몸을 입고 이 땅에 오신 예수님은 평범한 소포 배달 방법으로 배달된 다이아몬드와 같다. 사람들이 다이아몬드의 가치를 모른다고 해서, 다이아몬드의 광채를 잠시 가렸다고 해서, 다이아몬드가 돌이나 석영이 되는 것은 아니다. 다이아몬드는 언제나 다이아몬드일 뿐이다. 하나님의 아들 주 예수 그리스도는 우리 인생의 영원히 빛나는 찬란한 다이아몬드다. 영원히 빛나는 보석이다. 우주의 모든 것을 다 주고도 바꿀 수 없는 분이다. 예수님은 나의 상처를 어루만져 주시고 나를 생명수 샘으로 인도하시는 나의 목자, 나의 구주,

나의 모든 것 되시는 분이다. 내가 알고 믿고 사랑하는 나의 주, 나의 그리스도 예수께서 얼마나 소중한 분인지 확실히 알고 그 이름을 높이며 널리 전하는 자가 되어야 한다.

4. 예수님의 명령(계 1:17-20)

"내가 볼 때에 그 발 앞에 엎드러져 죽은 자 같이 되매 그가 오른손을 내게 얹고 가라사대 두려워 말라 나는 처음이요 나중이니 곧 산 자라 내가 전에 죽었었노라 볼찌어다 이제 세세토록 살아 있어 사망과 음부의 열쇠를 가졌노니 그러므로 네 본 것과 이제 있는 일과 장차 될 일을 기록하라 네 본 것은 내 오른손에 일곱 별의 비밀과 일곱 금 촛대라 일곱 별은 일곱 교회의 사자요 일곱 촛대는 일곱 교회니라"(계 1:17-20)

예수님의 영광스러운 모습을 본 사도 요한은 주님의 발 앞에 엎드러져 죽은 자같이 된다.[1] 이것은 창조주 하나님의 권능 앞에 선 연약한 피조물들의 한결같은 반응이었다.[2]

사도 요한에게 나타나신 예수님은 "두려워하지 말라" 위로하시고 자신을 "처음이요 나중"이라고 말씀하셨다. 우리의 창조주요 구원자요 통치자(왕)요 심판자로서 만유와 만사를 주관하시는 만유의 주인 예수님이 함께 하시니 그 어떤 상황 가운데서도 두려워할 필요가 없는 것이다.

예수님은 '전에 죽었으나 살아 있는 자'로서 '사망과 음부의 권세를 가지신 분'이라 하시며, 사도 요한이 본 모든 것(본 것, 이제 있는 일, 장차 될 일)을 기록하라 명령하셨다. 또 일곱 별이 일곱 교회의 사자를 가리키는

---

1 계 1:17

2 사 6:5; 단 10:8

것과 일곱 촛대가 일곱 교회를 상징하는 것임을 가르쳐 주셨다. 죽은 자 가운데서 3일 만에 부활하시고 사망에 처한 자라도 열쇠를 가지고 얼마든지 살리실 수 있는 권능의 주님이 함께 계시니 죽음이 찾아온들 두렵겠는가? 로마 황제나 적그리스도와 같이 몸은 죽여도 영혼은 능히 죽이지 못하는 자들을 두려워하지 말고, 몸과 영혼을 능히 지옥에 멸하시는 주님을 두려워해야 한다.[3] 풀과 같이 벤 바 되어 죽을 사람(인자)을 두려워하지 말고[4] 끝까지 믿음을 지켜야 한다.

3 마10:28

4 사51:12

제2부

지금 있는 일(2장-3장)

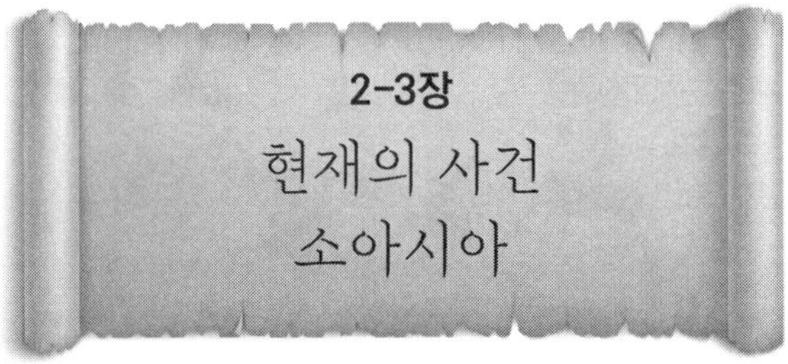

요한계시록의 두 번째 부분은 2-3장에 기록된 내용으로 소아시아 일곱 교회에서 일어나는 현재의 일이며 예언의 무대는 소아시아다.

내용	요한이 본 것	지금 있는 일	장차 될 일
성경	1장	2-3장	4-22장
시간	과거	현재	미래
예언의 무대	밧모섬	소아시아	전 세계

요한계시록의 구성

1. 에베소 교회에 보낸 편지(계 2:1-7)

"에베소 교회의 사자에게 편지하기를 오른손에 일곱 별을 붙잡고 일곱 금 촛대 사이에 다니시는 이가 가라사대 내가 네 행위와 수고와 네 인내를 알고 또 악한 자들을 용납지 아니한 것과 자칭 사도라 하되 아닌 자들을 시험하여 그 거짓된 것을 네가 드러낸 것과 또 네가 참고 내 이름을 위하여 견디고 게으르지 아니한 것을 아노라 그러나 너를 책망할 것이 있나니 너의 처음 사랑을 버렸느니라 그러므로 어디서 떨어진 것을 생각하고 회개하여 처음 행위를 가지라 만일 그리하지 아니하고 회개치 아니하면 내가 네게 임하여 네 촛대를 그 자리에서 옮기리라 오직 네게 이것이 있으니 네가 니골라당의 행위를 미워하는도다 나도 이것을 미워하노라 귀 있는 자는 성령이 교회들에게 하시는 말씀을 들을찌어다 이기는 그에게는 내가 하나님의 낙원에 있는 생명나무의 과실을 주어 먹게 하리라"(계 2:1-7)

에베소는 튀르키예의 서쪽 카이스테르(멘데레스)강 하구에 위치한 로마 제국의 4대 도시 중 하나로 소아시아의 주도(州都)이다. 당시 상업과 교통의 최대 중심지로서 부유한 도시였고 세계 7대 유물인 아데미(아르테미스, 다이애나) 신전과 극장이 자리 잡은 우상 숭배의 도시였다.[1] 에베소 교회는 사도 바울이 3차 전도 여행 때 3년 동안 복음을 전하며 세운 교

1 행 19:21-41

회로[2] 사도 바울의 눈물과 사랑과 열정이 서린 곳이다. 바울은 이곳에서 유대인의 간계로 말미암아 당한 시험을 참고 모든 겸손과 눈물로 주를 섬기며 유익한 것은 무엇이든지 공중 앞에서나 각 집에서나 거리낌 없이 전하여 가르치고, 유대인과 헬라인들에게 하나님께 대한 회개와 주 예수 그리스도께 대한 믿음을 증언했다. 또 두란노 서원을 세워 2년 동안 제자들을 훈련하며 꺼리지 않고 하나님의 뜻을 다 전했다.[3] 그리스 정교회의 전승에 따르면 에베소 교회는 사도 바울이 순교한 후 그의 제자 디모데가 목회했는데 그는 A.D. 80년 5월 아데미 축제 때 열광하는 군중들을 향해 '여신은 우상에 불과하다!'라고 선포하다 군중이 던진 돌에 맞아 순교했다. 디모데의 뒤를 이어 기독교 박해가 절정에 이른 A.D. 94년경 에베소 교회를 맡아 30년간 목회한 사람이 사도 요한이다. 에베소 교회를 목회하던 사도 요한은 에베소에 있는 도미티안 신전 앞을 지나다가 황제의 동상 앞에서 경배하기를 거부하여 로마 군사들에게 연행되었고 재판 결과 사형을 언도받은 후 독배를 마셨으나 아무런 해를 받지 않았다. 그래서 펄펄 끓는 기름 솥에 3번이나 던져져 온몸이 녹아내리고 뼈가 휘어졌지만 그래도 죽지 않았다. 그 모습을 본 황제는 '이는 분명 신이 내린 사람'이라 하여 "사람의 손으로 죽이지 말고 밧모섬으로 유배를 보내라"라고 했다. 그래서 A.D. 95년경 밧모섬 채석장에서 노역을 하다 A.D. 96년 도미티안 황제가 죽은 후 석방되어 에베소로 돌아와 사역했다고 전해진다. 사도 요한은 소아시아 일곱 교회 가운데 자신이 목회하다 붙잡혀 온 에베소 교회에

2 행 20:31
3 행 19:9; 20:19-20, 27

가장 먼저 주님의 편지를 전했다.

에베소 교회에 나타나신 예수님은 오른손에 일곱 별을 붙잡고 일곱 금 촛대 사이를 거니시는 모습으로 주님의 '손과 발'을 보여 주신 것이다.[4] 오른손은 '권능',[5] 일곱 별은 일곱 교회에 파송된 주의 사자인 담임 목사, 일곱 금촛대는 일곱 교회[6]를 상징한다. 교회는 어두운 성소를 밝히는 '촛대'와 같이 어두운 세상을 밝히고, '하나님의 영광'을 상징하는 '금'과 같이 하나님의 충만하신 영광을 드러내는 존재다. 예수님이 촛대 사이를 다니시는 것은 교회를 두루 다니며 살피시는 것을 의미한다. 따라서 에베소 교회에 나타나신 예수님의 모습은 교회의 주인이요 주관자(왕)로서 각 교회에 파송한 주의 사자(담임 목사)들을 권능의 손으로 붙잡고 교회를 운행하며 다스리시는 것을 의미한다. 교회를 세우신 분도 예수님이요 다스리는 분도 예수님이다.

에베소 교회는 예수님께 칭찬과 책망을 함께 받은 교회다. 사도 바울이 열정과 사랑을 쏟아부어 세운 에베소 교회는 처음에 신앙이 뜨겁고 열정적이었다. 그들에게는 주님을 위한 열심도 있고 박해 중에서도 믿음을 지키는 인내도 있었다. 악한 자들을 용납하지 않고 자칭 사도라 하는 자들을 시험하여 거짓된 것을 드러내고 우상이 횡행하는 곳에서 니골라당이라는 이단과 싸우며 복음의 진리를 수호하는 모습은 주님께 칭찬받을 일이었다. 니골라당은 소아시아 여러 교회에 침투한 영지주의 사상을 가진 이단으로, 육신은 악하며 영은 선한 것이므로 한 번 하나님을 믿은 뒤에는 무

4 계 1:12, 16

5 출 15:6

6 계 1:20

슨 행동을 해도 죄가 되지 않는다고 주장하는 이단 사상이었다. 또 에베소 교회는 주의 일을 위하여 견디고 게으르지 않았다. 소아시아의 주도(州都)에 있는 교회로서 타 교회에 모범이 되는 교회였다. 바울이 3년 동안 뿌린 눈물의 씨가 헛되지 않아 보였다. 예수님은 에베소 교회의 그 모든 수고와 열심을 다 알고 계셨다.

그런데 문제는 그 모든 열심과 사랑이 점점 식어 가고 형식과 타성에 젖어 버린 것이다. 그들에게 주님을 향한 사랑과 헌신이 없었던 것이 아니라 그 모든 것이 있었으나 처음과 같지 않고 한결같지 않은 것이 문제였다. 오직 주님만 바라보며 열심히 충성하던 그 순수하고 꾸밈없는 열정과 사랑의 처음 그 행위가 시간이 흐르면서 점점 퇴색하고 겉모양만 남은 것이다. 마라톤 경기로 비유하자면 처음엔 잘 뛰었지만 갈수록 뒤처지는 모습이었다. 그래서 주님이 찾아오셔서 '처음 사랑'을 버렸다고 책망하셨다.

'처음과 같이'라는 말이 있다. 사람이 처음 가진 마음과 결심을 일평생 변치 않고 처음과 같은 초심으로 산다는 것은 쉽지 않은 일이다. 신앙의 세계도 그렇다. 순수한 열정으로 타오르던 신앙의 초심이 타성에 젖고 변해 버릴 때가 많다. 한순간에 온 세상을 순식간에 변화시키는 강력한 태풍이 그 위력을 유지할 수 있는 것은, 태풍의 중심에 있는 '태풍의 눈'이라는 작은 바람이 바깥으로 달아나고 싶은 유혹을 이기고 항상 '제자리를 떠나지 않고' 지킬 때다. 중심의 눈이 제자리를 떠나지 않고 지킬 때 그 세력은 날로 커져서 순식간에 온 세상을 뒤바꾸는 엄청난 위력의 태풍이 될 수 있다. 그런데 태풍의 중심에서 묵묵히 자리를 지키던 그 작은 바람이 자기 자리를 떠나가면 태풍의 위력은 급속히 약화되고 곧 소멸되고 마는 것이다. 신앙의 세계도 이와 같다. 하나님을 뜨겁게 사랑하던 처음 사랑의 그 순수한 신앙의 열정이 사라지지 않고 일평생 변함없이 유지될 수 있다면 그 영적인 위력이 날로 커져서 어두운 죄악 세상을 변화시킬 수 있는 강력한 성령의 도구가 될 수 있을 것이다. 그러나 세속에 물들고 세상에 오염되어 가면서 처음의 그 뜨거운 신앙의 열정이 식어 버리는 것이 문제다. 이때 필요한 것이 경각심이다. 예수님이 에베소 교회를 찾아와 회개하지 아니하면 촛대를 옮기리라는 경고를 하신 뜻이 여기에 있다. 촛대를 옮긴다는 것은 에베소 교회의 영광스러운 지위를 잃어버린다는 뜻이다.

어떻게 하면 처음 사랑을 회복할 수 있을까? “어디서 떨어진 것을 생각하고 회개하여 처음 행위를 가지라”라고 말씀하셨다. 어디서 떨어진 것을 생각하고 더듬어 찾아가야 한다. 아가서에는 잃어버린 사랑을 다시 찾아 회복하는 내용이 나온다. 아가서는 솔로몬왕과 술람미 여인의 사랑 이야기로 예수님과 교회의 영적 사랑을 상징적으로 보여 준다. 술람미 여인은 포도원지기로 과수원 처녀였다. 포도원을 지키다 보니 얼굴이 게달의 장막처럼 검게 탔으나 아름다웠다. 자기 일에 최선을 다해 열심히 일하는 사람의 모습은 아름답다. 이 열정적인 술람미 여인의 모습이 솔로몬의 눈에 띄어 솔로몬왕과 술람미 여인의 사랑이 시작된다. 그들은 서로를 뜨겁게 사랑했으나 안타깝게도 술람미 여인은 그 귀한 사랑을 잃어버리고 만다. 술람미 여인은 그 사랑을 되찾기 위해 감상에 젖어 지내거나 한때의 추억거리로 생각하며 단념하지 않고, 끝까지 그 사랑을 되찾기 위해 노력한다. 술람미 여인은 잃어버린 사랑을 찾기 위해 밤중에라도 일어나 성안을 돌아다니며 거리에서나 큰길에서나 만나는 사람마다 “내 사랑하는 사람이 어디 있는지 보았느냐"라고 물어보며 찾을 때까지 찾는다.[7] 잃어버린 사랑을 애타게 찾는 사람은 가만히 앉아 기다릴 수 없는 법이다. 주저앉아 탄식하고 원망만 하고 있을 수 없다. 세상의 모든 것을 버려서라도 그 사랑을 되찾기 위해 애쓸 것이다. 찾는 자가 찾는다! 성경은 말한다. 구하는 자가 얻을 것이요 찾는 자가 찾을 것이요 두드리는 자에게 열릴 것이다![8] 잃어버린 사랑을 되찾아야 한다. 수천 년이 넘도록 잃어버린 초대 교회의 옛 신앙, 오래도록 잃어버린 우리의 옛 신앙을 찾아야 한다. 어떻게 찾을 것인가? 거울을 들여다보면 무엇이 잘못되었는지 알 수 있다. 하나님의 말씀을 들을 때, 읽을 때, 기도하고 묵상할 때 성령께서 어디서 떨어졌는지, 어떻게 잃어버렸는지 깨닫게 하실 것이다. 말씀과 기도라는 거울을 들여다보고 어디서 떨어졌는지 찾아야 한다. 발견하고 깨달았다면 지체하지 말고 돌이켜야 한다. 가만히 앉아 기다린다고 저절로 돌아오는 것이 아니다. 어디서 잃어버렸는지, 왜 잃어버렸는지, 어떻게 잃어버렸는지 생각하고 가서 다시 찾아와야 한다.

잃은 것을 찾았으면 다시 놓치지 말아야 한다. 술람미 여인은 힘들고 어렵게 찾은 사랑을 다시 놓치지 않기 위해 몸부림쳤다. 다시 붙잡은 그 손을 놓지 않았다.[9] 그 사랑을 온전히 회복할 때까지. 이것이 중요하다. 잃어버린 사랑을 찾았으면 '다시 놓치지' 말아야 한다. 얼마나 힘들게 찾아냈는데 다시 놓칠 수 있겠는가? 처음 사랑을 회복하기까지에는 시간이 걸린다. 그런데 힘들게 찾은 그 사랑을 회복하기도 전에 놓쳐 버리면 어떻게

7 아 3:1-3
8 마 7:8
9 아 3:4

되겠는가? 많은 사람들이 큰 은혜를 체험하고 잃어버린 신앙을 찾아가는가 싶었는데 다시 옛 생활로 돌아가서 그 은혜를 금방 쏟아 버리고 만다. 다시 놓치지 말아야 한다. 잃어버린 처음 사랑의 기쁨과 감격을 온전히 회복하기까지 그 끈을 놓치지 말고 붙잡아야 한다. 처음 사랑을 되찾기까지 넘어지고 또 넘어져도 계속 노력해야 한다. 시도도 하지 않고 포기하는 것보다 노력하다가 넘어지는 것이 훨씬 낫다. 힘쓰고 노력하여 마침내 처음 행위를 회복해야 한다. 예수님은 에베소 교회의 이기는 자에게 하나님의 낙원에 있는 생명나무의 열매를 주어 먹게 하겠다고 약속하셨다. 약속하신 생명나무 열매가 요한계시록 22장 2절에 기록되어 있다. 그 약속을 붙잡고 처음 사랑을 되찾아야 한다.

2. 서머나 교회에 보낸 편지(계 2:8-11)

"서머나 교회의 사자에게 편지하기를 처음이요 나중이요 죽었다가 살아나신 이가 가라사대 내가 네 환난과 궁핍을 아노니 실상은 네가 부요한 자니라 자칭 유대인이라 하는 자들의 훼방도 아노니 실상은 유대인이 아니요 사단의 회라 네가 장차 받을 고난을 두려워 말라 볼찌어다 마귀가 장차 너희 가운데서 몇 사람을 옥에 던져 시험을 받게 하리니 너희가 십 일 동안 환난을 받으리라 네가 죽도록 충성하라 그리하면 내가 생명의 면류관을 네게 주리라 귀 있는 자는 성령이 교회들에게 하시는 말씀을 들을찌어다 이기는 자는 둘째 사망의 해를 받지 아니하리라"(계 2:8-11)

서머나는 에베소 북방 80km 지점의 에게해(海) 연안에 자리 잡은 항구도시로 오늘날 이즈미르(Izmir)라 불리며 내륙과의 교역이 주로 이 항구를 통해 이루어졌기 때문에 과학, 의술, 건축술 등이 발달했다. 파고스산을 왕관처럼 둘러싸고 있어 '소아시아의 왕관이요 꽃'이라 불릴 만큼 아름다운 도시였으나 황제 숭배가 자행되고 로마 여신을 위한 신전이 세워졌다. 서머나 교회가 어떻게 세워졌는지는 분명하지 않으나 바울이 에베소에 있을 때 세워진 것으로 생각된다.[1]

서머나 교회는 빌라델비아 교회와 함께 주님께 칭찬만 받은 두 교회 중 하나다. 서머나 교회는 믿음 때문에 온갖 불이익을 당하고 재산을 몰수당

1 행 19:21-41

하는 외부적 환난과 내부적 물질의 궁핍이 있었으나, "실상은 네가 부요한 자"라는[2] 주님의 칭찬을 받은 '영적 부자' 교회였다. 라오디게아 교회는 그와 반대로 스스로 "부자라 부요한 것이 없다"라고 하며 부자 교회로 착각했으나 주님으로부터 실상은 '가난한 교회'라는 책망을 들었다.[3] 사람은 외모를 보지만 예수님은 '중심'을 보시며, 말이 아니라 '실상'을 보신다.

서머나 교회는 환난 중에도 변함없이 충성하는 교회였다. "네가 죽도록 충성하라 그리하면 내가 생명의 면류관을 네게 주리라"[4]라고 했다. 서머나 교회는 로마 황제 숭배를 끝까지 반대하다가 많은 박해를 받았고 순교하는 자들까지 생겨났으며 유대인들로부터도 많은 핍박을 받았다. 예수님은 그런 유대인들의 핍박에 대하여 "자칭 유대인이라 하는 자들의 훼방도 아노니 실상은 유대인이 아니요 사단의 회라"[5]라고 하셨다. 서머나에는 예루살렘이 함락된 후 그곳으로 이주해 온 많은 유대인들이 있었고 그들은 그곳에서 상권을 쥐고 황제 숭배에 참여하며 고위직을 차지하고 있었다. 그런데 그곳에 서머나 교회가 세워지고 믿는 자들이 많아지자 이에 불안과 위협을 느낀 유대인들은 성도들이 살과 피를 먹는 식인종이라 하며, 주님의 계명을 따라 서로 사랑하는 모습을 도덕적으로 문란하다고 비난하며 온갖 악성 루머를 퍼뜨렸다. 그래서 주님은 이 같은 유대인들을 유대인의 회가 아니라 '사단(사탄)의 회'라고 하신 것이다. 서머나 교회의 환난은 이것이 끝이 아니다. 예수님은 "네가 장차 받을 고난을 두려워 말라

---

2 계 2:9
3 계 3:17
4 계 2:10
5 계 2:9

볼찌어다 마귀가 장차 너희 가운데서 몇 사람을 옥에 던져 시험을 받게 하리니 너희가 십 일 동안 환난을 받으리라"[6]라고 했다. 장차 받을 고난, 아직 받아야 할 고난과 시험이 남아 있다는 것이다. 마귀가 장차 몇 사람을 옥에 던져 시험을 받게 하리라고 했다. 유대인들은 예수 믿는 성도들을 괴롭히는 데서 그치지 않고 고발하기 시작했다. 로마 병사들은 고발당한 성도들을 체포하여 황제 숭배를 거부하는 무신론자라는 죄목으로 옥에 가두거나 죽이기까지 했다. 이런 환난이 '십 일 동안' 계속된다고 했다. 이것은 문자 그대로 십 일을 의미하기보다 '십'이라는 숫자가 의미하는 '충분한' 환난을 의미하는 것으로 보인다. 그러나 서머나 교인들은 이런 환난과 핍박 가운데서도 믿음을 지키며 충성했다. 사도 요한의 제자요 안디옥 교회의 감독이요 폴리갑의 친구였던 이그나티우스는 '서머나 교인들에게 보낸 서신'에서 "서머나 교인들은 극심한 핍박을 받고 있지만 그리스도의 보혈에 대한 사랑 때문에 조금도 믿음이 흔들리지 않고 핍박을 감당하고 있다."라고 증언했다. 사도 요한의 제자로 사도 요한에 의해 20세의 젊은 나이로 서머나 교회의 4대 감독이 된 폴리갑(A.D. 80-165)은 마르쿠스 아우렐리우스 황제 때 86세의 나이로 체포되었는데 예수님을 저주하면 살려 주겠다는 회유에도 "주님은 86년 동안 단 한 번도 나를 모른다 한 적이 없는데 내 어찌 주님을 모른다 하리오."라고 단호히 거절하며 화형을 당했다고 한다. 폴리갑은 타는 불길 속에서도 "저 같은 것을 순교자의 반열에 서게 해 주시고, 그리스도의 고난의 잔에 참예하게 하신 것에 감사하나이다." 하고 기도하며 찬송하면서 순교했는데 불길이 폴리갑의 몸을 태우지

---

6 계2:10

않고 좌우로 갈라져 오히려 그의 몸을 보호하는 듯했고, 이에 놀란 로마 병사 하나가 창으로 그의 몸을 찌르자 피가 흘러나오면서 마치 큰비를 맞은 듯 불이 꺼져 버렸고 불길 속에서 몰약 향기가 났다고 전해진다. 서머나는 '몰약'이란 뜻을 가지고 있는데 몰약은 두드리고 으깨며 짓누르고 부서질수록 더욱 아름다운 향기를 뿜어낸다고 한다. 혹독한 핍박을 받을수록 아름다운 신앙의 향기를 발한 서머나 교회의 모습은 몰약 향기를 닮은 듯하다.

예수님은 이처럼 환난과 궁핍 가운데서도 믿음을 지키며 죽도록 충성하는 자들에게 '생명의 면류관'을 주리라고 약속하셨다. 신앙은 단거리 경주가 아니라 마라톤과 같은 장거리 경주다. 먼저 출발했다고 먼저 도착하는 것이 아니다.[7] "먼저 된 자로서 나중 되고 나중 된 자로서 먼저 될 자가 많으니라"[8]라고 했다. 출발이 좋고, 지금까지 아무리 잘 달려왔어도 끝까지 잘 달려가야 수고가 헛되지 않고 빛을 발하게 된다.

예수님이 서머나 교회에 자신을 "처음이요 나중이요 죽었다가 살아나신 이"[9]로 나타내신 것은 처음 충성을 나중까지 변치 말아야 마지막 날 부활의 영광을 누릴 것을 의미한다. 성도는 "후일을 웃는 자"다.[10] "저녁에는 울음이 기숙할지라도 아침에는 기쁨이 오리로다"[11]라고 했다. 지금의 신앙생활에 안주하지 말고 끝까지 잘 달려가서 최후 영광을 얻어야 한다.

---

7 전9:11

8 마19:30

9 계2:8

10 잠31:25

11 시30:5

"이기는 자는 둘째 사망의 해를 받지 아니하리라"[12]라고 했다. 둘째 사망은 불못이다.[13] 예수님을 믿지 않는 자의 영혼과 육체가 영원히 고통받는 곳이다. 첫째 부활에 참여하는 자들은 이 둘째 사망에 들어가지 않고 그리스도의 영광에 참여하게 된다. "이 첫째 부활에 참예하는 자들은 복이 있고 거룩하도다 둘째 사망이 그들을 다스리는 권세가 없고 도리어 그들이 하나님과 그리스도의 제사장이 되어 천 년 동안 그리스도로 더불어 왕 노릇 하리라"[14]

---

12 계 2:11

13 계 20:14

14 계 20:6

3. 버가모 교회에 보낸 편지(계 2:12-17)

> "버가모 교회의 사자에게 편지하기를 좌우에 날선 검을 가진 이가 가라사대 네가 어디 사는 것을 내가 아노니 거기는 사단의 위가 있는 데라 네가 내 이름을 굳게 잡아서 내 충성된 증인 안디바가 너희 가운데 곧 사단의 거하는 곳에서 죽임을 당할 때에도 나를 믿는 믿음을 저버리지 아니하였도다 그러나 네게 두어 가지 책망할 것이 있나니 거기 네게 발람의 교훈을 지키는 자들이 있도다 발람이 발락을 가르쳐 이스라엘 앞에 올무를 놓아 우상의 제물을 먹게 하였고 또 행음하게 하였느니라 이와 같이 네게도 니골라당의 교훈을 지키는 자들이 있도다 그러므로 회개하라 그리하지 아니하면 내가 네게 속히 임하여 내 입의 검으로 그들과 싸우리라 귀 있는 자는 성령이 교회들에게 하시는 말씀을 들을찌어다 이기는 그에게는 내가 감추었던 만나를 주고 또 흰 돌을 줄 터인데 그 돌 위에 새 이름을 기록한 것이 있나니 받는 자 밖에는 그 이름을 알 사람이 없느니라"(계 2:12-17)

버가모는 소아시아 주(州)로 편입되기 전에는 소아시아 서쪽 무시아(Mysia) 주(州)의 주도(州都)였고 에게해(海)에서 약 24km 내륙의 300m 언덕 위에 세워진 도시로 오늘날 튀르키예의 '베르가마'(Bergama)에 해당한다. 역사가들이 '아시아에서 가장 유명하고 위대한 도시'라고 부를 만큼 헬라 문화가 발달한 도시다. 이곳에는 히포크라테스가 근무하던 세계 최초의 병원, 양피지, 20만 권이나 되는 장서가 보관된 당시의 세계 2위도서관이 있었다. 버가모 교회는 사도 바울의 전도 여행 때 세워진 것으로 생각되며 예수님께 칭찬과 책망을 함께 받은 교회다. 버가모 교회는 충성된 증인 안디바가 순교한 교회로 충성된 증인의 삶으로 칭찬받은 교회다. "네가 어디 사는 것을 내가 아노니 거기는 사단의 위가 있는 데라 네가 내 이름을 굳게 잡아서 내 충성된 증인 안디바가 너희 가운데 곧 사단의 거하는 곳에서 죽임을 당할 때에도 나를 믿는 믿음을 저버리지 아니하였도다"[1] 안디바는 버가모 교회 최초의 감독인 가이오[2]의 뒤를 이은 2대 감독으로 전해진다. 예수님은 안디바를 '내 충성된 증인'이라 칭찬했고 터툴리안은 안디바를 버가모 교회의 '명성 높은' 감독이라 증언했다. 버가모는 뱀의 형상을 가진 아에스쿨라피우스 신전, 제우스 신전, 디오니소스 신전과 같은 온갖 우상의 신전들이 가득한 곳이요 로마 황제 숭배가 최초로 시작되고 로마 황제 신상이 처음 건립된 우상 숭배의 도시로 마귀 사탄의 본부 같은 곳이다. 안디바는 이처럼 사탄의 권좌가 있는 곳에서 끝까지 믿음을 지키다가 순교한 감독이다. 유대 전승에 의하면 안디바는 황제 숭배를 거부하다 체포당하여 물이 가득 담긴 야외의 청동 가마솥 안에 벌거벗긴 채 들어갔고 장작불에 삶겨 죽었다고 한다. 버가모 교회는 이 같은 안디바의 순교를 보면서도 믿음을 지킨 교회였다.

그러나 버가모 교회에는 니골라당의 교훈을 추종하는 자들이 있었다. 그래서 주님께 책망을 받았다. "그러나 네게 두어 가지 책망할 것이 있나니 거기 네게 발람의 교훈을 지키는 자들이 있도다 발람이 발락을 가르쳐

1 계 2:13
2 행 20:4; 요삼 1:1

이스라엘 앞에 올무를 놓아 우상의 제물을 먹게 하였고 또 행음하게 하였느니라"[3] 거짓 선지자 발람은 모압 왕 발락으로부터 이스라엘을 저주하기만 하면 부귀영화를 주리라는 제안을 받고 재물에 눈이 어두워 하나님의 뜻을 거역하며 이스라엘을 저주하려 애썼다. 그러나 하나님께서 그것을 막아 3번이나 저주 대신에 축복하게 된다. 그러자 모압 왕 발락이 불같이 화를 내었고 발람은 발락에게 이스라엘을 타락시켜 하나님의 진노를 받게 할 한 가지 꾀를 가르쳐 준다. 그것은 모압 여자들로 이스라엘 백성들을 유혹하여 우상에게 절하고 우상의 제물을 먹게 하는 영적 육적 음행에 빠뜨려 하나님의 진노와 저주를 불러오게 하는 '미인계'였다. 이것이 '발람의 꾀'다.[4] 이 같은 발람의 꾀에 빠져 하나님의 진노를 받아 죽은 자가 2만 4천 명이나 되었다.[5] 이처럼 간교한 꾀로 이스라엘을 저주하려던 발람은 가나안 정복 전쟁 때 이스라엘의 칼날에 죽게 된다.[6] 그렇다면 버가모 교회에서의 '발람의 교훈'은 무엇인가? "이와 같이 네게도 니골라당의 교훈을 지키는 자들이 있도다"[7] '니골라당의 교훈'이다. 이것은 에베소 교회에도 있었으나 에베소 교회는 니골라당의 행위를 미워했다.[8] 당시 시장의 고기는 대부분 신전에 바쳐진 우상의 제물이었는데 육체의 범죄는 구원에 영향이 없으니 우상의 제물을 먹어도 된다고 하며 육체의 음행도 상관없다고 가르치는 교훈이었다. 이것은 로마 황제 숭배를 강요받던 자들과

---

3 계 2:14
4 민 31:16
5 민 25:9
6 수 13:22
7 계 2:15
8 계 2:6

우상 숭배에 젖어 살던 사람들과 죄 가운데 살기 원하는 자들에게 굉장히 인기 있고 매력적인 교리처럼 보였다. 이것은 겉모습만 살짝 바꾼 것일 뿐 영적 육적 음행을 부추겨 하나님의 진노를 가져온 발람의 꾀와 똑같다. 버가모 교회에는 이 같은 사탄의 간사한 계교를 간파하지 못하고 유혹에 넘어간 어리석은 교인들이 있었다. 예수님께서 버가모 교회에 좌우에 날선 검을 가지고 나타나신 것은 이처럼 발람의 꾀를 추종하는 니골라당에게 속히 가서 그 입의 검인 하나님의 말씀으로 싸우기 위해서다. 이 검은 식칼이나 호신용 단도가 아니라 군사용 살상 무기다. 예수님은 사랑의 계명을 주시고 원수까지 사랑하라 말씀하신 분이지만, 영혼을 빼앗아 가려는 이단 사상에 대해서는 단호히 칼을 빼 들고 싸우시는 분이다. 교회는 외부의 환난을 이겨 내고 밖으로 힘을 다하여 복음을 전해야 할 뿐 아니라 안으로는 이단 사상을 뿌리 뽑고 진리를 수호해야 한다.

"이기는 그에게는 내가 감추었던 만나를 주고 또 흰 돌을 줄 터인데 그 돌 위에 새 이름을 기록한 것이 있나니 받는 자 밖에는 그 이름을 알 사람이 없느니라"[9]라고 했다. 이단 사상을 단호히 배격하고 목숨을 다해 믿음을 지키는 자들에게 약속하신 것이 '감추었던 만나'다. '만나'는 40년 광야 생활에 하늘에서 내려 주신 양식으로 하나님께서 모세에게 항아리에 담아 언약궤 안에다 보관하라 하신 것이다.[10] 그런데 만나를 보관한 언약궤는 수많은 전쟁과 난리 와중에 그 행방을 알 수 없게 되었다. 유대인의 전승에 따르면 '만나를 엘리야가 감추어 놓았고 감추어 둔 만나를 찾아낼 사

9 계 2:17
10 출 16:31-33

람이 메시아로서 메시아가 오면 꺼내서 다시 만나를 나누어 주실 것이며 그것은 영생의 선물이 될 것'이라고 했다. 예수님께서 감추었던 만나를 주신다고 하신 것은 이러한 유대인의 전승을 염두에 둔 표현으로 메시아(그리스도)이신 예수님께서 이단과 싸워 복음의 진리를 수호하며 끝까지 믿음을 지키는 자들에게 영생을 주신다는 의미라 할 수 있다.

또 '흰 돌'을 주리라고 했다. 당시 로마 법정은 배심원 제도가 있어 배심원들이 흰 돌과 검은 돌로 피고인에 대한 자기 의견을 표시했다. 흰 돌은 무죄 표시요 검은 돌은 유죄 표시였다. 따라서 흰 돌을 준다는 것은 무죄함(의롭다는 인정)을 받아 영생에 들어가게 된다는 것을 의미한다.

또 당시 로마에는 왕이나 큰 권력자나 힘 있는 부자가 국가를 위해 큰 공로가 있는 사람이나 자신이 원하는 자에게 아름답게 잘 다듬어진 흰 돌인 '테헤세라'를 발행할 수 있는 '테헤세라 제도'가 있었다. 이 흰 돌은 발행자의 이름과 고유 문장과 사용 기간을 새겨 넣는 보증 수표 같은 것이다. 흰 돌 증서를 받은 사람은 증서에 있는 사용 기간에 따라, 몇 년이든지 혹은 평생이든지 식당에서 음식과 술을 공짜로 먹고 마실 수 있었고 계산은 테헤세라를 발행한 사람이 대신했다. 이것을 제일 많이 받은 사람이 원형극장의 검투사들이었다고 한다. 그들은 황제의 암호 문자인 SP[11]가 새겨진 흰 돌을 가지고 일평생 아무 식당에서나 밥을 공짜로 먹고 경기장이나 극장에 평생 무료입장하며 최고의 영예와 존귀를 누리며 살았다고 한다. 따라서 흰 돌을 주는 것은 천국에서 영생복락을 누리게 된다는 의미라 할 수 있다. 감추었던 만나와 흰 돌을 받는 것은 모두 천국에서 영생을 누리게 된다는 것을 의미한다.

---

11 SP는 라틴어 '스펙텍터스'로 '용사'라는 뜻

4. 두아디라 교회에 보낸 편지(계 2:18-29)

"두아디라 교회의 사자에게 편지하기를 그 눈이 불꽃 같고 그 발이 빛난 주석과 같은 하나님의 아들이 가라사대 내가 네 사업과 사랑과 믿음과 섬김과 인내를 아노니 네 나중 행위가 처음 것보다 많도다 그러나 네게 책망할 일이 있노라 자칭 선지자라 하는 여자 이세벨을 네가 용납함이니 그가 내 종들을 가르쳐 꾀어 행음하게 하고 우상의 제물을 먹게 하는도다 또 내가 그에게 회개할 기회를 주었으되 그 음행을 회개하고자 아니하는도다 볼찌어다 내가 그를 침상에 던질 터이요 또 그로 더불어 간음하는 자들도 만일 그의 행위를 회개치 아니하면 큰 환난 가운데 던지고 또 내가 사망으로 그의 자녀를 죽이리니 모든 교회가 나는 사람의 뜻과 마음을 살피는 자인 줄 알지라 내가 너희 각 사람의 행위대로 갚아 주리라 두아디라에 남아 있어 이 교훈을 받지 아니하고 소위 사단의 깊은 것을 알지 못하는 너희에게 말하노니 다른 짐으로 너희에게 지울 것이 없노라 다만 너희에게 있는 것을 내가 올 때까지 굳게 잡으라 이기는 자와 끝까지 내 일을 지키는 그에게 만국을 다스리는 권세를 주리니 그가 철장을 가지고 저희를 다스려 질그릇 깨뜨리는 것과 같이 하리라 나도 내 아버지께 받은 것이 그러하니라 내가 또 그에게 새벽 별을 주리라 귀 있는 자는 성령이 교회들에게 하시는 말씀을 들을찌어다"(계 2:18-29)

두아디라는 '두아의 성'이란 뜻으로 이 도시를 건설한 헬라 왕 셀류쿠스

1세의 딸 '두아'의 이름을 딴 도시다. 원래 농업과 목축업에 종사하던 순박한 농부들과 목동들이 터를 잡고 살던 한적한 작은 시골 마을이었으나 유대인들이 정착하면서 활발한 상공업 도시로 변모했고 교통의 요지가 되기도 했다. 이곳에는 로마 황제, 태양신 아폴로, 미의 여신 아데미 등을 위한 온갖 신전들이 있었다. 두아디라 교회는 바울이 빌립보에서 만난 이곳 출신의 자주 옷감을 파는 여성 루디아[1]에 의해 개척된 교회로 생각된다.

두아디라 교회는 주님께 칭찬과 책망을 함께 받은 교회다. 두아디라 교회는 '나중 행위'가 처음보다 많은 교회로 칭찬을 받았다. "내가 네 사업과 사랑과 믿음과 섬김과 인내를 아노니 네 나중 행위가 처음 것보다 많도다"[2] 이 구절의 '나중 행위'는 처음부터 변치 않고 이어져 온 나중의 신앙 행위를 말한다. 이 교회는 날이 갈수록 믿음의 진보가 더하여 처음보다 나중이 나았다. 에베소 교회가 열정적으로 시작하여 나중이 식은 교회라면 두아디라 교회는 처음보다 나중이 더 나은 교회였으니 칭찬받을 만하다. 그들이 칭찬받은 '나중 행위'에는 '사업, 사랑, 믿음, 섬김, 인내' 등 많은 것이 있었다. 그들은 주님의 일을 하는 것이나, 서로 사랑하는 것이나, 믿음을 지키는 것이나, 어려움을 참고 견디며 주님을 섬기는 모습이 갈수록 더한 아름다운 교회였다.

그러나 두아디라 교회는 주의 종들을 꾀어 행음하게 하고, 우상의 제물을 먹게 하는 '이세벨의 행위'를 용납하여 주님께 책망받은 교회였다. 여자 이세벨은 교회가 인정한 선지자가 아니라 스스로 선지자라 주장하는

1 행 16:14
2 계 2:19

'자칭' 여자 거짓 선지자였다. 이세벨은 북이스라엘 왕 아합과 결혼한 시돈 왕 엣바알의 공주 이름이다. 아버지의 이름 엣바알은 '바알과 함께 하는 자'란 뜻이다. 이세벨은 그 아버지의 바알 숭배, 시돈 땅의 바알 숭배를 북이스라엘에 끌어들이고 그의 딸 아달랴를 남유다의 왕자에게 시집보내어 남유다까지 물들인, 남북 전체를 바알 숭배로 물들인 큰 음녀다.[3] 바알 숭배는 피를 흘리기까지 자기 몸에 상처를 내고[4] 황홀경에 빠지는 감각적 예배 의식에 집착하는 종교요 신전의 제사장과 행음하는 의식을 통해 풍년이 온다고 주장하며 의식 중에 행음하는 '음행의 종교'다. 두아디라 교회에 이와 같은 영적 음행(우상 숭배)과 육적 음행에 빠지도록 가르치는 이세벨과 같은 '자칭' 여자 선지자가 있었던 것이다. 당시 두아디라에는 염색업을 비롯하여 면직, 모직, 가죽 제조업, 빵 제조업, 노예 매매와 같은 온갖 업종들이 있었고, 각 업종들마다 상인 조합인 '길드'가 있어 아주 강한 결속력을 가지고 있었다. 가장 강한 결속력을 가진 조합이 '유대인들의 섬유 조합'이었는데 조합원들에게는 많은 특혜가 주어졌고 조합에 가입하지 않는 사람들은 생존까지 위협받을 지경이었다. 그런데 조합원들은 당시 두아디라에 있던 버가모의 수호신인 트림나스 신전에 수입의 일부를 바치며 술을 마시고 신전의 사제들과 행음하는 바알 숭배 의식과 비슷한 제사 의식에 참여해야 했다. 이 같은 자리에 참석하지 않으면 조합원의 권리와 이익을 박탈당했다. 그런데 '자칭 선지자'라 하는 여자가 이런 것으로 고민하는 교인들에게 신전의 창녀들과 음행하고 우상의 제물을 먹어도 된다고

---

3 계 17:1; 19:2

4 왕상 18:28

가르치니 그 유혹에 넘어간 자들이 있었던 것이다. 예수님은 그 여자에게 회개할 기회를 주셨지만 회개하지 않았다. 그래서 그 여자를 '침상'에 던져 버릴 것이요 그와 더불어 간음하는 자들도 만일 그의 행위를 회개하지 않으면 '큰 환난' 가운데 던지겠다고 엄히 경고하셨다. '침상'은 '병상'의 뜻이 있어 병들어 죽게 한다는 의미일 수도 있다. 마지막 때 이세벨과 같은 큰 음녀 바벨론이 하나님의 진노의 포도주 틀에 던져진다.[5] 그때 큰 음녀 바벨론은 두아디라성의 왕족과 부자들이 즐겨 입던 사치스러운 자주 빛 옷과 붉은 빛 옷을 입고[6] 사람들에게 적그리스도의 표(짐승의 표 666)를 받게 하여 그의 '조합'에 가입하게 하고, 그의 우상에게 절하도록 권할 것이다.[7] 그로 인해 하나님과 어린 양 예수님의 진노를 받아 일곱 대접 재앙 가운데 던져져 하루 만에 불타서 사라질 것이다.[8]

주께서 '사망'으로 이세벨의 자녀 곧 이세벨의 행위를 추종하는 우상 숭배자들을 죽일 것이라고 경고하셨다. '사망'은 '온역' 곧 '전염병'을 가리킨다. 사람의 뜻과 마음을 살피는 자요 각 사람의 행위대로 갚으시는 예수님께서 두아디라 교회에 '불꽃같은 눈을 가진 하나님의 아들'로 나타나신 것은 이와 같은 이세벨의 악행을 살피고 있다는 뜻이요 '빛난 주석과 같은 발을 가진 하나님의 아들'로 나타나신 것은 이러한 악행을 심판하실 것을 의미한다.

예수님은 이기는 자와 끝까지 주님의 일을 지키는 자에게 만국을 다스

---

5 계 16:19
6 계 17:4
7 계 13:15
8 계 18:8

리는 철장 권세와 새벽 별을 주리라 약속하셨다. 이것은 새벽 별이 되시고[9] 천년 왕국 때 철장 권세를 가지신 주님[10]과 함께 왕 노릇함으로 성취된다.

---

9 계 22:16

10 계 12:5; 19:15

5. 사데 교회에 보낸 편지(계 3:1-6)

"사데 교회의 사자에게 편지하기를 하나님의 일곱 영과 일곱 별을 가진 이가 가라사대 내가 네 행위를 아노니 네가 살았다 하는 이름은 가졌으나 죽은 자로다 너는 일깨워 그 남은바 죽게 된 것을 굳게 하라 내 하나님 앞에 네 행위의 온전한 것을 찾지 못하였노니 그러므로 네가 어떻게 받았으며 어떻게 들었는지 생각하고 지키어 회개하라 만일 일깨지 아니하면 내가 도적 같이 이르리니 어느 시에 네게 임할는지 네가 알지 못하리라 그러나 사데에 그 옷을 더럽히지 아니한 자 몇 명이 네게 있어 흰 옷을 입고 나와 함께 다니리니 그들은 합당한 자인 연고라 이기는 자는 이와 같이 흰 옷을 입을 것이요 내가 그 이름을 생명책에서 반드시 흐리지 아니하고 그 이름을 내 아버지 앞과 그 천사들 앞에서 시인하리라 귀 있는 자는 성령이 교회들에게 하시는 말씀을 들을찌어다"(계 3:1-6)

'황금의 도시'라 불린 사데는 고대 리디아 왕국의 수도로 현재는 튀르키예의 리디아에 있다. 사데는 농산물이 풍부하고 '황금 천'이라 불리는 팍톨로스강에서 채취한 사금으로 금화를 주조했는데 금을 제련하는 도가니가 300개 이상 발굴될 만큼 부자 도시였다. 사데 교회는 주님께 책망만 받은 교회이다. "내가 네 행위를 아노니 네가 살았다 하는 이름은 가졌으나 죽은 자로다"[1] 그들은 '살았다' 하는 이름은 가졌으나 죽은 '행위' 때문에 책

1 계 3:1

망을 받았다. 생물학적으로는 살아 있지만, 실상 시체와 똑같은 '식물인간' 상태라는 것이다. 산 자는 움직이고 행동하고 반응하지만, 죽은 자는 전혀 반응이 없고 감각이 없다. 사데 교회는 주님의 말씀이나 주님의 뜻에 대한 반응이 없고 무감각한 교회였다. "네 행위의 온전한 것을 찾지 못했다"라고 하신 말씀대로 주님을 위한 행위나 열심을 찾아볼 수 없는, 행함이 없는 죽은 믿음을 가진 교회였다.[2] 행함이 없는 죽은 믿음은 자신을 구원할 수 없는 헛된 믿음이다.[3]

구원은 오직 믿음으로 받는다.[4] 분명 우리의 행위와 관계없는 전적인 하나님의 선물이다.[5] 그러나 참된 믿음은 반드시 행위를 동반한다. 행위는 구원의 조건이 아니지만, 구원(믿음)의 결과로 반드시 나타난다. 따라서 믿음의 행위가 나타나지 않는다면 그 믿음은 참믿음이라 할 수 없는 것이다. "믿음이 그의 행함과 함께 일하고 행함으로 믿음이 온전케 되었느니라"[6]라고 했다. 믿음과 행위는 함께하는 것이요 서로 떨어질 수 없는 불가분의 관계에 있다. 불이 난 것을 믿는다고 하면서 불난 집에서 뛰쳐나가지 않는다면 불난 것을 믿는 자라 할 수 있겠는가? 불이 난 것을 '믿는 자'라면 당연히 집에서 뛰쳐나가는 '행위'를 동반하게 되는 것이다. 온전한 믿음은 반드시 믿음의 행위를 동반하게 된다는 것이다. 그래서 행함 없는 믿음을 죽은 믿음이라 하는 것이다. 행함 없는 믿음은 '영혼 없는 몸'과 같고,

---

2 약2:17, 26

3 약2:14

4 롬3:28

5 엡2:8-9

6 약2:22

빛을 발할 수 없는 '기름 없는 등불'과 같고, '맛을 잃어버린 소금'과 같고, 잎사귀만 무성한 '열매 없는 나무'와 같다.[7] 죽은 시체처럼 아무 영향력을 발할 수 없고, 어둠을 밝히지 못하며, 사람들에게 밟히고 조롱당하다가, 찍혀 불에 던져지게 된다.[8]

행위가 있는 참믿음으로 돌아가기 위해서는 죽음과 같은 깊은 영적인 잠에서 깨어나야 한다. 예수님은 '일깨라'라는 말씀을 두 번 반복했다. 일깨기 위해서는 어떻게 받았으며 어떻게 들었는지 생각하고 '지켜 회개해야' 한다. 주께서 십자가에서 흘린 피로 받은 생명의 복음, 복음 전도자들의 눈물과 수고로 받은 그 귀한 구원의 은총을 깨달아야 한다. 영적 잠에서 깨어났으면 이제 남은 신앙의 불씨를 살려야 한다. "그 남은바 죽게 된 것을 굳게 하라"[9]라고 했다. '그 남은바 죽게 된 것'은 죽은 행위 가운데 '살아남은 행위'를 말한다. 그것마저 죽지 않도록 마지막 남은 '생명의 불씨'를 살려야 하는 것이다. 그렇지 않으면 아무 것도 남은 것이 없게 된다. "만일 일깨지 아니하면 내가 도적 같이 이르리니 어느 시에 네게 임할는지 네가 알지 못하리라"[10]라고 했다. 일깨지 않으면 주께서 도둑같이 임하실 것이라고 했다. "저희가 평안하다, 안전하다 할 그때에 잉태된 여자에게 해산 고통이 이름과 같이 멸망이 홀연히 저희에게 이르리니 결단코 피하지 못하리라"[11]라고 했다. 사데는 경제적 부요함과 함께 도시 삼면이

---

7 약 2:26; 마 3:10; 5:13; 25:3

8 마 7:19

9 계 3:2

10 계 3:3

11 살전 5:3

450m 높이나 되는 가파른 절벽에 둘러싸여 있고 도시의 출입구가 트몰루스산맥 양쪽의 깎아지른 듯한 절벽과 산맥이 만나는 곳밖에 없는 데다 그것마저 경사가 급하고 험준해서 천연 요새와 같은 난공불락의 도시였다. 그래서 사데 사람들은 적들이 침략하여 포위하고 있는 전시 상황에서도 평안하리라, 안전하리라고 하며 자신들의 안전을 너무 믿고 잠들어 있다가 기습 공격을 당하여 함락된 뼈아픈 역사를 가졌다. 사데 교회는 이런 사데의 모습을 본받지 말고 예수님과 믿음의 선진들을 본받아야 한다.

사데 교회에 나타나신 예수님의 모습은 '하나님의 일곱 영과 일곱 별을 가지신 이'의 모습이다. 하나님의 일곱 영은 '성령'을 가리키며,[12] 일곱 별은 일곱 교회에 파송된 주의 사자[13] 곧 담임 목사를 가리킨다. 에스겔 골짜기의 마른 뼈와 같이 살아 있으나 죽은 자와 같은 사데 교회가 사는 길은 오직 하나님의 성령으로 가능하다. 사데 교회에 주신 경고는 '마지막 때' 다시 한번 동일한 경고로 주어진다. "보라 내가 도적 같이 오리니 누구든지 깨어 자기 옷을 지켜 벌거벗고 다니지 아니하며 자기의 부끄러움을 보이지 아니하는 자가 복이 있도다"[14] 사데 교인들처럼 죽은 믿음을 가지고 깨어 있지 못한 자들은 주님을 도적같이 맞이할 것이다.

그러나 사데 교회에 그 옷을 더럽히지 않은 흰 옷 입은 합당한 자가 몇 명이 있다고 했다. 그들은 '흰 옷을 입고 주님과 함께 다닐 것'이라고 했다. 잠자고 죽어 있는 자들이 많은 와중에 그래도 깨어 있는 소수의 성도들이 있다는 것은 희망이 아닐 수 없다. "이기는 자는 이와 같이 흰 옷을 입

12 계 1:4; 4:5

13 계 1:2

14 계 16:15

을 것"이라고 약속하셨다. 이 말씀은 흰 옷 입은 이십사 장로들이 천국 보좌에 앉은 모습과 '흰 옷 입은 자들'이 천국 하나님의 보좌와 어린 양 앞에서 밤낮 하나님을 찬양하는 모습을 통해 성취된다.[15] 참믿음의 옷, 의의 세마포 흰 옷을 입고 벌거벗는 수치를 당치 않게 해야 한다. 이기는 자에게는 이처럼 흰 옷을 입고 주님과 다니게 하실 뿐 아니라, 그 이름을 생명책에서 결코 지우지 아니하고 하나님 아버지 앞과 그의 천사들 앞에서 시인하리라고 약속했다. 이 생명책은 '죽임을 당한 어린 양의 생명책'으로[16] 우리 죄를 위하여 십자가에서 죽임을 당하고 부활하신 어린 양 예수 그리스도를 진실하게 믿는 사람들의 이름들이 기록된 하늘나라의 호적부다.[17] 입으로만 믿고 머리로만 믿는 자가 아니라 참마음으로 믿고 입으로 시인하는 자들[18] 곧 그 마음의 믿음이 행위로 나타나는 자의 이름들이다.

---

15 계 4:4; 7:9

16 계 13:8; 17:8; 20:12-15; 21:27

17 계 21:27

18 롬 10:10

6. 빌라델비아 교회에 보낸 편지(계 3:7-13)

"빌라델비아 교회의 사자에게 편지하기를 거룩하고 진실하사 다윗의 열쇠를 가지신 이 곧 열면 닫을 사람이 없고 닫으면 열 사람이 없는 그이가 가라사대 볼찌어다 내가 네 앞에 열린 문을 두었으되 능히 닫을 사람이 없으리라 내가 네 행위를 아노니 네가 적은 능력을 가지고도 내 말을 지키며 내 이름을 배반치 아니하였도다 보라 사단의 회 곧 자칭 유대인이라 하나 그렇지 않고 거짓말하는 자들 중에서 몇을 네게 주어 저희로 와서 네 발 앞에 절하게 하고 내가 너를 사랑하는 줄을 알게 하리라 네가 나의 인내의 말씀을 지켰은즉 내가 또한 너를 지키어 시험의 때를 면하게 하리니 이는 장차 온 세상에 임하여 땅에 거하는 자들을 시험할 때라 내가 속히 임하리니 네가 가진 것을 굳게 잡아 아무나 네 면류관을 빼앗지 못하게 하라 이기는 자는 내 하나님 성전에 기둥이 되게 하리니 그가 결코 다시 나가지 아니하리라 내가 하나님의 이름과 하나님의 성 곧 하늘에서 내 하나님께로부터 내려오는 새 예루살렘의 이름과 나의 새 이름을 그이 위에 기록하리라 귀 있는 자는 성령이 교회들에게 하시는 말씀을 들을찌어다"(계 3:7-13)

빌라델비아는 버가모의 왕 아탈로스 2세 필라델포스가 건설하여 로마에 귀속시킨 도시로 그의 이름을 따라 '형제 사랑'이라는 뜻의 빌라델비아로 불렸다. 이곳은 '소(小)아테네'라 불릴 만큼 우상이 만연하고 티베리우스, 베스파시안 황제 때 로마 황제 숭배가 극심하여 많은 기독교 순교자들이 생겨났다. 또 유대교 회당을 중심으로 한 유대인들의 박해도 극심했다. 이곳에 제일 먼저 전도한 사람이 사도 바울의 친척 '누기오'로 전해진다.[1] 이곳은 바울이 3년 동안 전도한 에베소 도시와 같은 규모 있는 도시가 아니다. 바울의 발길이 닿지 못한 작은 도시요, 사람들의 시선을 끌지 못한 지역이다. 바울이 3년 동안 에베소에서 목회할 때 거의 모든 아시아 사람들이 하나님의 말씀을 들었는데,[2] 빌라델비아 교회는 바울을 통해 주시는 말씀을 듣기 위해 에베소로 찾아온 자들이 누기오와 함께 개척한 작은 교회였을 것이다.

빌라델비아 교회는 서머나 교회와 함께 주님께 칭찬만 받은 교회다. 로마 황제 숭배가 강요되고 디오니소스 신전이 있고 포도주의 신 박카스와 여러 이교 숭배가 행해지는 도시의 열악한 영적 환경 가운데서 '작은 능력'을 가졌으나 주님의 말씀을 지키며 주님의 이름을 배반하지 않은 교회라고 칭찬받았다. 주님은 "네가 나의 인내의 말씀을 지켰다"[3]라고 칭찬했다. 작은 능력을 가진 교회라고 했으니 조직과 시스템을 잘 갖춘 규모 있고 영향력 있는 교회는 아니었을 것이다. 조금 떨어져 있는 대형 교회 라오디게아 교회와 비교할 수 없이 미약한 교회였을 것이다. 그러나 빌라델비아 교회는 작은 능력을 가지고서도 주님의 말씀을 지켰다. "그러므로 누구든지 이 계명 중에 지극히 작은 것 하나라도 버리고 또 그같이 사람을 가르치는 자는 천국에서 지극히 작다 일컬음을 받을 것이요 누구든지 이

1 롬16:21
2 행19:10
3 계3:10

를 행하며 가르치는 자는 천국에서 크다 일컬음을 받으리라"[4]라고 했다. 그렇다면 작은 능력을 가진 이 빌라델비아 교회야말로 주님 앞에서는 '큰 교회'다. 주님께는 라오디게아 교회가 부자 교회가 아니라 궁핍한 가운데서도 믿음을 지킨 서머나 교회가 부자 교회요, 라오디게아 교회가 큰 교회가 아니요 작은 능력을 가지고 말씀을 지킨 빌라델비아 교회가 큰 교회다. 주님의 평가는 사람의 평가와 같지 않다. 온 천지를 창조하시고 다스리는 주 앞에 크고 작음이나 높고 낮음이 무슨 큰 차이가 있겠는가? 도토리 키 재기일 뿐이다. 주 앞에는 세상 나라도 한 통의 물 한 방울 같고 저울의 적은 티끌 같고 섬들은 떠오르는 먼지와 같다.[5] 주께서는 오히려 작은 것을 택하시고 작은 자를 통해 영광 받으시는 분이다. 야곱의 열두 아들 가운데 열한 번째 아들인 작은 자 요셉을 택하셨고, 이새의 여덟 아들 중에 막내 아들 다윗을 양 무리 가운데 끌어내어 이스라엘의 목자로 세우셨다. 우리 주님도 가장 작은 고을 베들레헴의 초라한 구유에서 태어나시고, 멸시받던 갈릴리에서 사역을 시작하셨다. 하나님 나라의 시작은 겨자씨와 같이 작다. 완성된 후에는 공중의 새들이 깃들일 만큼 큰 나무가 되지만. 여호와의 구원은 사람이 많고 적음에 달리지 않는다.[6] 주님은 "적은 무리여 무서워 말라 너희 아버지께서 그 나라를 너희에게 주시기를 기뻐하시느니라"[7]라고 말씀하셨다. 모든 일을 모든 뜻 가운데 행하시는 분은 오직 주님이시다. 교만할 것도 없고 낙심할 것도 없다. 가진 것이 작고 받은 것이 적

4 마 5:19
5 사 40:15
6 삼상 14:6
7 눅 12:32

다고 실망하거나 원망하지 말아야 한다. 주신 것을 가지고 얼마나 남겼느냐가 중요하다. 빌라델비아 교회에 나타나신 주님의 모습은 거룩하고 진실하신 분이시다. 외형적인 겉모습이 아니라, 그 중심이 얼마나 참되고 진실하고 성실하게 행했느냐가 중요하다. 사람은 외모를 보지만 주님은 중심을 보신다. 주님의 생각은 사람의 생각과 다르며 하늘이 땅보다 높음같이 주님의 길은 우리 길보다 높고 주님의 생각은 우리 생각보다 높다.[8] 작은 능력을 가졌다고 실망하지 말고 열심을 다해 말씀을 지켜야 한다.

빌라델비아 교회는 하늘 문이 열린 교회다. "볼찌어다 내가 네 앞에 열린 문을 두었으되 능히 닫을 사람이 없으리라"[9]라고 했다. 이 열린 문은 야곱이 꿈에 본 사닥다리와 같다.[10] 이 사닥다리는 하늘에서 내려온 인자로서 하늘로 가는 유일한 구원의 고속 도로가 되시는 예수 그리스도를 상징한다.[11] 사도 요한의 몸은 비록 밧모섬에 갇혔으나 바로 이 열린 하늘 문을 통해 천국에 올라가 장래 일에 관한 하나님의 비밀을 보고 듣고 전해 주었다.[12] 작은 능력을 가져도 실망치 아니하고 주님의 말씀을 지키는 자들에게는 하늘 문이 열리는 복이 임한다.

주님은 인내의 말씀을 지킨 빌라델비아 교회에게 주님이 사랑하시는 것을 알게 하시고 환난 중에 지키실 것을 약속하셨다. "네가 나의 인내의 말씀을 지켰은즉 내가 또한 너를 지켜 시험의 때를 면하게 하리니 이는 장차

---

8 사55:8-9
9 계3:8
10 창28:12
11 요6:38, 41, 50-51, 58; 14:6
12 계4:1

온 세상에 임하여 땅에 거하는 자들을 시험할 때라"[13]라고 했다. 그들이 인내의 말씀을 지킨 대로 예수님도 그들을 시험의 때에 지키겠다고 약속했다. 행한 대로 갚아 주시겠다는 뜻이다. 이 시험의 때는 '장차 온 세상에 임하여 땅에 거하는 자들을 시험할 때'로서 장차 닥칠 대환난의 때를 가리킨다. '면하게 한다'라는 것은 아예 시험을 치지 않도록 면제해 주겠다는 뜻이 아니라 시험 중에 지켜 보호하겠다는 뜻이다. 시험을 당하지 않는 것이 아니라 시험 중에 보호하신다는 뜻이다. 애굽 땅 고센에 있는 이스라엘 백성들을 애굽의 재앙으로부터 보호하신 것처럼.

빌라델비아는 훗날 오스만 터키의 수차례에 걸친 공격으로 사방이 적으로 둘러싸인 가운데서도 1391년 함락될 때까지 비잔틴 제국의 최후 보루로 끝까지 살아남은 곳이다. 주께서는 끝까지 인내의 말씀을 지킨 자들을 지키시고 이긴 자의 증표라 할 수 있는 면류관을 주신다. 또 하나님 성전의 기둥으로 삼아 주신다고 약속했다. 성전이 상징하는 하나님 나라에서 건물의 기둥과 같이 없어서는 안 될 귀한 일꾼으로 존귀하게 사용하시겠다는 뜻이다.

13 계 3:10

7. 라오디게아 교회에 보낸 편지(계 3:14-22)

"라오디게아 교회의 사자에게 편지하기를 아멘이시요 충성되고 참된 증인이시요 하나님의 창조의 근본이신 이가 가라사대 내가 네 행위를 아노니 네가 차지도 아니하고 더웁지도 아니하도다 네가 차든지 더웁든지 하기를 원하노라 네가 이같이 미지근하여 더웁지도 아니하고 차지도 아니하니 내 입에서 너를 토하여 내치리라 네가 말하기를 나는 부자라 부요하여 부족한 것이 없다 하나 네 곤고한 것과 가련한 것과 가난한 것과 눈 먼 것과 벌거벗은 것을 알지 못하도다 내가 너를 권하노니 내게서 불로 연단한 금을 사서 부요하게 하고 흰 옷을 사서 입어 벌거벗은 수치를 보이지 않게 하고 안약을 사서 눈에 발라 보게 하라 무릇 내가 사랑하는 자를 책망하여 징계하노니 그러므로 네가 열심을 내라 회개하라 볼찌어다 내가 문 밖에 서서 두드리노니 누구든지 내 음성을 듣고 문을 열면 내가 그에게로 들어가 그로 더불어 먹고 그는 나로 더불어 먹으리라 이기는 그에게는 내가 내 보좌에 함께 앉게 하여 주기를 내가 이기고 아버지 보좌에 함께 앉은 것과 같이 하리라 귀 있는 자는 성령이 교회들에게 하시는 말씀을 들을찌어다"(계 3:14-22)

라오디게아는 B.C. 250년경 시리아 왕 안티오커스 2세가 건설한 소아시아 브루기아 지방에 있는 로마의 식민지로, 그의 아내 '라오디게'의 이름을 따서 부른 도시다. 라오디게아는 에베소에서 시리아로 연결되는 대로

상에 위치하여 교통이 발달하고 양모, 목화, 금융, 의약업이 발달했다. 라오디게아 교회는 바울이 에베소에서 복음을 전할 때 복음을 듣고 바울의 제자가 된 '에바브라'가 골로새 교회와 함께 세운 교회로 보인다.[1] 라오디게아 교회는 사데 교회와 함께 주님께 책망만 들은 교회다.

라오디게아 교회는 열심이 없는 미지근한 교회였다. 예수님은 라오디게아 교회에게 자신을 "아멘이시요 충성되고 참된 증인이시요 하나님의 창조의 근본이신 이"[2]로 나타내셨다. 예수님은 신실하신 하나님의 아들로서 하나님의 뜻에 '아멘'으로 십자가에 죽기까지 온전하게 순종하고 충성하신 '충성되고 참된 증인'이시다. 라오디게아 교회는 이와 같은 주님의 신실함과 열정이 없는 미지근한 교회였다. "내가 네 행위를 아노니 네가 차지도 아니하고 더웁지도 아니하도다 네가 차든지 더웁든지 하기를 원하노라"[3]라고 했다. 라오디게아는 히에라볼리의 7km 수로를 따라 흘러 내려오는 뜨거운 유황 온천물과 동쪽 골로새의 높은 산에서 흘러 내려오는 얼음처럼 차가운 물이 합쳐져서 차지도 뜨겁지도 않은 미지근한 물이 되는 곳이다. 라오디게아 교인들은 이처럼 미지근한 라오디게아의 물처럼 미지근한 신앙생활을 했고 마땅히 본받아야 할 예수님의 열심을 본받지 않았다. 예수님은 이처럼 미지근한 라오디게아 교회를 향해 "무릇 내가 사랑하는 자를 책망하여 징계하노니 그러므로 네가 열심을 내라 회개하라"[4]라

1 행19:10
2 계3:14
3 계3:15
4 계3:19

고 책망했다. '하나님의 창조의 근본'이신 창조주 예수님[5]을 본받아 열심을 다해 일하라고 권면하신 것이다. 부지런하여 게으르지 말고 열심을 품고 주를 섬기라고 했다.[6] 게으른 자는 밖에 사자가 있다고 핑계만 대고 깨어 일할 줄을 모른다.[7] 게으름은 영적인 잠에 깊이 빠지게 만들고 가을에 밭 갈지 않게 하여 영적 겨울을 대비할 수 없게 만든다.[8] 예수님은 "네가 이같이 미지근하여 더웁지도 아니하고 차지도 아니하니 내 입에서 너를 토하여 내치리라"[9]라고 경고했다. 상한 음식을 먹으면 위가 음식을 도저히 받아들이지 못하고 내치는 것처럼 주님께 버림받게 된다는 것이다. '주님의 입'이 상징하는 '천국'에 들어가지 못하고 버림받게 된다는 무서운 경고의 말씀이다. 성도는 '예수의 옷'을 입은 자[10]로서 마땅히 예수님의 언행심사를 닮고 예수님의 참되고 충성된 삶을 닮아야 한다. 예수님도 섬기고 세상의 죄악도 즐기는, 양다리 걸치며 적당히 타협하는 미지근한 신앙생활을 해서는 안 된다. 끓고 있는 냄비에 개구리를 넣으면 바로 뛰쳐나오지만, 미지근한 물에 넣고 서서히 가열하면 적당히 따뜻하니 자기 몸이 죽어가는지도 모르고 가만히 있다 익어 버린다고 한다. 신앙생활도 마찬가지다. 별로 힘든 것도 없고, 적당히 재미있는 것 같은 미지근한 신앙생활에 안주하면 자기 영혼 죽는 줄도 모르고 서서히 죽어 간다는 것을 알아야 한다. 영적 게으름을 버리고 열심을 회복해야 한다.

---

5 요 1:1-2
6 롬 12:11
7 잠 26:13; 22:13
8 잠 19:15; 20:4
9 계 3:16
10 갈 3:27

라오디게아 교회는 열매가 없는 교회였다. 라오디게아는 금융의 중심지요 은행과 고리대금업자들이 많은 부유한 도시로서 네로 황제 시절 대지진이 일어났을 때(A.D. 60년) 로마 총독이 구호금을 주려 해도 거절하고 자력으로 도시를 재건할 만큼 재력 있는 도시였다. 라오디게아 교회는 부자 도시에 있는 부자 교회였다. 교인들도 "나는 부자라 부요하여 부족한 것이 없다"[11] 하며 자신들이 누리는 물질적 부요를 영적 부요로 착각했다. 그러나 주님은 "네 곤고한 것과 가련한 것과 가난한 것과 눈 먼 것과 벌거벗은 것을 알지 못하도다"[12]라고 책망하며 그들이 실상 영적 가난뱅이요 맹인이요 거지임을 주지시켰다. 눈에 보이는 크기가 믿음의 크기가 아니라는 것을 알고 스스로 속지 말아야 한다. 겉은 멀쩡하고 잎사귀는 요란하나 실상 껍데기뿐이요 알맹이가 없는 허상일 수 있음을 알고, 회개에 합당한 열매, 성령의 열매를 맺고 있는지 항상 돌아보아야 한다. 참된 회개와 진정한 돌이킴 없는 허울뿐인 '빛 좋은 개살구 신앙'이 되지 않게 해야 한다. 자타가 좋게 평가한다 해도 주님이 아니라 할 수 있다. 사람의 평가와 기준에 맞추어 살지 말고 주께서 어떻게 보실까를 항상 생각해야 한다. 신앙의 착각에서 벗어나 자신의 영적 실상을 바로 보고 회개하여 새롭게 되도록 노력해야 한다. 농부가 씨를 뿌리고 잡초를 제거하며 거름을 주고 약을 치며 땀 흘리고 수고하는 것은, 열매를 얻기 위함이다. 만일 열매가 없고 잎사귀만 무성하면 무슨 소용이 있겠는가? 열매를 맺어야 한다.

라오디게아 교회는 주님이 없는 교회였다. "볼찌어다 내가 문밖에 서서

---

11 계 3:17

12 계 3:17

두드리노니 누구든지 내 음성을 듣고 문을 열면 내가 그에게로 들어가 그로 더불어 먹고 그는 나로 더불어 먹으리라"[13]라고 했다. 이것은 라오디게아 교회가 주님을 문밖에 세워 둔 교회임을 보여 준다. 라오디게아 교회에서 주인이신 예수님은 문밖에 '쫓겨나' 서 있고, 종들이 주인 행세를 하고 있다. 교회의 머리요 주인이신 예수님의 주권이 인정되지 않는 교회는 명색만 교회요 참된 주님의 교회라 할 수 없다. 이런 교회는 예수님의 음성을 들을 수 없고 사람의 요란한 소리만 들려올 뿐이다. 회개와 책망의 말씀은 들을 수 없고 가려운 귀만 긁어 주는 '달콤한 음악 같은 소리'만 있다.[14] 그래서 참된 회개도 변화도 없고, 겉모습만 요란한 겉치레 신앙이 되는 것이다. 열매가 없고, 열심이 없는 근본 원인은 '주님을 추방'한 데 있다. 가지가 포도나무에 붙어 있지 않으면 열매를 맺을 수 없다. 교회가 사는 길은 문밖에 계신 주님을 교회 안으로 모셔 들이고 주님의 지혜와 인도와 도우심을 받는 것이다. 주님은 "내가 너를 권하노니 내게서 불로 연단한 금을 사서 부요하게 하고 흰 옷을 사서 입어 벌거벗은 수치를 보이지 않게 하고 안약을 사서 눈에 발라 보게 하라"[15]라고 했다. '내게서'라는 단어를 주의해야 한다. 정금 같은 믿음도, 벌거벗은 수치를 가릴 거룩하고 정결한 의의 옷(예수의 옷)도, 어두워진 영안을 밝힐 성령의 지혜도, 모두 다 주님께 있다. 다른 데서 헛된 것을 찾지 말고 주님께 나아가 엎드리고 회개하여 새롭게 되어야 한다. 라오디게아에는 전 세계에 수출한 유명한 안약과 로마 상원 의원들이 즐겨 입는 흰 옷 같은 것들을 얼마든지 구

---

13 계 3:20

14 겔 33:32; 딤후 4:3

15 계 3:18

할 수 있었다. 그러나 그들의 영혼을 치료하고 회복시킬 재료들은 라오디게아에서 구할 수 없고 오직 주님께 나아가야 구할 수 있다. 주께서 내가 밤이슬에 젖었으니 어서 빨리 문 열어 달라고 두드리며 문밖에 서 계신다면,[16] 어서 속히 문을 열고 마음속 가장 중심의 높은 보좌에 주님을 모셔 들여야 하지 않겠는가? 주님을 모시고 주님의 생각과 뜻을 따라야 한다. 내 뜻 내 생각을 버리고. 예수님을 내 마음과 삶의 보좌로 초대하면 주님도 나를 높이고 곁에 앉히실 것이다.

일곱 교회에 주신 말씀 요약

소아시아 일곱 교회에 주신 주님의 말씀을 들어보면, 주께서 각 교회와 성도를 다 아시고 겉모습이 아닌 중심과 행위를 보신다는 것을 알 수 있다.[17] 따라서 물질적으로 궁핍하거나 작은 능력을 가졌다고 낙심하지 말고,[18] 죽은 믿음을 가지고 열심이 없는 신앙생활을 하면서도 착각 속에 빠져 자신을 바로 보지 못하는 헛된 교만과 어리석음에서 벗어나야 한다.[19] 첫사랑을 잃어버린 것,[20] 발람의 교훈과 이세벨의 교훈과 같은 니골라당의 교훈 곧 이단을 용납한 것,[21] 열심을 잃어버린 것[22]을 회개하고 돌이키며,

---

16 아 5:2
17 계 2:2-3, 9, 13, 19; 3:1, 10, 15
18 계 2:9; 3:8
19 계 3:1, 17
20 계 2:3
21 계 2:14-15, 20
22 계 3:2, 15, 19

환난 중에도 주님의 약속[23]을 바라보며 끝까지 주님이 주신 인내의 말씀을 붙들고 믿음을 지켜야 한다.

일곱 교회의 공통 말씀

책망받은 다섯 교회 모두에 빠지지 않고 주신 말씀이 '회개하라'라는 말씀이다. 예수님의 공생애 첫 마디도 회개하라는 말씀이다. 물질주의, 성장주의, 외형주의에 젖은 삶을 회개하고 남을 비난하기 전에 항상 자신을 돌아보고 회개해야 한다. '이기는 자에게는'이라는 말씀과 '귀 있는 자는 성령의 음성을 들으라'라는 말씀도 반복된다. 교회가 믿음의 선한 싸움에서 이기기 위해서는 주 예수께서 승천하시기 전에 아버지 하나님께 구하여 보내 주신 '또 다른 보혜사' 성령[24]께서 일깨워 주시는 음성에 항상 귀를 기울이고 그 말씀에 순종해야 한다.

지상 교회의 불완전

소아시아 일곱 교회는 지상 교회를 상징하는 모델이다. 일곱 교회 가운데 칭찬만 받은 교회가 둘(서머나 교회, 빌라델비아 교회), 책망만 받은 교회가 둘(사데 교회, 라오디게아 교회), 칭찬과 책망을 함께 받은 교회가 셋(에베소 교회, 버가모 교회, 두아디라 교회)이다. 지상 교회는 불완전한 교회다. 공사 중이며 미완성인 교회다. "그의 안에서 건물마다 서로 연결하여 주안에서 성전이 되어 가고 너희도 성령 안에서 하나님의 거하실 처소

---

23 계 2:7, 10-11, 17, 26, 28; 3:5, 10, 12, 21

24 요 14:16, 26; 15:26

가 되기 위하여 예수 안에서 함께 지어져 가느니라"[25]라고 했다. 교회는 함께 세워지고 함께 지어지고 있는 중이다. 아직은 부족함이 많고 허물도 많다. 그러나 문제가 있어도 '하나님의 교회'다.[26] 지상 교회에 문제가 있다고 비방하거나 판단하지 말고 구원의 날이 이르기까지 교회를 위하여 기도하며, 지상 교회의 문제를 당연한 것으로 여기지 말고 회개하여 바로 세우도록 노력해야 한다.

---

25 엡 2:21-22

26 고전 1:2; 10:32; 11:22; 고후 1:1

제3부

장차 될 일(4장-22장)

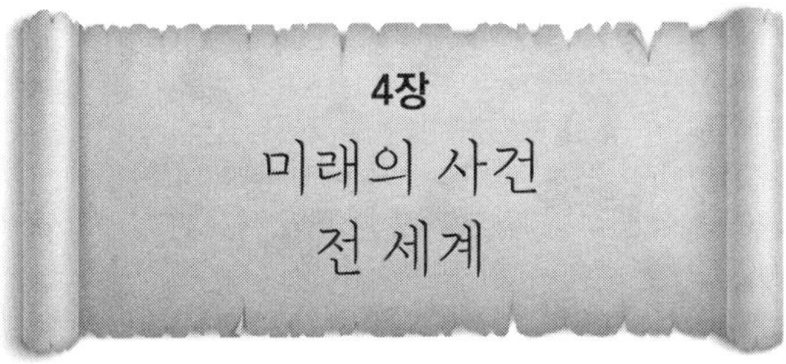

요한계시록의 마지막 세 번째 부분은 4-22장에 기록된 내용으로 장차 될 일이며 마지막 때 있을 미래의 사건이요 예언의 무대는 전 세계다. 장차 될 일은 재난의 시작, 본격적 재난인 대환난, 예수님의 재림, 천년 왕국, 새 하늘 새 땅과 새 예루살렘으로 이어진다.

내용	요한이 본 것	지금 있는 일	장차 될 일
성경	1장	2-3장	4-22장
시간	과거	현재	미래
예언의 무대	밧모섬	소아시아	전 세계

요한계시록의 구성

제1장 하나님 보좌 앞의 예배 광경(4장)

"이 일 후에 내가 보니 하늘에 열린 문이 있는데 내가 들은 바 처음에 내게 말하던 나팔 소리 같은 그 음성이 가로되 이리로 올라오라 이 후에 마땅히 될 일을 내가 네게 보이리라 하시더라 내가 곧 성령에 감동하였더니 보라 하늘에 보좌를 베풀었고 그 보좌 위에 앉으신 이가 있는데 앉으신 이의 모양이 벽옥과 홍보석 같고 또 무지개가 있어 보좌에 둘렸는데 그 모양이 녹보석 같더라 또 보좌에 둘려 이십사 보좌들이 있고 그 보좌들 위에 이십사 장로들이 흰 옷을 입고 머리에 금 면류관을 쓰고 앉았더라 보좌로부터 번개와 음성과 뇌성이 나고 보좌 앞에 일곱 등불 켠 것이 있으니 이는 하나님의 일곱 영이라 보좌 앞에 수정과 같은 유리 바다가 있고 보좌 가운데와 보좌 주위에 네 생물이 있는데 앞 뒤에 눈이 가득하더라 그 첫째 생물은 사자 같고 그 둘째 생물은 송아지 같고 그 셋째 생물은 얼굴이 사람 같고 그 넷째 생물은 날아가는 독수리 같은데 네 생물이 각각 여섯 날개가 있고 그 안과 주위에 눈이 가득하더라 그들이 밤낮 쉬지 않고 이르기를 거룩하다 거룩하다 거룩하다 주 하나님 곧 전능하신 이여 전에도 계셨고 이제도 계시고 장차 오실 자라 하고 그 생물들이 영광과 존귀와 감사를 보좌에 앉으사 세세토록 사시는 이에게 돌릴 때에 이십사 장로들이 보좌에 앉으신 이 앞에 엎드려 세세토록 사시는 이에게 경배하고 자기의 면류관을 보좌 앞에 던지며 가로되 우리 주 하나님이여 영광과 존귀와 능력을 받으시는 것이 합당하오니 주께서 만물을 지으신지라 만물이 주의 뜻대로 있었고 또 지으심을 받았나이다 하더라"(계 4:1-11)

소아시아 일곱 교회에 대한 예수님의 말씀이 끝난 후 사도 요한은 하늘에 열린 문을 보게 된다. 이 열린 문은 '하늘 문' 곧 천국에 들어가는 문이다. 이 하늘 문은 구원의 유일한 문이 되신 예수 그리스도를 상징한다.[1] 예수 그리스도라는 문을 통하지 않고는 하나님 나라 천국에 들어갈 자가 없다.[2] 사도 요한은 "이리로 올라오라 이후에 마땅히 될 일을 내가 네게 보이리라"[3]라는 나팔 소리 같은 주님의 음성을 듣고 순식간에 '열린 문'을 통해 천국에 들어간다. '이후에 마땅히 될 일을 보이리라'라고 했으니 4장 이후의 말씀은 '장차 될 일'을 기록한 말씀임을 분명히 알 수 있다. 사도 요한이 하늘의 음성을 듣고 하늘로 올라간 것은, 에스겔이 성령의 권능으로 순식간에 이동한 것처럼[4] 성령의 권능으로 순식간에 천국으로 이동한 것일 뿐 성도의 대규모 휴거 사건[5]과는 관계가 없다.

1. 영광스러운 하나님의 보좌(계 4:2-3)

사도 요한이 성령에 감동되어 순식간에 하늘로 올라가 가장 먼저 본 것은 하나님의 보좌와 그 위에 앉으신 이의 모습이었다. 이것은 장래 일(장차 될 일)의 주관자가 하나님이며, 하나님에 의해 장래의 모든 일이 시작

---

1 요 10:9; 계 21:21
2 요 14:6
3 계 4:1
4 겔 3:12
5 살전 4:16-17

된다는 것을 보여 주는 것이다. 장래 일이 적그리스도나 마귀 사탄에 의해 좌우되는 것처럼 보이지만, 하나님과 어린 양 예수님의 허락 없이는 결코 일어날 수 없다. 하나님이야말로 역사의 주관자시다. 이것은 핍박받는 교회에 큰 위로와 소망이 된다. 이것은 당대의 교회들뿐 아니라 장래의 모든 교회들이 믿음으로 인하여 세상에서 환난과 핍박을 당할지라도 두려워하거나 놀라지 아니하고 역사의 주관자이신 하나님을 바라보며 믿음으로 담대히 나아갈 수 있는 근거가 된다.

보좌에 앉으신 하나님의 모습은 벽옥(푸른 보석)과 홍보석(붉은 보석)과 같고 녹보석 같은 무지개가 보좌에 둘려 있었다. 빨강, 파랑, 녹색은 빛의 삼원색으로 보좌에 앉으신 하나님이 빛이심을 나타낸다.[6] 벽옥은 성부, 홍보석은 성자, 녹보석은 성령을 상징한다. '무지개'는 하나님께서 노아와 맺은 언약의 증인이다.[7] 그런데 언약의 증인 무지개가 구름에 둘려 있지 않고 보좌에 둘려 있다. 이것은 보좌에 앉으신 하나님께서 노아 언약이 예표하는 예수 그리스도의 구원의 새 언약(신약)을 영원히 기억하고 계신다는 뜻이다. 이것은 노아의 방주 안에 있던 네 생물들[8]과 맺은 언약이 영원함 같이 예수 그리스도와 맺은 구원의 언약이 영원하며 보좌 앞에 있는 모든 생명의 구원이 영원히 안전함을 의미한다.

6 요일 1:5

7 창 9:13

8 창 9:9-10

2. 보좌 주변의 광경(계 4:4-8)

사도 요한은 보좌의 광경 다음으로 보좌 주변과 보좌 앞의 광경을 묘사한다.

보좌를 둘러선 이십사 보좌들(계 4:4-5)

사도 요한은 보좌를 둘러서 있는 이십사 장로들의 보좌를 보았다. 이십사 장로는 구약의 열두 지파와 신약의 십이 사도를 상징하는 것으로 신구약의 모든 구원받은 하나님의 백성들을 대표한다고 할 수 있다.[1] 이들이 보좌를 둘러서서 하나님을 예배하는 모습은 광야에서 성막 사방으로 이스라엘 열두 지파의 진영이 둘러서서 하나님을 예배하던 모습과 똑같다. 이들이 입은 '흰 옷'은 하나님을 섬기던 제사장들이 하나님을 섬길 때 입던 세마포 옷으로[2] '자기 의의 옷'이 아닌 '하나님의 의의 옷'[3] 곧 '예수 그리스도의 옷',[4] 믿음의 옷을 상징한다. 이들이 흰 옷을 입고 의롭다함을 받은 것은 자기의 의로움 때문이 아니라 어린 양 예수님의 공로 때문이다.[5] 흰 옷은 어린 양 예수님의 피로 죄 사함 받은 자, 구원받은 자의 증표다.[6] 이들이 금면류관을 쓴 것은 정금과 같은 말씀과 믿음으로 믿음의 선한 싸움

---

1 계 21:12-14
2 행 1:10; 계 3:4; 4:4; 7:9
3 롬 10:3
4 갈 3:27
5 출 12:13; 계 7:14
6 계 7:14; 19:8

에서 '이긴 자들'임을 의미한다.[7] 이들이 보좌에 앉은 것은 믿음의 선한 싸움에서 믿음을 지킨 이긴 자들이 장차 이들과 함께 '만유의 상속자들'로서 주님과 함께 보좌에 앉아 만유를 다스릴 것을 보여 주는 것이다.[8] 보좌로부터 번개와 음성과 우렛소리가 난 것은 하나님께서 시내산에 강림하실 때와 똑같은 모습으로 하나님의 영광과 권능과 위엄을 드러내는 것이다.[9] 이와 같은 하나님의 영광과 권능과 위엄 앞에 이십사 장로들과 같은 죄인들이 설 수 있는 것은 오직 세상 죄를 지고 가신 하나님의 어린 양[10] 예수 그리스도의 보배로운 십자가 공로 때문이다. 번개와 음성과 우렛소리가 있는 하나님의 보좌를 이십사 장로들의 보좌가 둘러서 있는 모습은, 시내산 아래에서 이스라엘 열두 지파가 장막을 치고 하나님을 섬기던 모습과 똑같다.

보좌 앞에 켠 일곱 등불(계 4:5)

보좌 주변을 둘러본 사도 요한은 이제 '보좌 앞'을 본다. 보좌 앞에는 '켠 일곱 등불'이 있었다. 이것은 '온 땅에 보내심을 받은 하나님의 일곱 영'이신 '성령'[11]을 상징한다. 이 '일곱'은 하나님의 '모든' 창조 세계를 상징하며, 하나님의 영이신 성령이 온 천지에 충만하신 영[12]으로서 육지, 바다, 강과 물, 하늘 등 하나님의 창조 세계 그 어느 곳 하나도 계시지 않은 곳이 없는

7 마 4:4, 7, 10; 욥 23:10; 딤후 4:7-8; 계 2:7, 11, 17, 26; 3:5, 12, 21
8 계 3:21; 20:4
9 출 19:16, 19
10 요 1:29; 계 5:6
11 계 1:4; 5:6
12 렘 23:24

분[13]임을 의미한다. 하나님의 통치가 미치지 않는 곳은 그 어디에도 없다. 등불이 꺼져 있지 않고 '켜 있는 것'은 하나님의 성령이 졸지도 아니하고 주무시지도 아니하고 늘 깨어 온 천지를 두루 살피며 하나님의 뜻을 이루시는 것을 의미한다.[14] 보좌 앞에 켠 일곱 등불은 지성소의 휘장 앞 성소 안에 항상 불을 밝힌 등대 위의 '일곱 등불'과 같다.[15] '등대'는 성령으로 충만하신[16] 세상의 빛 되신 어린 양 '예수 그리스도'[17]를 상징한다. 땅에 있는 것은 하늘에 있는 것의 모형과 그림자다.[18] 천국은 낯선 곳이 아니다.

그런데 사도 요한이 본 하늘 성전은 땅의 성전(성막)과 다른 점이 하나 있다. 그것은 하늘 성전에선 이 땅의 성막(성전)에 지성소와 성소를 가로막던 휘장(담)이 사라지고 더 이상 없다는 것이다. 왜 그럴까? 그것은 죄로 인하여 가로막힌 휘장(담)을 어린 양 예수님이 자기 피로 허물고 찢으셔서 하나님 아버지께 나아갈 수 있는 새롭고 산 길을 열어 놓으셨기 때문이다.[19] 바로 그 유일한 구원의 길이 '예수 그리스도'다.[20]

수정과 같은 유리 바다(계 4:6)

사도 요한이 그다음으로 본 것은 보좌 앞의 '수정과 같은 유리 바다'다.

---

13 시 139:7-12
14 시 121:4; 사 55:11
15 출 25:31-40; 27:20-21
16 사 61:1; 눅 4:1
17 요 8:12; 9:5; 계 5:6
18 히 8:5
19 사 59:2; 엡 2:14; 마 27:51; 히 10:20
20 요 14:6

이것은 이스라엘 백성들이 하나님 앞에 모여 예배(제사)하던 성막(성전)의 '뜰'(마당)과 같은 곳으로, 모든 성도와 모든 천사가 함께 모여 하나님을 예배할 수 있는 보좌 앞의 큰 '예배 광장'이라 할 수 있다.[21] '수정'과 '유리'는, 어린 양 예수님의 피로써 수정과 유리처럼 맑고 깨끗하게 된 죄 없는 자라야 하나님의 보좌 앞에 모여 하나님을 예배할 수 있다는 것을 나타낸다.

보좌 가운데와 주위의 네 생물(계 4:6-8)

사도 요한이 그다음으로 본 것은 보좌 가운데와 주위에 있는 '네 생물'이다. 이 네 생물은 지성소에 있던 두 그룹[22]과 같은 것으로, 하나님을 비서실과 경비실처럼 보좌하고 호위하는 그룹 천사들이요[23] 그룹 천사들 중에서도 스랍 천사들[24]이다. 이들의 눈이 앞뒤, 날개의 안과 주위에도 가득한 것은 이들 가운데 계신 주 하나님의 영[25]이 온 세상을 두루 감찰하고 계심을 의미한다.[26] 이들은 사자, 송아지, 사람, 독수리의 네 얼굴을 가졌는데 에스겔이 본 네 생물의 얼굴과 똑같다.[27] '사자'는 '땅의 생물들'을 대표하고, '송아지'는 '가축들'을 대표하고, '사람'은 '사람들'을 대표하고, '독수리'는 '새들'을 대표하는 것으로 이 네 생물은 노아의 방주(예수 그리스도를

---

21 계 7:9
22 출 25:22
23 겔 1:10; 10:14, 20
24 사 6:2
25 겔 1:21
26 대하 16:9
27 겔 1:10

예표) 안에 있던 네 생물들이요[28] 광야 이스라엘의 네 진영의 네 깃발에 새겨진 네 생물로 '구원 받은 모든 생명들'을 상징한다.[29] 출애굽한 이스라엘 백성들은 광야에서 성막 사방으로 진을 치고 살았는데 동쪽에는 '유다' 진영(유다, 잇사갈, 스불론 지파)이 '사자' 얼굴을 새긴 깃발 아래, 남쪽에는 '르우벤' 진영(르우벤, 시므온, 갓 지파)이 '사람' 얼굴을 새긴 깃발 아래, 서쪽에는 '에브라임' 진영(에브라임, 므낫세, 베냐민 지파)이 '송아지' 얼굴을 새긴 깃발 아래, 북쪽에는 '단' 진영(단, 납달리, 아셀 지파)이 '독수리' 얼굴을 새긴 깃발 아래 각각 진영을 치고 살았다. 따라서 이 네 깃발에 새긴 네 생물은 '출애굽한 모든 이스라엘' 곧 '구원받은 모든 성도'를 예표한다.

네 생물은 여섯 날개를 가졌는데 둘은 '얼굴'을 가리고 둘은 '발'을 가리고 둘은 '날기' 위한 것이다.[30] 이것은 각각 하나님 앞에서의 경외, 겸손, 순종의 태도를 보여 주는 것으로 하나님을 예배하는 자들의 마땅한 자세를 상징적으로 보여 준다. 이 네 생물은 하나님의 전용 우주선(자가용) 역할을 한다. 하나님이 그룹을 타고 날으신다 했고,[31] 에스겔은 네 생물이 '보좌에 앉으신 하나님'을 모시고 날아다니는 '하나님의 전용 우주선' 역할을 하는 모습을 직접 목격했다. 그러나 이 네 생물은 기계나 무생물이 아니라 자유 의지를 가진 천사들(생물들)이다. 이들은 자신들의 어깨로 언약궤(존귀하신 하나님을 상징)를 메고 이동하던 네 명의 고핫 자손 레위인들과 같

---

28 창 9:9-10

29 롬 8:1

30 사 6:2-3

31 삼하 22:11; 시 18:10

이, 왕이나 귀인들을 가마에 태우고 모시던 '가마꾼들'과 같이, 존귀하신 하나님을 모시고 하늘을 날아다니는 스랍 천사들이다. 이들과 같이 존귀하고 영광스러운 사역이 '하나님의 말씀과 복음'을 전파하는 '사도와 선지자들'의 사역이라 할 수 있다.

따라서 네 생물은 하나님을 비서실처럼 보좌하고 경비실처럼 호위하며 전용 우주선(자가용) 역할도 하는, 지성소의 두 그룹과 같은 스랍 천사들이다. 또 이들은 방주 안의 네 생물과 온 이스라엘[32]이 예표하는 '구원받은 모든 생명들'을 상징한다.

---

32 롬 11:26

3. 보좌 앞에서의 예배(계 4:8-11)

사도 요한은 하나님의 보좌와 그 주변 광경과 함께, 그곳에 있는 네 생물과 이십사 장로들이 밤낮 하나님을 찬양하며 예배하는 모습을 보았다. '네 생물'은 '밤낮 쉬지 않고' 거룩하고 전능하신 하나님, 세세토록 살아 계셔서 만물을 주관하시는 주 하나님께 영광과 존귀와 감사를 돌려 드리고 있었다. 다윗 때에 항상 하나님 앞에서 찬양하던 레위 지파들처럼.[1] "거룩하다 거룩하다 거룩하다"라는 외침은 이사야가 본 스랍들의 외침과 같다.[2] 네 생물은 예나 지금이나 변함없이 하나님을 찬양하고 있는 것이다. '거룩'이란 죄와 구별된 삶을 의미하며, 피조물과 감히 비교할 수 없는 창조주 하나님의 높고 위대하심을 의미한다. 한 점 먼지에도 비할 수 없는 피조물이 어찌 감히 무한초월자 하나님 앞에 가까이 설 수 있겠는가? 그 은혜와 영광 앞에 두렵고 떨리는 마음으로 창조와 구원의 은총을 찬양하는 것이다.

"주 하나님 곧 전능하신 이여 전에도 계셨고 이제도 계시고 장차 오실 이"는 앞서 사도 요한이 주 하나님을 소개한 내용과 같다.[3] 이 같은 네 생물의 찬양에 화답하여 '이십사 장로'들도 하나님 앞에 엎드려 경배하고 자기의 면류관을 드리며 영광과 존귀와 권능을 받으시기에 합당하신 창조주 하나님을 송축한다. 이십사 장로들이 금면류관을 하나님 앞에 드리는 것은 그것을 받기에 합당하신 분이 오직 하나님밖에 없다는 신앙 고백이며 자신들은 아무 공로 없는 무익한 종들이라는 표현이다.

---

1 대상 16:4, 6, 37

2 사 6:3

3 계 1:4, 8

그 옛날 이스라엘 백성들이 광야에서 성막을 중심으로 그 사방을 레위 진영이 둘러싸고 레위 진영의 사방을 이스라엘 열두 지파가 둘러싸며 하나님을 예배하던 모습이나, 예루살렘 성전에서 제사장들이 제단을 둘러서서 제사할 때 백성들이 성전 뜰에 둘러서서 하나님을 예배하던 모습이나, 신약 시대에 성도들이 하나님께 예배드리는 모습이나, 저 천국 하나님과 어린 양의 보좌를 네 생물과 이십사 장로들이 둘러서서 예배하고 그것을 둘러서서 구원받은 성도들과 천천만만의 천사들과 모든 피조물이 예배하는 모습[4]이 모두 똑같다.[5] 이 땅의 삶은 천국 생활의 모형과 그림자다. 천국에서의 예행연습을 하는 것과 같다. 광야의 성소에서 등대에 불을 켜고 향단에 끊임없는 향불을 피워 올리다 마침내 지성소의 문을 활짝 열고 거기 계신 하나님 앞에 나아간 것처럼, 교회는 어두운 세상에 빛을 밝히며 끊임없는 삶과 기도의 향불을 피우다 마침내 앞서 천국의 지성소 하나님의 보좌 앞에 들어가신 예수님의 뒤를 따라 저 천국 하나님 보좌 앞에서 영원토록 하나님을 찬양하며 예배할 것이다.

4 계 5장, 9장

5 계 5:11; 7:9

제2장 두루마리를 펴기에 합당한 어린 양(5장)

사도 요한은 네 생물과 이십사 장로의 예배 후 하나님의 오른손에 있는 일곱 인으로 봉한 두루마리(책)를 보게 된다.

1. 일곱 인으로 봉한 두루마리(계 5:1-7)

> "내가 보매 보좌에 앉으신 이의 오른손에 책이 있으니 안팎으로 썼고 일곱 인으로 봉하였더라 또 보매 힘 있는 천사가 큰 음성으로 외치기를 누가 책을 펴며 그 인을 떼기에 합당하냐 하니 하늘 위에나 땅 위에나 땅 아래에 능히 책을 펴거나 보거나 할 이가 없더라 이 책을 펴거나 보거나 하기에 합당한 자가 보이지 않기로 내가 크게 울었더니 장로 중에 하나가 내게 말하되 울지 말라 유대 지파의 사자 다윗의 뿌리가 이기었으니 이 책과 그 일곱 인을 떼시리라 하더라 내가 또 보니 보좌와 네 생물과 장로들 사이에 어린 양이 섰는데 일찍 죽임을 당한 것 같더라 일곱 뿔과 일곱 눈이 있으니 이 눈은 온 땅에 보내심을 입은 하나님의 일곱 영이더라 어린 양이 나아와서 보좌에 앉으신 이의 오른손에서 책을 취하시니라"(계 5:1-7)

'오른손'은 권능과 사역의 손으로, 하나님께서 일곱 인에 봉한 책에 기록된 내용대로 시행하실 것을 의미한다. '두루마리'는 장래에 대한 하나님의 말씀(계시)을 기록한 책이다. '안팎으로' 쓴 것은 충분하고 완전한 계시가 기록된 것을 뜻한다. '일곱 인(印)'은 '하나님께서 봉하신 일곱 가지 비밀'을 뜻한다. 이것이 봉해진 것은 그 비밀을 공개하기 전에는 하나님 외에 그 누구도 알 수 없다는 뜻이다.

그런데 이 하나님의 일곱 비밀을 담은 두루마리(책)를 펼쳐 보기에 합당한 자가 하늘 위에나 땅 위에나 땅 아래 그 어디에도 없어 사도 요한이 크게 울었다. 만일 합당한 자가 나타나지 않으면 두루마리에 기록된 하나님의 비밀을 영원히 알 수 없기 때문이다. 그런데 감사하게도 장로 중의 한 사람이 두루마리를 펴고 그 인을 떼기에 합당한 자가 있다고 말해 준다. 바로 그분이 유대 지파의 사자(The lion)요 다윗의 뿌리인 어린 양 예수 그리스도라는 것이다. 예수님은 육신으로는 유다 지파 다윗의 자손으로 오셨으나 영으로는 하나님의 아들로서[1] '다윗의 뿌리' 곧 다윗의 창조주가 되시는 분이다.[2]

사도 요한은 일찍 죽임을 당한 한 어린 양이 서 있는 것을 보았는데, 이 어린 양은 '세상 죄를 지고 가는 하나님의 어린 양' 예수 그리스도로, 우리를 구원하기 위한 대속 제물로 일찍이 십자가에서 피 흘려 죽으셨다.[3] 이 어린 양이 보좌와 네 생물과 장로들 사이에 서 있는 것은, 마치 노아가 방주 안에 있던 네 생물들을 대표하여 언약의 대표자로서 하나님 앞에 서 있

1 롬 1:3-4
2 마 22:45; 계 22:16
3 요 19:30; 롬 5:6-8

던 것과 같다.[4] 이것은 예수님이 새 언약의 대표자요 중보자[5]로서 네 생물과 이십사 장로들이 상징하는 구원받은 모든 생명을 대표하여 하나님 앞에 서 있는 것을 의미하는 것이다. 이 어린 양에게 '일곱 뿔'과 '일곱 눈'이 있다. 이 '일곱'은 하나님의 '모든 창조 세계'를 상징하며, '일곱 뿔'은 만왕의 왕이요 만주의 주[6]로서 가지신 하늘과 땅의 모든 권세를 상징한다.[7] '눈'은 '영'을 상징하며 '일곱 눈'은 온 땅에 보내심을 받은 '하나님의 일곱 영'인 성령을 상징한다. 보좌 앞의 '켠 일곱 등불'[8]과 '일곱 눈'은 모두 하나님의 일곱 영이신 성령을 상징한다. 어린 양 예수님은 하나님의 일곱 영이신 성령의 권능을 가지고 세상의 모든 어둠을 밝히며 하늘과 땅의 모든 권세로 만유를 다스리는 '등대'와 같은 분이다. 어린 양이 보좌에 앉으신 하나님 앞에 나아와 그 오른손에서 두루마리를 취하시는 것은, 하나님의 어린 양 예수님이야말로 일곱 인으로 인봉된 두루마리를 열 수 있는 유일한 자격자임을 의미한다.

4 창 9:8-17
5 히 8:6; 9:15; 12:24
6 딤전 6:15; 계 17:14; 19:16
7 마 28:18
8 계 4:5

2. 어린 양에 대한 예배 광경(계 5:8-14)

"책을 취하시매 네 생물과 이십사 장로들이 어린 양 앞에 엎드려 각각 거문고와 향이 가득한 금대접을 가졌으니 이 향은 성도의 기도들이라 새 노래를 노래하여 가로되 책을 가지시고 그 인봉을 떼기에 합당하시도다 일찍 죽임을 당하사 각 족속과 방언과 백성과 나라 가운데서 사람들을 피로 사서 하나님께 드리시고 저희로 우리 하나님 앞에서 나라와 제사장을 삼으셨으니 저희가 땅에서 왕 노릇 하리로다 하더라 내가 또 보고 들으매 보좌와 생물들과 장로들을 둘러 선 많은 천사의 음성이 있으니 그 수가 만만이요 천천이라 큰 음성으로 가로되 죽임을 당하신 어린 양이 능력과 부와 지혜와 힘과 존귀와 영광과 찬송을 받으시기에 합당하도다 하더라 내가 또 들으니 하늘 위에와 땅 위에와 땅 아래와 바다 위에와 또 그 가운데 모든 만물이 가로되 보좌에 앉으신 이와 어린 양에게 찬송과 존귀와 영광과 능력을 세세토록 돌릴찌어다 하니 네 생물이 가로되 아멘 하고 장로들은 엎드려 경배하더라"(계 5:8-14)

네 생물과 이십사 장로들의 어린 양 예배(계 5:8-10)

어린 양이 두루마리를 취할 때 네 생물과 이십사 장로들은 어린 양 앞에 엎드려 거문고와 향이 가득한 금대접을 가지고 새 노래를 부르며 어린 양을 찬양하고 예배한다. '거문고'는 모든 악기를 대표한 것이며 '금대접'은 성도의 기도의 향(향기)을 담은 그릇이다. 이 기도의 향과 금향단에 올라

온 삶의 향은 모두 함께 중보자 예수님을 거쳐 하나님 아버지 앞에 드려진다.[1] 하나님과 사람 사이의 중보자는 예수님 한 분뿐이다.[2] 예수님의 이름으로 하나님 아버지께 무엇을 구하든지 다 시행된다.[3] 성도의 기도와 예배는 결코 헛되지 않다.

네 생물과 이십사 장로들이 부른 새 노래의 내용은 무엇인가? 어린 양이 행하신 일과 어린 양이 두루마리를 가지고 인봉을 떼기에 합당한 분임을 칭송하는 내용이다. 어린 양이 행하신 일이란 각 족속과 방언과 백성과 나라(모든 민족) 가운데 사람들을 자기 피로 구원하여 하나님께 드리신 일이다. 구원받은 자들이 하나님의 보좌 앞에 예배할 수 있는 이유가 여기에 있다.[4] 그뿐 아니라 자기 피로 산(구원하신) 자들을 나라와 제사장들로 삼아 땅에서 왕 노릇하게 하셨다.[5] 구원하신 것도 감사한데 구원하신 자들을 모아 하나님 나라의 일원이 되게 하시고 존귀한 하나님의 일꾼들(제사장들)로 삼아 주셔서 왕 노릇하게 하셨으니 이 어찌 구원의 노래를 부르지 않을 수 있겠는가?

천사들의 어린 양 예배(계 5:11-12)

네 생물과 이십사 장로의 어린 양 찬양 후 그들을 둘러선 천천만만의 많은 천사들이 이에 화답하여 어린 양을 찬양한다. 이 많은 천사들은 하나님

---

1 고후 2:15; 계 8:3
2 딤전 2:5
3 요 14:13-14; 15:16
4 계 7:9
5 계 1:5-6

의 명을 받아 이십사 장로가 대표하는 모든 구원받은 상속자들을 섬기고 돕기 위해 창조 받은 영들이다.[6]

모든 피조물의 하나님과 어린 양 찬양(계 5:13-14)

수많은 천사들의 어린 양 찬양에 이어 모든 피조물이 보좌에 앉으신 주(主) 하나님과 어린 양 주(主) 예수 그리스도께 세세토록 찬송과 존귀와 영광과 능력을 돌린다. 이어서 '구원받은 모든 피조물'을 상징하는 네 생물과 대표자들인 이십사 장로들이 진실한 동의를 뜻하는 '아멘'과 '경배'로 화답하면서 하나님과 어린 양에 대한 예배가 마무리된다. 하나님과 어린 양의 보좌[7]를 네 생물과 이십사 장로들이 둘러서고 그 바깥으로 천천만만의 천사들과 모든 피조물이 둘러서서 예배하는 이 광경은, 앞서 말한 바와 같이, 광야에서 하나님의 성막 사방으로 레위 진영이 둘러서고 그 사방을 이스라엘 열두 지파가 둘러서서 예배하던 광경과 똑같다.

천국은 모든 피조물이 창조자와 구원자이신 주 하나님과 어린 양 예수 그리스도를 성령 안에서 영원토록 예배하는 곳이다. 하나님의 보좌가 있는 그곳은 하나님과 어린 양을 향한 영원한 찬양과 예배가 끊이지 않는 곳이다. 그들이 부르는 노래는 이전에 부르던 세상 노래가 아니요, 하나님을 알지 못하는 세상에서 결코 들어 볼 수 없는 구원받은 모든 피조물이 영원히 함께 부를 구원의 노래다. 환난과 질고가 그치지 않고 난리와 난리의 소문이 끊이지 않는 소란하고 시끄러운 이 세상에서, 밧모섬에 갇

6 히1:14
7 계22:1

힌 사도 요한과 박해받던 초대 교회 성도들과 오고 오는 모든 구원받은 영혼들이 영원히 불러야 할 노래가 바로 이 구원의 새 노래다. 천국은 그 무엇보다 구원받은 모든 피조물의 노래가 영원토록 찬란히 빛나는 곳이다. 하늘 위에 있는 자들이나, 땅 위에 있는 자들이나, 땅 아래에 있는 자들이나, 바다 위에 있는 자들이나, 그 어느 곳에 있는 피조물이든지 천국의 모든 피조물이 하나님과 어린 양 예수를 영원토록 찬양하고 노래하는 이유는, 그들을 창조하시고 어린 양의 피로써 구원하신 그 놀랍고도 기이한 은총 때문이다. 독생자를 보내신 하나님의 사랑과 어린 양의 희생은 호흡이 있는 자마다 여호와를 찬양해야 할 이유이다.[8] 이를 아는 사람은 더 이상 배설물과 같은[9] 이 세상의 헛된 아름다움과 영광을 노래하지 않는다. 옛 시절이 좋다고 호주머니에 콧수건을 달고 콧물을 흘리는 사람이 없는 것처럼, 예수 그리스도의 구원의 은혜를 진정 체험하고 우리 주의 구원의 말할 수 없는 은혜에 감격한 사람은 더 이상 이 세상이나 세상에 있는 것들을 노래하지 않는다. 모든 육체는 풀과 같고 그 모든 영광은 풀의 꽃과 같다.[10] 이 세상이나 세상에 있는 것들은 그림자 같고, 나그네 같고, 아침 안개와 구름같이 쉬 사라지는 것들이다. 이 세상에 영원한 소망을 두지 말고 잠시 있다가 사라질 세상의 목마름을 노래하지 말아야 한다. 노래는 입으로만 하는 것이 아니요 온몸과 온 악기를 동원할 수 있다. 또 우리의 삶과 목숨을 다해 충성하는 것은 삶으로 부르는 또 하나의 노래다. 우리를 창조하시고 구원하신 우리 주 하나님과 주 예수 그리스도의 사랑과 은혜를 영원히 노래하는 자들이 되라.

---

8 시 150:6

9 빌 3:8

10 벧전 1:24

제3장 대환난의 전조(前兆), 인 재앙(6장)

세계 곳곳에서 하루가 멀다 하고 온갖 재난들이 일어난다. 성경은 이런 일들이 있으리라고 이미 예고했다. 어린 양이 '일곱 인(印)'을 개봉하면서 나타나는 일들은 마지막 때 일어날 재난들을 미리 보여 주는 것이다. 마지막 때의 재난은 일곱 인, 일곱 나팔, 일곱 대접 재앙의 순서로 일어난다.

일곱 재앙의 구조

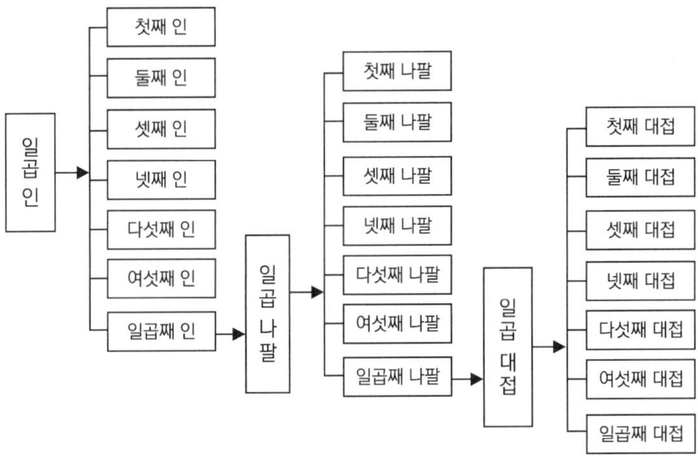

일곱 재앙의 구조

일곱 인 재앙 중의 마지막 일곱째 인 재앙은 일곱 나팔 재앙을 불러오고, 일곱 나팔 재앙 중의 마지막 일곱째 나팔 재앙은 일곱 대접 재앙을 불러온다. 따라서 일곱 재앙의 구조는 마지막 재앙이 다음 일곱 재앙을 불러오는 형태다. 따라서 이 모든 재앙은 '일곱 인 재앙'이라 할 수 있다. 일곱 인 재앙 속에 일곱 나팔 재앙과 일곱 대접 재앙이 모두 포함되기 때문이다.

'인'은 인봉된 하나님의 비밀을 의미하는 것이므로 장차 될 일은 '하나님의 일곱 비밀'(일곱 인) 속에 있다고 할 수 있다. 인을 '떼는 것'은 하나님의 비밀을 드러내는 것을 뜻한다.

순서대로 일어나는 사건

일곱 재앙은 일곱 인, 일곱 나팔, 일곱 대접 재앙의 순서대로 일어난다. 여섯째 인의 때에 인치는 일이 있는데,[1] 이 인침 받은 자들이 다섯째 나팔 재앙 때 하나님의 보호를 받고,[2] 여섯째 나팔 재앙 때 짐승의 표를 받은 자들[3]이 일곱 대접 재앙을 받는 것[4]을 보면, '인 재앙' 후에 '나팔 재앙'이 오고 나팔 재앙 후에 '대접 재앙'이 오는 것을 알 수 있다.

따라서 요한계시록의 인, 나팔, 대접 재앙은 동일한 일곱 사건을 중첩해서 갈수록 구체적이고 세밀하게 보여 주는 것이 아니라, 시간 순서대로 보여 주는 것이라 할 수 있다.

---

1 요한계시록 7장
2 요한계시록 9장
3 요한계시록 13장
4 요한계시록 16장

대환난의 전조, 인 재앙(계 6:1-17)

"내가 보매 어린 양이 일곱 인 중에 하나를 떼시는 그 때에 내가 들으니 네 생물 중에 하나가 우뢰소리 같이 말하되 오라 하기로 내가 이에 보니 흰 말이 있는데 그 탄 자가 활을 가졌고 면류관을 받고 나가서 이기고 또 이기려고 하더라 둘째 인을 떼실 때에 내가 들으니 둘째 생물이 말하되 오라 하더니 이에 붉은 다른 말이 나오더라 그 탄 자가 허락을 받아 땅에서 화평을 제하여 버리며 서로 죽이게 하고 또 큰 칼을 받았더라 셋째 인을 떼실 때에 내가 들으니 셋째 생물이 말하되 오라 하기로 내가 보니 검은 말이 나오는데 그 탄 자가 손에 저울을 가졌더라 내가 네 생물 사이로서 나는듯하는 음성을 들으니 가로되 한 데나리온에 밀 한 되요 한 데나리온에 보리 석 되로다 또 감람유와 포도주는 해치 말라 하더라 넷째 인을 떼실 때에 내가 넷째 생물의 음성을 들으니 가로되 오라 하기로 내가 보매 청황색 말이 나오는데 그 탄 자의 이름은 사망이니 음부가 그 뒤를 따르더라 저희가 땅 사분 일의 권세를 얻어 검과 흉년과 사망과 땅의 짐승으로써 죽이더라 다섯째 인을 떼실 때에 내가 보니 하나님의 말씀과 저희의 가진 증거를 인하여 죽임을 당한 영혼들이 제단 아래 있어 큰 소리로 불러 가로되 거룩하고 참되신 대주재여 땅에 거하는 자들을 심판하여 우리 피를 신원하여 주지 아니하시기를 어느 때까지 하시려나이까 하니 각각 저희에게 흰 두루마기를 주시며 가라사대 아직 잠시 동안 쉬되 저희 동무 종들과 형제들도 자기처럼 죽임을 받아 그 수가 차기까지 하라 하시더라 내가 보니 여섯째 인을 떼실 때에 큰 지진이 나며 해가 총담 같이 검어지고 온 달이 피같이 되며 하늘의 별들이 무화과나무가 대풍에 흔들려 선 과실이 떨어지는 것 같이 땅에 떨어지며 하늘은 종이 축이 말리는 것 같이 떠나가고 각 산과 섬이 제 자리에서 옮기우매 땅의 임금들과 왕족들과 장군들과 부자들과 강한 자들과 각 종과 자주자가 굴과 산 바위 틈에 숨어 산과 바위에게 이르되 우리 위에 떨어져 보좌에 앉으신 이의 낯에서와 어린 양의 진노에서 우리를 가리우라 그들의 진노의 큰 날이 이르렀으니 누가 능히 서리요 하더라"(계 6:1-17)

6장에 기록된 인 재앙(1-6인 재앙)은 대환난 이전의 사건으로, 본격적인 대환난을 예상케 하는 '대환난의 전조'(前兆)와 같다. 음악의 '전주곡' 같은 것이다. 여섯 가지 인 재앙은 예수님께서 마태복음 24장에서 말씀하신 종말의 내용, 순서와 일치한다. 예수님은 대환난이 오기 전에 사람의 미혹, 전쟁, 기근, 지진, 전염병이 찾아올 것인데 이것이 재난의 시작이라 하셨다. 그와 함께 성도에게 핍박이 찾아오고 세계적인 복음 전파가 있을 것을 예고하셨다. 이것은 여섯 인의 과정과 일치한다.

1. 첫째에서 넷째 인 재앙(계 6:1-8)

네 가지 인 재앙(첫째에서 넷째 인 재앙)은 예수님 재림 전에 사람의 미혹, 전쟁, 기근과 지진, 전염병[1]이 찾아올 것을 의미한다. 이 네 가지 인 재앙은 재난의 시작을 알리는 재림의 징조다.[2] 이 네 가지 인 재앙은 '오라' 하는 네 생물의 호령과 함께 네 명의 말 탄 자들의 등장으로 시작된다. 네 명의 말 탄 자들은 '여호와께서 땅에 두루 다니라고 보내신 하늘의 네 바람' 곧 네 영들('바람'의 히브리어는 '루아흐'로 '영'을 의미하는 단어이다.)로서, 온 세상의 주 앞에 서 있다가 나가는 영들이다.[3] 이들이 하나님의 명을 받고 나가는 모습은 아하수에로왕의 도장(인)이 찍힌 명령(왕의 조서)을 받아 역졸들이 왕의 일에 쓰는 준마를 타고 달려가는 모습과 같다.[4] 이 네 명의 말 탄 자들은 '소식'을 알려 주는 역졸이나 '여행'을 위해 말 탄 것이 아니라 '전쟁'을 위해 말 탄 자들로, 바로의 군대나 바벨론 군대와 같은 '전쟁의 기병들'이다. 이 네 악한 영들은 사람의 미혹, 전쟁, 기근, 지진, 전염병 등의 재난을 통하여 많은 생명들을 빼앗는 '사탄의 기병들'이라 할 수 있다.

---

1 눅 21:11
2 마 24:8
3 슥 1:10; 6:5
4 에 8:14

첫째 인, 흰 말 탄 자(계 6:1-2)

'네 생물 중의 하나'[5]는 첫째 생물인 '사자'를 가리킨다. 흰 말(백마) 탄 자는 온 세상을 미혹하는 '미혹의 영'이다. 예수님도 백마를 타고 재림하시지만, 거짓 그리스도들도 그보다 앞서 양의 옷을 입고 나타나 자신이 백마 타고 오는 그리스도인 것처럼 가장한다.[6] 그렇다면 왜 첫째 인의 백마 탄 자가 거짓 그리스도인가? 활은 어두운 데서 은밀하게 사람을 쏘아 죽이는 무기로[7] '거짓 교리'를 상징한다. 미혹하는 자들이 어두운 데서 은밀하게 치명상을 입히거나 죽이기 위해 사용하는 전형적인 사탄의 살인 무기이다. 예수 그리스도는 활이 아닌 '검'으로서[8] 대적과 당당히 맞서 싸우는 분이다. 또한 예수 그리스도는 이기려 애쓰는 분이 아니라 십자가로 말미암아 '이미 이기신 분'이다. 그는 우리도 믿음의 선한 싸움에서 이기고 천국에 들어오기를 기다리신다. 반면 거짓 그리스도는 가만히 교회에 숨어 들어와[9] 자신을 그리스도로 가장하며, 예수님께서 이기시고 많은 면류관을 받으신 것[10]을 모방하여 자신도 이기고 면류관을 받은 자처럼 행세한다. 그러나 결코 이길 수 없다. 거짓이 진리를 이길 수 없기 때문이다.

첫째 인은 재난의 시작을 알리는 재림의 첫째 징조로, 재난이 '사람의 미혹'으로부터 시작되는 것을 보여 준다. 예수님은 감람산 강화에서 "너희가 사람의 미혹을 받지 않도록 주의하라 많은 사람이 내 이름으로 와서 이

5 계 6:1
6 계 19:11; 마 7:15; 고후 11:15
7 시 11:2; 엡 6:16
8 계 1:16; 2:16; 19:15
9 갈 2:4; 딤후 3:6; 유 1:4
10 계 19:12

르되 나는 그리스도라 하여 많은 사람을 미혹케 하리라"[11]라고 하셨다. 첫째 인의 재앙은 이미 나타났다. 자신을 하나님이라, 재림 예수라, 보혜사라 속이는 많은 거짓 그리스도가 나타났다. 우리나라에만 자신을 이긴 자요 재림 예수라 주장하는 50여 명의 거짓 그리스도들과 거짓 선지자들이 나타났고, 미국에서도 100여 명이나 된다고 한다. 지금도 전 세계에 자칭 선지자라 하는 자들이 기적과 예언으로 많은 사람들을 미혹하고 있다. 정신을 차리고 미혹되지 않게 해야 한다.

둘째 인, 붉은 말 탄 자(계 6:3-4)

둘째 생물은 '송아지'를 가리킨다. '붉은 말'은 전쟁을 상징한다. '붉은 말 탄 자'는 '전쟁의 영'이다. 그가 '허락'을 받는 것은 하나님의 허락 없이는 아무 것도 할 수 없기 때문이다. '땅에서 화평을 제하여 버리며 서로 죽이게 하는 것'은 세계 곳곳에 미움과 다툼을 조장하여 민족과 민족, 나라와 나라가 전쟁으로 서로 많이 죽이게 하는 것을 말하며, 악한 영이 받은 '큰 칼'은 대량 살상 무기를 상징한다.

둘째 인은 재난의 시작을 알리는 재림의 둘째 징조로 화평이 사라지고 '전쟁'의 재난이 찾아오는 것을 말한다. 예수님은 감람산 강화(講話)에서 "난리와 난리 소문을 듣겠으나 너희는 삼가 두려워 말라 이런 일이 있어야 하되 끝은 아직 아니니라 민족이 민족을, 나라가 나라를 대적하여 일어나겠고 처처에 기근과 지진이 있으리니"[12]라고 말씀하셨다.

---

11 마 24:4-5

12 마 24:6-7

20세기는 전쟁의 세기라 할 만큼 많은 전쟁이 일어났다. 라틴아메리카에서는 온두라스, 베네수엘라, 콜롬비아, 과테말라, 우루과이, 도미니카, 엘살바도르, 페루, 볼리비아 등 많은 나라에서 '내전'이 발생했고, 아시아에서는 한국, 베트남, 인도, 파키스탄, 아프가니스탄, 스리랑카, 캄보디아, 동티모르에서 많은 전쟁이 일어났다. 아프리카에서는 수단, 알제리, 짐바브웨, 나이지리아, 에티오피아, 앙골라, 시에라리온, 콩고와 같은 대부분의 나라들이 전쟁이나 내전을 겪고 있으며, 중동에서는 레바논, 이스라엘, 이란, 이라크, 예맨, IS의 전쟁이 있었다. 유럽의 경우, 온 유럽이 둘로 나뉘어 1차, 2차 세계 대전을 겪었고 전쟁의 아픔을 뼈저리게 경험한 이후 1990년까지 전쟁 없는 평화의 시대를 보냈으나 1990년대에 '유럽의 화약고' 발칸 반도에서 전쟁이 일어났다. 최근 러시아와 우크라이나 전쟁도 그칠 줄 모르고 있다.

셋째 인, 검은 말 탄 자(계 6:5-6)

셋째 생물은 네 생물 중 '사람'을 가리킨다. '검은 말'은 '기근'을 상징하고 '검은 말 탄 자'는 '기근의 영'이다. 그가 가진 '저울'은 상거래용 저울이며 '한 데나리온'은 노동자의 하루 품삯이다. '밀'은 서민들의 주식이요 '보리'는 가난한 자들의 주식으로 하루 종일 일해도 밀 한 되와 보리 석 되밖에 살 수 없는 극심한 인플레이션이 찾아온다는 것이다. 2차 세계 대전 중 독일군에 포위된 구소련의 레닌그라드에서는 하루 품삯이 겨우 빵 한 끼를 살 수 있을 정도였다고 한다. 그와 같은 극심한 경제 불황이 찾아오는 것이다.

그런데 "감람유와 포도주를 해치 말라"라고 했다. 이 두 식물은 하나님의 제단에 바치는 식물들로 '하나님의 백성들'을 상징하며 이들을 해치지 말라 한 것은 대기근의 날에 성도를 보호하실 것을 의미한다. 또 이 두 식물은 웬만한 가뭄에도 견뎌 내는 식물로 심각한 가뭄이 찾아올 때 밀과 보리를 대신하여 먹을 수 있는 대용 식물이라고 한다. 곧 이것은 이 큰 기근 중에도 아직은 곡식을 대신할 식물이 남아 있어 그나마 희망이 있다는 것을 의미한다.

셋째 인은 재난의 시작을 알리는 재림의 세 번째 징조로 '기근'이 온다는 것이며 예수님은 감람산 강화에서 "처처에 기근과 지진이 있으리니"[13]라고 말씀하셨다. 현재 기아로 지구의 약 8억이 굶주리고 있고, 전쟁, 가뭄, 물 부족, 기후 재난으로 인하여 더욱 심화되고 있다.

넷째 인, 청황색 말 탄 자(계 6:7-8)

넷째 생물은 '독수리'를 가리킨다. '청황색'은 죽음의 색깔로 죽음을 상징하며 '청황색 말 탄 자'는 "그 이름이 사망이니 음부가 그 뒤를 따르더라"[14]라는 말씀대로 '죽음의 영'이다. 그에게 땅 '4분의 1'의 권세가 주어졌는데 이것은 땅 4분의 1을 해칠 수 있는 권세를 받았다는 것이며, 그에게 사람을 죽이는 네 가지 무기가 있는데 그것은 검(전쟁), 흉년(기근), 사망(전염병), 땅의 짐승이다. 이것은 하나님께서 땅을 징벌하실 때 사용하신 네 가지 중한 도구다.[15] '사망'은 70인 역에서 '전염병(온역)'을 뜻하는 히브리어

13 마 24:7
14 계 6:8
15 겔 14:21

'데베르'를 번역한 단어이다. '땅의 짐승'은 전쟁과 기근으로 굶주린 짐승이나, 자폭 테러리스트들이나, 적그리스도와 거짓 선지자(두 짐승)와 같은 짐승처럼 잔인하고 이성 없는 '사탄의 하수인들'이나, 짐승의 형상을 가진 살인 로봇을 의미할 수 있다.

넷째 인의 재난은 첫째에서 셋째 재난을 모두 합친 것에다 전염병과 땅의 짐승까지 더한 끔찍한 죽음의 재난이다. 넷째 인은 재난의 시작을 알리는 재림의 넷째 징조로 각종 재난으로 많은 사람이 죽는 '죽음의 때'가 찾아온다는 것이며, 예수님은 감람산 강화에서 "처처에 큰 지진과 기근과 온역(전염병)이 있겠고 또 무서운 일과 하늘로서 큰 징조들이 있으리라"[16]라고 말씀하셨다.

사람의 미혹, 전쟁, 기근, 지진, 전염병과 같은 각종 재난들이 이미 우리 앞에 찾아오고 있다. 재난은 이미 시작되었다![17] 이 땅에 이와 같은 재난이 찾아오는 근본 원인은 무엇일까? 예수 그리스도와 그의 얼굴을 떠난 데 있다. 우리 인생의 참 '주인' 되신 주님의 얼굴을 떠날 때 '미혹하는 자'가 자칭 주라 하며 나타나는 것이요,[18] 참평화의 왕 '그리스도'를 떠날 때 '전쟁'이 찾아오는 것이며, 생명의 떡이신 '사람의 아들' 예수님을 떠날 때 '기근'이 찾아오는 것이요,[19] 영생(영원한 생명)이신 '하나님의 아들' 예수님을 떠날 때 '죽음'이 찾아오는 것이다.[20] 만물이 태양 빛을 떠나 살 수 없듯이

---

16 눅 21:11
17 마 24:8
18 요 5:43
19 요 6:35
20 요일 5:20

사람은 주의 얼굴빛을 떠나 살 수 없다. 주께서 주의 얼굴빛을 항상 비추어 주시기를 기도하고 그 얼굴빛 가운데 살아가야 한다.[21]

장래 일의 주관자 하나님

이 땅의 온갖 재난들이 네 명의 말 탄 자들 곧 하늘의 악한 영들[22]로부터 찾아오지만, 악한 영들 또한 하나님과 어린 양 예수님의 손안에 있다는 것을 알아야 한다. 네 명의 말 탄 자들은 어린 양이 인을 뗄 때 '오라!' 하시는 '우렛소리' 같은 네 생물의 호령 곧 하나님의 호령 소리를 듣고 나타났다.[23] 하나님의 허락 없이는 참새 한 마리도 땅에 떨어질 수 없다.[24] 사탄이 하나님의 허락을 받아 욥과 그 가정에 재난을 일으킨 것처럼 하나님께서 허락하셔야 재난을 일으킬 수 있는 것이다. 악한 자들이 자기 뜻대로 세상을 주관하는 것처럼 보이지만, 하나님께서 허락하신 만큼만 할 수 있을 뿐이다. 네 명의 말 탄 자를 통해 찾아오는 재난도, 이후의 더 큰 재난도 모두 만사를 주관하시는 하나님의 손에 달려 있다. 하나님께는 성도의 머리털까지 다 세신 바 되었다.[25] 하나님의 허락 없이는 악한 자들이 성도의 머리털 하나 건드릴 수 없다. 하나님은 다니엘을 사자 굴 가운데 보호하시고, 다니엘의 세 친구를 일곱 배 뜨거운 극렬한 불 가운데서 머리털 하나 상하지 않고 겉옷 빛도 변하지 않고 불탄 냄새조차 없도록 지켜 주셨다.[26] 노

21 시 67:1
22 엡 6:12
23 겔 1:20
24 마 10:29
25 눅 12:7
26 단 3:27

아와 롯의 가족을 홍수 심판과 불 심판 가운데 보호하시고, 야곱의 가족을 칠 년 대기근 가운데 보호하시고, 이스라엘 백성들을 애굽과 광야와 가나안 땅과 바벨론 포로 생활 중에 보호하셨다. 재난이 온다고 두려워하지 말고 환난 날에 피난처 되신 주의 이름을 부르라![27]

27 행 2:21

2. 다섯째 인 재앙, 성도의 핍박(계 6:9-11)

온갖 재난으로 이 땅의 민심이 흉흉할 때 성도들에게 핍박이 찾아온다. 바로 이때가 다섯째 인의 때 곧 핍박의 때다. 로마 황제 네로가 로마 화재의 책임을 기독교인들에게 전가하고 핍박한 것처럼, 이때 세상이 재난의 책임을 교회에 돌리고 성도를 핍박할 수 있다. 전 세계적인 핍박의 때가 오고 있다. 이 다섯째 인의 때에 하나님의 말씀과 그들이 가진 증거로 말미암아 죽임을 당한 순교자들의 영혼이 '제단'에서 하나님께 탄원한다. 이 제단은 땅의 제단이 아닌 '하늘의 제단'이다. 제단은 백성들의 허물과 죄로 인해 죄 없는 희생 제물들이 피를 뿌리며 죽어 간 곳이다. 순교자들은 제단의 희생 제물처럼 죽임을 당한 후 하나님이 정하신 심판의 때까지 참고 기다려 왔다. 그런데 다섯째 인의 때가 이르면 순교자들은 자신들이 죽임 당한 제단 아래에서, 온 세상을 공의로 다스리고 악인들을 심판하는 거룩하고 참되신 대주재 하나님 앞에 '땅에 거하는 자들'(악인들)을 심판하여 그들의 피 흘린 죄를 갚아 주시기를 탄원한다. '땅에 거하는 자들'은 주의 종들을 핍박하고 죽인 '복음의 원수들'이다.[1] 그들의 피 흘린 죄를 '속히' 보응하고 심판하여 주시길 '큰 소리'로 간구하며 탄원하는 소리가 하늘을 울리게 된다. 이것은 이 다섯째 인의 때에 많은 순교자들이 발생하여 그 순교자들의 탄원이 하늘을 울리게 될 것을 암시하는 것이다.

예수님은 감람산 강화에서 "그때에 사람들이 너희를 환난에 넘겨주겠으며 너희를 죽이리니 너희가 내 이름을 위하여 모든 민족에게 미움을 받

1 계 11:10

으리라"[2]라고 친히 예고하셨다. 재난의 시작과 함께 성도들을 핍박하고 죽이는 핍박의 때가 찾아올 것을 예고하신 것이다. 이때 성도는 환난에 넘겨져 죽임을 당하고 주님의 이름 때문에 모든 민족에게 미움을 받을 것이다.[3] 무슨 악한 일을 한 것도 아니요 말씀과 복음을 전하고 믿음을 지킨 것인데 가진 것을 빼앗기고 목숨까지 빼앗기는 억울한 일을 당할 것이다. "그때에 많은 사람이 시험에 빠져 서로 잡아 주고 서로 미워하겠으며"[4]라고 했다. 그때 가룟 유다처럼 믿음을 배반하는 자들이 많이 생길 것이다. 주님과 세상, 좁은 길과 넓은 길 사이에서 결단하지 못하고 머뭇거리며 두 주인을 섬기던 많은 사람들이 주님과 교회와 성도를 배반할 것이다. 믿음 준비, 마음 준비를 단단히 해야 한다. 내 힘으로는 이길 수 없으나 성령의 도우심으로 이길 수 있을 것이다. 우리의 싸움은 육신의 싸움이 아니라 영적 싸움, 믿음의 싸움이다. 예수님께서 말씀으로 사탄의 세 가지 시험을 이기시고[5] "기도 외에 다른 것으로는 이런 유가 나갈 수 없느니라"[6]라고 하신 것을 기억하라. 오직 말씀과 기도로써 악한 날에 악한 영들과 싸워 이길 수 있을 것이다.

순교자들의 탄원에 대한 하나님의 응답은 무엇인가? 그들에게 각각 흰 두루마기를 주시며 "아직 잠시 동안 쉬되 저희 동무 종들과 형제들도 자

2 마 24:9
3 마 24:9
4 마 24:10
5 마 4:1-11
6 막 9:29

기처럼 죽임을 받아 그 수가 차기까지 하라"[7]라는 위로의 말씀이다. '흰 것'은 '죄 없음'과 '의로움'을 상징하고 '두루마기'는 위에서 아래까지 온몸 전부를 가리는 옷이다. 이 흰 두루마기 옷은 구약의 제사장들이 하나님을 섬길 때 입던 하얀 '세마포 옷'과 같은 옷으로 '의의 옷'이다. 이 옷은 우리 죄를 덮지 못하는 아담이 만든 '무화과나무 옷'[8]이 아닌, 죄로 죽을 우리 몸을 머리부터 발끝까지 온전히 덮고 보호할 수 있는, 하나님께서 아담과 하와에게 지어 주신 '가죽옷'[9] 같은 옷이다. 가죽옷은 죄 없는 짐승의 희생을 통해 얻을 수 있는 옷으로 '예수의 옷'을 상징한다.[10] 이 흰 두루마기는 어린 양 예수님의 피로 깨끗하게 되고 의롭게 된 자, 곧 무죄한 자로 인정받은 증표다.[11] 따라서 흰 옷을 주신다는 것은, 흰 옷을 받은 순교자들이 의롭고 그들을 핍박하고 죽인 자들이 악한 자들로서 그 심판이 이미 정해진 것이며 장차 하나님의 심판과 형벌을 피할 수 없다는 것을 의미한다.

또 그들에게 "잠시 동안 쉬라"라고 했다. 기도에는 반드시 응답이 있으나 잠시 쉬면서 기다려야 할 때가 있다. 이 '잠시'의 기다림은 인간의 시간이 아닌 하나님의 시간이다. 주께서 하루를 천년같이 천년을 하루같이 우리를 기다려 주시는데[12] 우리가 그 잠깐의 시간을 기다리지 못하면 되겠는가? 그러면 언제까지 기다려야 하는가? 먼저, 동무 종들과 형제들이 죽

7 계 6:11
8 창 3:7
9 창 3:21
10 창 3:21; 갈 3:27
11 계 7:14
12 벧후 3:8

임을 당하여 그 수가 차기까지 기다리라고 했다. 이스라엘의 절기 제사 때 '제물의 종류와 숫자'는 정해져 있었다. 그 수가 온전히 차야 온전한 제사가 될 수 있었다. 큰 것이든 작은 것이든 하나라도 빠져선 안 된다. 그와 같이 아직은 제단에 드려질 희생 제물의 수 곧 순교자의 수가 차지 않고 남아 있으니 그 수가 다 찰 때까지는 기다려야 하는 것이다. 그러면 그 수가 언제 다 차는가? 적그리스도의 때[13] 3년 반 동안 많은 성도들이 죽임당할 때 순교자의 수가 찰 것이다. 그때에는 지금까지의 모든 순교자들을 합한 것보다 더 많은 순교자들의 피가 흐를 수도 있다. 적그리스도의 때에 거짓 선지자는 적그리스도(짐승)의 우상에게 경배하지 않는 자들과 적그리스도의 표(666의 표)를 받지 않는 자들을 몇이든지(그 수가 아무리 많아도) 다 죽일 것이다.[14] 지위 고하를 막론하고 엄청나게 많은 피를 흘리게 된다. 따라서 이것은 다섯째 인의 때보다 더 많은 순교자들이 발생할 적그리스도의 때가 찾아올 것을 예고한 말씀이라 할 수 있다.

또한, 우리 몸의 구속의 날까지 기다려야 한다.[15] 그때가 언제인가? 주 예수께서 강림하실 때다. 그때 수고를 그치고 쉬고 있던 우리의 몸[16]은 하늘로부터 오는 우리의 영원한 집인 신령한 영광의 몸을 덧입고[17] 주님과 함께 영원한 영광을 누리게 될 것이다. 그때까지 기다려야 한다.

순교자들이 얻은 '의'(흰 두루마기)는 순교라는 공로로 얻은 것이 아니

---

13 요한계시록 13장

14 계 13:15; 20:4

15 롬 8:23; 엡 4:30; 계 20:4

16 계 14:13

17 고후 5:2

다. 오직 어린 양 예수님의 피 공로로 얻은 것이다. 그 사랑 그 은혜를 가슴 깊이 새기고 간직하면서 순교자의 수가 차는 심판의 날까지 잠잠히 기다려야 한다. 그렇다면 순교자들을 죽인 악인들의 피를 갚아(신원하여) 주실 때는 도대체 언제인가? 하나님의 진노의 일곱 대접을 땅에 쏟으실 때다. "하늘과 성도들과 사도들과 선지자들아 그로 말미암아 즐거워하라 하나님이 너희를 위하여 그에게 심판을 행하셨음이라 하더라"[18] "선지자들과 성도들과 및 땅 위에서 죽임을 당한 모든 자의 피가 이 성중에서 보였느니라 하더라"[19]

악인들이 세상을 유린하며 믿는 자를 조롱해도 금할 자가 없을 때, 악인들처럼 악으로 악을 갚지 말고 오직 선으로 악을 갚되[20] 십자가 위에서 원수들을 위해 기도하신 주님처럼 원수들을 위해 기도해야 한다. 난리와 난리의 소문이 끊이지 않고 어지럽고 혼탁한 시대를 만나 힘들고 지칠지라도 세상 끝날까지 항상 함께하겠다고 약속하신 주님의 약속을 굳게 붙들고[21] 믿음과 소망 가운데 끝까지 인내하며 주님을 기다려야 한다.[22]

---

18 계 18:20
19 계 18:24
20 롬 12:21
21 마 28:20
22 마 24:13

3. 여섯째 인, 대환난의 신호탄(계 6:12-17)

다섯째 인의 때(핍박의 때)가 지나고 여섯째 인의 때가 이르면 하늘과 땅이 진동한다. 여섯째 인의 때는 어떤 때인가?

하늘과 땅이 진동하는 날

여섯째 인의 때는 하늘과 땅이 진동하는 날이다. 이날에 하늘의 이상 현상 네 가지가 나타난다. '해'가 검은 털로 짠 상복같이 검어지고, '달'이 온통 핏빛으로 변하며, 하늘의 '별들'은 대풍에 흔들리는 무화과나무에 설익은 열매가 떨어지는 것같이 우수수 땅에 떨어지고, '하늘'은 두루마리가 말리는 것같이 떠나간다. 당시 두루마리 책은 둘둘 말아 보관했는데, 오랜 시간이 지나 가운데가 찢어지면 종이가 말린 탄력으로 순식간에 양쪽으로 오그라지며 둘로 나뉘어 졌다. 하늘이 이와 같이 순식간에 말려 떠나간다는 것이다. 사람들이 얼마나 큰 충격을 받겠는가? 그날 땅에도 이상 현상 두 가지가 나타난다. 큰 지진이 나고, 각 산과 섬이 제 자리에서 옮겨진다.

여섯째 인의 때는 '하늘과 땅'이 진동하고 변동하는 '진동의 날'이다. "그때에는 그 소리가 땅을 진동하였거니와 이제는 약속하여 가라사대 내가 또 한 번 땅만 아니라 하늘도 진동하리라 하셨느니라"[1] 이날은 일찍이 선지자들과 우리 주님과 사도들이 예언한 날이다. "하늘의 만상이 사라지고 하늘들이 두루마리 같이 말리되"[2] "내가 산들을 본즉 다 진동하며 작은 산

1 히12:26

2 사34:4

들도 요동하며"[3] "여호와의 크고 두려운 날이 이르기 전에 해가 어두워지고 달이 핏빛 같이 변하려니와"[4] "그날 환난 후에 즉시 해가 어두워지며 달이 빛을 내지 아니하며 별들이 하늘에서 떨어지며 하늘의 권능들이 흔들리리라"[5] "그러나 주의 날이 도적 같이 오리니 그날에는 하늘이 큰 소리로 떠나가고 체질이 뜨거운 불에 풀어지고 땅과 그중에 있는 모든 일이 드러나리로다"[6]

영원히 존재할 것처럼 보이는 하늘과 땅(산)은 사람들에게 '우상'과 같은 존재다. 그런 하늘과 땅이 장난감처럼 순식간에 떠나가는 것은 그것들이 결코 영존하지 못하는 존재라는 것을 보여 준다. 하늘과 땅이 떠나갈 때 사람들은 그것이 결코 우상으로 떠받들어 숭배할 대상이 아님을 깨닫게 될 것이다. 하나님께서 하늘과 땅을 진동시키는 것은 "진동치 아니하는 것을 영존케 하기 위하여 진동할 것들 곧 만든 것들의 변동"[7]시키려는 것이다. '진흙'과 같이 진동하고 변동하는 세상에서 '반석'처럼 영원히 흔들리지 않고 진동하지 않는 하나님의 영원하신 진리의 말씀과 그 나라를 영존케 하기 위한 것이다. 진동하고 변동하는 헛된 세상 것들을 붙잡지 말고, 진동하지 아니하고 영존하시는 하나님 나라와 그 말씀과 복음을 붙잡고 살아야 한다. 하늘과 땅이 진동하는 것을 보거든 여섯째 인의 때가 이른 줄 알고 이 세상의 헛된 것들을 붙잡지 말고 진동하지 않는 하나님의 말씀

---

3 렘 4:24
4 욜 2:31
5 마 24:29
6 벧후 3:10
7 히 12:27

을 굳게 붙잡고 믿음으로 나아가야 한다.

대환난의 시작을 선포하는 날

하늘과 땅을 진동시키는 여섯째 인의 때 이후에 어떤 일이 찾아오기에 하늘과 땅이 큰 충격과 공포 가운데 휩싸이게 되는가? 이날에 있는 하늘과 땅의 진동은 '대환난의 시작'을 알리는 팡파르 같은 것이다. 하늘과 땅이 진동하는 것을 본, 땅에 거하는 자들(임금들과 왕족들과 장군들과 부자들과 강한 자들과 모든 종과 자유인들)의 반응과 그들의 말을 들어 보라. 그들은 굴과 산들의 바위틈을 피난처로 삼고 숨어, 산과 바위를 향해 "우리 위에 떨어져 보좌에 앉으신 이의 낯(얼굴)에서와 그 어린 양의 진노에서 우리를 가리우라"[8]라고 외친다. 보좌에 앉으신 하나님과 어린 양 예수 그리스도의 진노가 두려워 차마 눈 뜨고 볼 수 없다는 것이다. 하나님과 어린 양의 진노의 날(하늘과 땅을 진동하는 날)이 얼마나 두려웠으면 그렇게 말한 것일까? 그때 사람들은 "그들의 진노의 큰 날"[9] 곧 하나님과 어린 양 예수님의 진노의 큰 날이 이르렀다고 아우성치게 된다. 바로 이 '하나님과 어린 양의 진노의 큰 날'이 주께서 말씀하신 '대환난'이다.[10]

하나님께서 불신자들의 입을 통해 '대환난의 시작을 선포'하고 있는 것이다. 이들은 대환난의 날에 "누가 능히 서리요?"라고 절규한다. 사람의 힘으로 대환난(하나님과 어린 양의 진노의 날)을 견딜 자가 없다는 외침이

8 계 6:16
9 계 6:17
10 마 24:21

다. 오직 성령의 능력으로 견딜 수 있을 뿐이다.[11] 따라서 여섯째 인의 때는 하늘과 땅의 진동을 통해 하나님과 어린 양의 진노의 날인 대환난의 시작을 선포하는 날이라 할 수 있다.

그렇다면 하나님과 어린 양의 진노의 날인 대환난이 이 땅에 찾아오는 이유는 무엇인가? 그것은 다섯째 인의 때에 일어난 '성도의 핍박'과 관련이 있다. 여섯째 인의 때에 일어나는 하늘과 땅의 진동은 예수님께서 십자가에서 운명하실 때 일어난 징조와 비슷하다. 그때 하늘에서는 정오부터 오후 3시까지의 가장 밝은 시간이 캄캄해지는 이상 현상이 나타났고 땅에서는 지진이 일어났다. 여섯째인의 때에도 이와 비슷한 현상이 나타나는 것은, 대환난이 성도를 핍박하는 악인들에 대한 하나님과 어린 양의 진노와 보응(응징)으로 찾아오는 것임을 보여 주는 것이다.

이사야 선지자는 이날을 "이것은 여호와의 보수할 날이요 시온의 송사를 위하여 신원하실 해"[12]라고 했다. 천사와 제단도 이사야의 이 말씀에 동의하고 있다.[13] 따라서 하나님과 어린 양의 진노의 날인 대환난은 성도를 핍박하는 악인들이 불러오는 것이다. 성도들은 대환난을 두려워할 필요가 없다. 대환난이란 악인들에 대한 하나님과 어린 양의 진노가 나타나는 날이기 때문이다. 이날에 하나님은 성도들을 보호하시고 정금 같고 보석같이 귀한 믿음의 백성들로 연단시키며 단련시킬 것이다. 대환난은 큰 지진으로 시작되고 큰 지진으로 끝난다.[14] 큰 지진은 대환난의 시작과 마침

---

11 슥 4:6
12 사 34:8
13 계 16:5-7
14 계 6:12; 16:18

을 알려 주는 큰 징조다. 대환난은 하늘과 땅이 진동하는 '진동의 날'이요, 하나님과 어린 양의 '진노의 날'이요, 장차 온 세상에 임하여 땅에 거하는 자들을 시험할 '큰 시험의 때'요,[15] 물 심판(노아 홍수)에 비견되는 '불 심판의 때'요,[16] 물로써 세상을 청소한 것처럼 불로써 세상을 청소하는 '대청소의 때'라 할 수 있다.

15 계 3:10
16 벧후 3:7, 10, 12

제4장 대환난에 능히 설 자(7장)

여섯째 인이 열릴 때 하늘과 땅이 진동하는 모습을 본 사람들은 굴과 바위틈에 숨어 "그들(하나님과 어린 양)의 진노의 큰 날(대환난)이 이르렀으니 누가 능히 서리요?"라고 부르짖는다.[1] 7장은 이 질문에 대한 대답으로, 하나님과 어린 양의 진노의 큰 날인 대환난에 능히 설 자들이 어떤 사람들인지 보여 준다. 요엘 선지자는 대환난에 '피할 자'가 있고 '남을 자'가 있다고 했다.[2] 이들은 어떤 자들이기에 하나님과 어린 양의 진노의 큰 날(대환난)에 능히 설 수 있는가?

---

1 계 6:17

2 욜 2:32

1. 하나님의 인 맞은 자들(계 7:1-8)

> "이 일 후에 내가 네 천사가 땅 네 모퉁이에 선 것을 보니 땅의 사방의 바람을 붙잡아 바람으로 하여금 땅에나 바다에나 각종 나무에 불지 못하게 하더라 또 보매 다른 천사가 살아 계신 하나님의 인을 가지고 해 돋는 데로부터 올라와서 땅과 바다를 해롭게 할 권세를 얻은 네 천사를 향하여 큰 소리로 외쳐 가로되 우리가 우리 하나님의 종들의 이마에 인치기까지 땅이나 바다나 나무나 해하지 말라 하더라 내가 인 맞은 자의 수를 들으니 이스라엘 자손의 각 지파 중에서 인 맞은 자들이 십사만 사천이니 유다 지파 중에 인 맞은 자가 일만 이천이요 르우벤 지파 중에 일만 이천이요 갓 지파 중에 일만 이천이요 아셀 지파 중에 일만 이천이요 납달리 지파 중에 일만 이천이요 므낫세 지파 중에 일만 이천이요 시므온 지파 중에 일만 이천이요 레위 지파 중에 일만 이천이요 잇사갈 지파 중에 일만 이천이요 스블론 지파 중에 일만 이천이요 요셉 지파 중에 일만 이천이요 베냐민 지파 중에 인 맞은 자가 일만 이천이라"(계 7:1-8)

하나님과 어린 양의 진노의 큰 날인 대환난에 능히 설 첫 번째 사람은 '이마에 하나님과 어린 양의 인 맞은 자들' 144,000명이다. 인(印)은 소유권을 표시하는 도장이다. 당시 주인들은 자신의 노예나 가축을 다른 것들과 구별하고 자기 소유를 표시하기 위해 그 살갗에 화인(火印, 불도장)을 찍었다. '이마'는 사람의 눈에 가장 잘 띄는 곳으로 그의 인격을 대표하는 곳이다. 144,000명이 이마에 맞은 인은 '살아 계신 하나님의 인'으로 그들의 이마에 어린 양의 이름과 그 아버지의 이름이 기록되었다.[3] 이것은 그들이 '하나님과 어린 양에게 속한 자들'[4]로 예수 그리스도의 종들임을 의미한다. 이후에 적그리스도(짐승)가 사람들의 오른손이나 이마에 그(666)의 표를 받게 하는 것[5]은 이를 모방한 것으로 사탄과 적그리스도의 종들이요 백성임을 의미하는 것이다.

하나님의 인 맞은 자들은 이스라엘 열두 지파에 각 12,000명씩 144,000명이다. 그런데 열두 지파 중에 '단' 지파가 빠지고 그 대신 '레위' 지파가 들어가고 '에브라임'의 이름 대신에 그 아버지 '요셉'의 이름이 들어갔다. 그렇다면 이들은 '유대인 성도'를 가리키는 것인가? 그렇지 않다. 이스라엘 열두 지파와 같은, '모든 민족' 가운데 부름받은 '교회의 열두 지파'를 의미한다. 물론 그 가운데엔 유대인 성도도 포함되어 있다. 교회는 복음 전파를 위해 온 땅에 흩어진 나그네요 온 땅에 흩어진 열두 지파로서 유대인들만의 공동체가 아니라 유대인이나 헬라인이나 종이나 자유자나 차별 없이 다 한 성령으로 세례를 받아 한 몸이 되고, 한 성령 안에서 하나님 앞에 함께 나아가는 믿음의 가족이요 '열두 별의 면류관'이 상징하는 열두 지파로 이루어진 하나님 나라다.[6] 따라서 인 맞은 예수님의 종들은 전 세계적 복음 전파[7]를 위하여 부름받은 교회 사역자들이다.

---

3 계 14:1

4 계 14:4

5 요한계시록 13장

6 행 8:1; 벧전 1:1; 약 1:1; 마 12:50; 엡 2:18; 고전 12:14, 20; 계 12:1

7 마 24:14

그렇다면 교회의 열두 지파를 표현하는 영예로운 이름 가운데 '단 지파'의 이름이 빠진 이유는 무엇인가? 이것은 단 지파가 구약 시대 때 아모리인들에게 쫓겨 산지로 도망가다 골짜기로 내려오지 못한데다, 자기 기업을 버리고 북쪽 산지로 가서 살던 '불신앙'의 지파요, 나라가 멸망하여 앗수르에 사로잡히는 날까지 미가가 만든 우상을 숭배하며 여로보암의 금송아지 '우상 숭배'의 중심지가 된 지파로서, 멸망 후 이스라엘 땅에서 종적을 감추어 사도 요한 당시에 흔적을 찾을 수 없었기 때문인 것으로 보인다.[8] 그러나 천년 왕국 때 단 지파의 이름이 다시 사용되는 것을 보면[9] 하나님의 자비와 긍휼이 무궁하다는 것을 알 수 있다. 또 열두 지파 중에 '레위' 지파의 이름이 들어간 것은 교회의 열두 지파 중에는 구약의 레위 지파처럼 특별한 부르심을 받은 지파가 없고 모두 왕 같은 제사장들이기 때문이다. '에브라임' 지파의 이름이 빠지고 대신 그 아버지 '요셉'의 이름을 쓴 것은, 에브라임의 교만과 반역과 분열과 우상 숭배의 영향 때문이기도 하고 아버지 요셉의 영예로운 이름을 기억하기 위함일 수도 있다. 어쨌든 이 열두 이름은 이스라엘 열두 지파의 이름만 땄을 뿐 구약의 열두 지파에 속한 자를 의미하는 것은 아니며, 예수 그리스도 안에서 모든 민족 가운데 차별 없이 부르심을 받은 그리스도의 종들을 가리키는 것이다. 그러나 예수님을 믿는 각 민족과 각 사람이 어느 지파에 속해 있는지는 알 수 없다. 인 맞은 예수님의 종들은 "사람 가운데서 구속을 받아 처음 익은 열매"[10]들이다. 부활의 첫 열매 되신 하나님의 아들 예수님은 죄가 없으므로 구속

8 삿 1:34; 18:30-31; 왕상 12:29

9 겔 48:1, 32

10 계 14:4

(구원, 속량)이 필요 없다.[11] 이들은 죄가 없으신 예수님 한 분을 제외하고 구속이 필요한 우리 모든 사람 가운데 처음 익은 '첫 열매'들이다. 첫 열매는 '장자'를 가리킨다. 장자는 사람 중에 처음 난 것들이나 가축이나 토지의 처음 익은 것을 불문하고 모두 '하나님께 속한 것'들로서[12] 하나님께 바쳐졌고 하나님의 일을 위해 사용되었다. 그중 사람 가운데 처음 난 자들은 이스라엘의 장자들이요 그들을 대신하여 하나님께 바쳐진 레위인들이다.[13] 따라서 인 받은 예수님의 종들은 구약 시대 사람 가운데 구속을 받아 처음 익은 열매들로 '각 가족을 대표'하는 장자들이나 레위인들과 같이, 모든 민족(각 나라와 족속과 백성과 방언) 가운데 부름받은 복음의 제사장들이요 '교회의 장자들'이다.[14]

그렇다면 이들을 인치는 때는 언제인가? '이 일 후'라고 했으니 여섯째 인의 때에 하늘과 땅이 진동한 후요, 일곱째 인의 때(일곱 나팔 재앙)가 시작되기 전이다. 사도 요한은 일곱째 인의 때 곧 일곱 나팔 재앙이 임하기 전에 네 천사가 땅 네 모퉁이에 서서 '땅의 사방의 바람'을 붙잡아 바람으로 하여금 땅에나 바다에나 각종 나무에 불지 못하게 하는 것을 보았다. 그 이유가 무엇인가? "또 보매 다른 천사가 살아 계신 하나님의 인을 가지고 해 돋는 데로부터 올라와서 땅과 바다를 해롭게 할 권세를 얻은 네 천사를 향하여 큰 소리로 외쳐 가로되 우리가 우리 하나님의 종들의 이마에

11 고전 15:23; 히 4:15
12 출 23:19; 34:19; 민 3:13
13 민 3:41
14 민 3:12; 계 7:9; 히 12:23

인치기까지 땅이나 바다나 나무나 해하지 말라 하더라"[15] '땅의 사방의 바람'인 대환난의 바람 곧 일곱 나팔 재앙[16]의 바람이 불어오기 전에 예수 그리스도의 종들에게 인을 쳐서 대환난 가운데 '보호'하기 위해서다. 애굽 땅에 장자의 재앙이 오기 전에 고센 땅의 백성들을 보호하기 위해 '어린 양의 피'를 발라 '구별'한 것과 같다. 또 예루살렘을 멸망시키기 전에 예루살렘 성읍 중의 모든 가증한 일로 말미암아 탄식하며 우는 자들의 이마에 표하여 그들을 보호한 것과 같다.[17] 대환난이 오기 전에 주님의 것인 주의 종들에게 인을 쳐서 보호하려는 것이다.

인치는 작업은 '해 돋는 데로부터' 시작된다. 해 돋는 동쪽은 하나님의 영광이 떠나간 곳[18]이요, 떠나간 하나님의 영광[19]이 다시 돌아오는 곳이다.[20]

따라서 인치는 일은 대환난이 오기 전 하늘과 땅이 진동하는 여섯째 인의 때에 있을 두 번째 사건임을 알 수 있다.

그렇다면 예수님의 종들을 인치시는 목적은 무엇인가? 땅 끝까지 '모든 민족'에게 복음을 전파하기 위해서다. 이들은 복음의 증인들로서 주님의 약속을 이루기 위해 성령의 인치심을 받은 종들이다.[21] 모든 민족에게 복

15 계 7:2-3
16 요한계시록 8장
17 겔 9:4-6
18 겔 11:23
19 히 1:3
20 겔 43:2
21 사 43:10; 행 1:8; 고후 1:22

음을 전파해야 끝이 온다고 했다.[22] 이것이 주님의 약속이다. 이들의 복음 전파를 통해, 복음을 받고 예수님을 영접한 모든 민족이 흰 옷을 입고 손에 종려 가지를 들고 하나님의 보좌 앞에 서서 하나님과 어린 양을 예배할 것이다.[23] 이들은 베드로나 바울처럼 복음을 위하여 모든 민족 가운데 부르심 받은 '복음의 제사장들'로서[24] 율법의 제사장 직분이 '의문(율법 조문)'의 직분이요 '정죄'의 직분이요 '죽이는' 직분이라면, '복음의 제사장' 직분은 '영의 직분'이요 '의'의 직분이요 '살리는' 직분이며, 율법의 제사장 직분보다 '더 나은 직분'이다.[25] 성도의 본향 천국이 이스라엘의 본향 가나안보다 '더 나은 본향'인 것처럼.[26] 하나님께서 이들 144,000명의 복음의 제사장들을 세운 것은 '레위 언약'의 성취라 할 수 있다.[27]

22 마 24:14
23 계 7:9
24 롬 15:16
25 고후 3:7-9
26 히 11:16; 12:22
27 말 2:4

2. 흰 옷 입은 큰 무리(계 7:9-17)

"이 일 후에 내가 보니 각 나라와 족속과 백성과 방언에서 아무라도 능히 셀 수 없는 큰 무리가 흰 옷을 입고 손에 종려 가지를 들고 보좌 앞과 어린 양 앞에 서서 큰 소리로 외쳐 가로되 구원하심이 보좌에 앉으신 우리 하나님과 어린 양에게 있도다 하니 모든 천사가 보좌와 장로들과 네 생물의 주위에 섰다가 보좌 앞에 엎드려 얼굴을 대고 하나님께 경배하여 가로되 아멘 찬송과 영광과 지혜와 감사와 존귀와 능력과 힘이 우리 하나님께 세세토록 있을찌로다 아멘 하더라 장로 중에 하나가 응답하여 내게 이르되 이 흰 옷 입은 자들이 누구며 또 어디서 왔느뇨 내가 가로되 내 주여 당신이 알리이다 하니 그가 나더러 이르되 이는 큰 환난에서 나오는 자들인데 어린 양의 피에 그 옷을 씻어 희게 하였느니라 그러므로 그들이 하나님의 보좌 앞에 있고 또 그의 성전에서 밤낮 하나님을 섬기매 보좌에 앉으신 이가 그들 위에 장막을 치시리니 저희가 다시 주리지도 아니하며 목마르지도 아니하고 해나 아무 뜨거운기운에 상하지 아니할지니 이는 보좌 가운데 계신 어린 양이 저희의 목자가 되사 생명수 샘으로 인도하시고 하나님께서 저희 눈에서 모든 눈물을 씻어 주실 것임이러라"(계 7:9-17)

하나님과 어린 양의 진노의 날인 대환난에 능히 설 두 번째 사람은 '흰 옷 입은 자들'이다. 사도 요한은 각 나라와 족속과 백성과 방언에서 아무도 능히 셀 수 없는 큰 무리가 나와 흰 옷을 입고 손에 종려 가지를 들고 보좌 앞과 어린 양 앞에 서서 하나님과 어린 양을 예배하는 광경을 보았다. '흰 옷'은 죄 없는 의인이 입는 옷, '의의 옷'을 상징한다. 성경은 모든 사람이 죄인이라고 말씀하고 있다.[1] 모든 사람이 죄인인데 이 흰 옷 입은 자들은 어떻게 해서 '의의 옷'인 흰 옷을 입고 하나님의 보좌와 어린 양 앞에 서서 예배할 수 있는가? 사도 요한이 궁금하게 여길 때 이십사 장로 중의 한 사람이 "이는 큰 환난에서 나오는 자들인데 어린 양의 피에 그 옷을 씻어 희게 하였느니라"[2]라고 그 이유를 가르쳐 준다. 이들이 큰 환난(일곱 나팔 재앙)에서 나오는 자들이다. '나온다'라는 것의 원어상 의미는 큰 환난(대환난)을 겪지 않고 나오는 것이 아니라 대환난 가운데 있다가 나오는 것을 뜻한다. 마치 이스라엘 백성들이 애굽 땅 고센에서 보호받고 있다가 애굽에서 나온 것과 같다. "우리가 하나님 나라에 들어가려면 많은 환난을 겪어야 하리라"[3]라고 했다. 장로는 그들이 흰 옷을 입은 것은 어린 양의 피에 그 옷을 씻어 희게 했기 때문이라고 했다. 죄인 된 자들이 흰 옷을 입고 하나님의 보좌와 어린 양 앞에 서서 예배드릴 수 있는 것은 어린 양 예수님의 십자가 공로 때문이다.[4]

구원의 길은 오직 예수 그리스도의 피밖에 없다. "내가 곧 길이요 진리요 생명이니 나로 말미암지 않고는 아버지께로 올 자가 없느니라"[5] "다른

---

1 롬 3:10, 23
2 계 7:14
3 행 14:22
4 계 5:9
5 요 14:6

이로써는 구원을 받을 수 없나니 천하 사람 중에 구원을 받을 만한 다른 이름을 우리에게 주신 일이 없음이라"[6]

구약 시대나 신약 시대나 구원의 길은 오직 예수 그리스도의 피뿐이다. 구약 시대에는 율법의 행위로 구원받고 신약 시대에는 어린 양 예수님의 피로 구원받는 것이 아니다. 율법의 행위로 구원받을 자는 단 한 사람도 없기 때문이다. "무릇 율법 행위에 속한 자들은 저주 아래에 있나니 기록된바 누구든지 율법 책에 기록된 대로 모든 일을 항상 행하지 아니하는 자는 저주 아래에 있는 자라 하였음이라"[7] 율법의 행위로 구원받기 위해서는 '모든 계명'을 지켜야 한다는 것과 '항상' 지켜야 한다는 두 가지 조건을 충족시켜야 한다. 613가지 모든 계명을 하나도 빠짐없이 지키되 매일, 매달, 매년, 평생을 지켜야 한다. 이 두 가지 조건 중에 하나라도 어기면 율법을 어긴 죄인일 뿐이다. 그렇다면 누가 '모든 율법'을 '항상' 지킬 수 있겠는가? 아무도 지킬 수 없다. 구약 시대에도 율법의 행위로 구원받을 자는 아무도 없다. 율법을 전한 모세나 대제사장 아론도 마찬가지다. 그들도 율법을 다 지키지 못했다. 그래서 하나님께서 시내산에서 율법 외에 또 하나의 선물을 주셨는데 그것이 '성막'이다. 율법만 주신 것이 아니라 율법과 함께 성막을 주셨다. 성막에서는 죄인들을 위한 희생 제사가 끊임없이 드려졌다. 구약 시대의 성도들이 구원받은 것은 율법의 행위 때문이 아니라 성막에서 뿌린 피 때문이다. 예수님이 십자가에서 피 흘려 죽으신 이유가 이것

6 행4:12

7 갈3:20

이다. 자기 피로 우리 죄를 위한 대속의 제물로 죽으신 것이다. 따라서 성막은 '예수 그리스도의 복음'을 상징한다. 따라서 구약 시대나 신약 시대나 구원의 길은 어린 양이 흘린 대속의 피 때문이다. 그림자와 실체의 차이뿐 구원의 원리나 길은 똑같다. 구약 시대의 어린 양이 예표하는 하나님의 어린 양 예수 그리스도의 피로써만이 죄 사함 받고 구원받을 수 있는 것이다. 이 진리는 변함이 없다.

따라서 흰 옷 입은 이 큰 무리는 '각 나라와 족속과 백성과 방언' 곧 '모든 민족'[8] 가운데서 어린 양의 피로 구원받은 자들이며 대환난(일곱 나팔 재앙) 가운데 있다가 천국으로 입성한 자들이다. 이들이 어린 양의 피로 구원받아 하나님의 보좌 앞에 이른 것은 '이 일 후'의 일이다. 곧 인침받은 자들의 복음 전파 후에 일어난 일이다. 이들이 흰 옷을 입고 하나님과 어린 양의 보좌 앞에 설 수 있는 것은, 먼저 복음을 받은 자들의 복음 전파가 있었기 때문이다.[9]

하나님께서 대환난 때 복음 전파자들과 그들이 전하는 복음을 듣고 예수님을 영접하는 자들을 보호하실 것이다. 출애굽 때 어린 양의 피를 문인방과 문설주에 바른 집을 보호하시고, 멸망하는 여리고성에서 정탐꾼들을 영접한 라합과 그에게 속한 자들을 보호하시고, 예루살렘이 멸망할 때 탄식하며 우는 자의 이마에 표하고 그들을 보호하신 것처럼. 복음 전파자들과 복음을 영접한 자들은 출애굽 때 어린 양의 피를 바른 가족과 같은

8 창 12:3; 22:18; 마 28:19; 막 16:15

9 롬 10:14-15

믿음의 한 가족이다.

이들이 손에 든 '종려 가지'는 어린 양의 피로 끝까지 믿음을 지킨 자 곧 '이긴 자'라는 증표다.[10] 믿음을 지킨다는 것은 주님의 말씀을 지킨다는 것이다.[11]

---

10 딤후 4:7; 계 12:11

11 계 2:7, 11, 17, 26; 3:5, 12, 21

제5장 대환난의 시작, 네 나팔 재앙(8장)

일곱째 인의 개봉과 함께 대환난의 일곱 나팔 재앙이 시작된다. 여섯째 인의 때에 하나님과 어린 양 예수 그리스도의 진노의 큰 날이 이르렀으니 누가 능히 설 수 있겠느냐고 공포에 질려 부르짖던[1] 바로 그 대환난이 이제 본격적으로 시작된다. 예수님께서 친히 "이는 그 때에 큰 환난이 있겠음이라 창세로부터 지금까지 이런 환난이 없었고 후에도 없으리라 그날들을 감하지 아니할 것이면 모든 육체가 구원을 얻지 못할 것이나 그러나 택하신 자들을 위하여 그날들을 감하시리라"[2]라고 말씀하신 바로 그 대환난이다. 창세로부터 지금까지 볼 수 없었고 이후에도 볼 수 없는 전무후무한 큰 환난이다. 그날들을 감하지 않으면 구원받을 육체가 하나도 없을 만큼 무시무시한 큰 환난이다. 재난의 시작은 대환난에 비하면 맛보기에 불과한 것이다.

1 계6:17

2 마24:21-22

1. 대환난의 준비(계 8:1-6)

"일곱째 인을 떼실 때에 하늘이 반 시 동안쯤 고요하더니 내가 보매 하나님 앞에 시위한 일곱 천사가 있어 일곱 나팔을 받았더라 또 다른 천사가 와서 제단 곁에 서서 금향로를 가지고 많은 향을 받았으니 이는 모든 성도의 기도들과 합하여 보좌 앞 금단에 드리고자 함이라 향연이 성도의 기도와 함께 천사의 손으로부터 하나님 앞으로 올라가는지라 천사가 향로를 가지고 단 위의 불을 담아다가 땅에 쏟으매 뇌성과 음성과 번개와 지진이 나더라 일곱 나팔 가진 일곱 천사가 나팔 불기를 예비하더라"(계 8:1-6)

사도 요한은 먼저 대환난 직전의 하늘 상황을 보게 된다. 대환난 직전에 하늘이 반 시간쯤 고요해지는 것은 곧 시작될 대환난의 '태풍 전 고요'와 같은 것이다. 이것은 대환난의 준비와 회개를 위한 시간이라 할 수 있다. 이 반 시간의 고요 속 하늘에서는 천사가 금향로를 가지고 제단 곁에서 많은 향을 받아 이십사 장로들이 가진 기도의 향[3]과 합하여 보좌 앞 금단(하늘의 향단)에서 향연을 피워 올린다. 여기의 '제단'은 성막의 '뜰'에 있는 '놋제단'(번제단)과 같은 하늘의 제단이며, '보좌 앞 금단'은 제사장들이 아침마다 향을 사르던 지성소 앞 '성소'에 있는 '금향단'[4]과 같은 하늘의 금향단이다. 이것은 구약 시대에 제사장들이 놋제단의 불을 성소로 가지고 들

3 계 5:8; 출 30:7-8

4 출 30:7

어가 지성소 앞에 있는 금향단에서 향을 피워 올리던 모습과 똑같다. 천사가 받은 많은 희생 제물의 향기[5]가 성도의 기도와 함께 하나님 앞에 향연으로 올라가는 것은, 성도의 삶[6]과 죽음과 기도가 하나님 앞에 아름다운 향기로 드려진다는 것을 보여 준다.[7] 이것이 하나님 앞에 향기롭게 드려지는 참제사[8] 곧 참예배다. 향연을 올린 천사가 향로에 제단의 불을 담아 땅에 쏟자 우레와 음성과 번개와 지진이 난 것은, 제단에서 흘린 순교자들의 피와 성도들의 기도가 하나님께 응답되어 하나님과 어린 양의 진노의 날(대환난의 일곱 나팔 재앙)이 찾아오는 것을 보여 준다. 천사들이 제단의 향기와 성도의 기도를 받아 하나님께 올려 드리고 하나님께 받은 응답을 이 땅에 가져오는 모습은, 야곱이 꿈에 본 모습 곧 천사들이 사닥다리를 타고 오르락내리락하는 모습과 똑같다. 하늘에서 일어나는 이 일들은 하나님의 뜻이 성도의 기도를 통해 어떻게 이 땅에 시행되는지를 보여 준다.[9] 성도들의 기도와 삶은 헛되지 않고 하나님의 보좌에 상달되며 그 응답이 하나님의 역사로 나타난다.[10] 항상 기도하고 낙심하지 말아야 할 이유가 여기에 있다.[11]

---

5 출 29:41
6 롬 12:1
7 고후 2:15
8 레 1:3; 빌 4:18
9 호 2:21-22
10 요 14:14; 15:7; 16:23
11 눅 18:1

2. 네 나팔 재앙(계 8:7-13)

"첫째 천사가 나팔을 부니 피 섞인 우박과 불이 나서 땅에 쏟아지매 땅의 삼분의 일이 타서 사위고 수목의 삼분의 일도 타서 사위고 각종 푸른 풀도 타서 사위더라 둘째 천사가 나팔을 부니 불붙는 큰 산과 같은 것이 바다에 던지우매 바다의 삼분의 일이 피가 되고 바다 가운데 생명 가진 피조물들의 삼분의일이 죽고 배들의 삼분의 일이 깨어지더라 셋째 천사가 나팔을 부니 횃불 같이 타는 큰 별이 하늘에서 떨어져 강들의 삼분의 일과 여러 물샘에 떨어지니 이 별 이름은 쑥이라 물들의 삼분의 일이 쑥이 되매 그 물들이 쓰게 됨을 인하여 많은 사람이 죽더라 넷째 천사가 나팔을 부니 해 삼분의 일과 달 삼분의 일과 별들의 삼분의 일이 침을 받아 그 삼분의 일이 어두워지니 낮 삼분의 일은 비췸이 없고 밤도 그러하더라 내가 또 보고 들으니 공중에 날아가는 독수리가 큰 소리로 이르되 땅에 거하는 자들에게 화, 화, 화가 있으리로다 이 외에도 세 천사의 불 나팔 소리를 인함이로다 하더라"(계 8:7-13)

첫째에서 넷째 인 재앙이 '재난의 시작'을 알려 준다면, 첫째에서 넷째 나팔 재앙은 '대환난의 시작'을 알려 준다고 할 수 있다. 이 재앙은 어떤 재앙인가?

핵전쟁의 재앙

첫째 천사가 나팔을 부니 '피 섞인 우박과 불'이 나와 땅에 쏟아지고 그로 인해 땅의 삼분의 일과 수목의 삼분의 일과 각종 푸른 풀이 불탄다. '피 섞인 우박과 불'은 폭탄이 없던 당시에 하늘에서 우박처럼 쏟아지는 각종 폭탄, 미사일, 핵폭탄을 묘사한 것으로 보인다. 땅과 수목의 삼분의 일이 불타고 각종 푸른 풀이 불타는 것은 핵폭발 후 찾아오는 4,000도 정도의 열 폭풍 때문에 주변이 순식간에 녹아내리고 열에 약한 나뭇잎 같은 것들이 일시에 불타는 '후폭풍'의 피해를 묘사한 것으로 보인다. 2차 세계 대전 때 미국의 원자 폭탄 '리틀 보이'가 일본 히로시마에 투하되었을 때 높이 3km가 넘는 거대한 버섯구름이 솟아오른 뒤 도시 전역이 불바다로 바뀌었다. 현재 전 세계의 핵무기는 1만 개가 넘게 존재하고 있다. 그중에 미국과 러시아가 각각 7천여 개 정도, 영국과 프랑스와 중국 등이 200개 정도 보유하고 있는 것으로 파악되고 있으나 실제 더 많을 수도 있다. 인도와 파키스탄과 이스라엘이 비공식 핵무기 보유국이며, 북한도 핵무기를 보유하고 있고, 이란은 핵무기를 개발 중이다.

둘째 천사가 나팔을 부니 '불붙는 큰 산'과 같은 것이 바다에 던져져 바다의 삼분의 일이 피가 되고 바다 생물들의 삼분의 일이 죽고 배들의 삼분의 일이 깨어진다. '불붙는 큰 산'은 대기권에 재진입한 핵미사일의 공중 폭발을 묘사한 것으로 보이며, 그로 인한 대규모 해전으로 바다에 있는 항공 모함이나 함선들이 파괴되고 물고기까지 죽게 되는 것으로 보인다.

셋째 천사가 나팔을 부니 '횃불같이 타는 큰 별'이 하늘에서 떨어져 강들의 삼분의 일과 여러 물샘을 오염시키고 그 물을 마신 사람들이 죽게 된다. 그 별 이름은 '쓴 쑥'이다. '횃불같이 타는 큰 별'은 상수원을 오염시켜 식수 공급을 차단할 목적으로 발사되는 생화학 무기를 탑재한 미사일로 보인다. 그로 인해 식수가 오염되므로 '쓴 쑥'이라 불리는 것이다.

넷째 천사가 나팔을 부니 해와 달과 별들의 삼분의 일이 침을 받아 낮과 밤의 삼분의 일이 어두워진다. 이것은 핵전쟁으로 인해 하늘을 뒤덮은 핵구름과 먼지가 햇빛을 차단하여 낮이 밤같이 어두워지고, 기온이 급강하하여 세상이 얼어붙고 농작물이 죽는 핵겨울 현상이 발생하는 것을 묘사한 것으로 보인다.

국지적 재래식 전쟁이 세계적 핵전쟁으로 확전되면서 대환난이 시작될 것으로 보인다. 인류는 1, 2차 세계 대전을 치르면서 전쟁의 참상에 치를 떨었고 다시는 핵무기를 개발하지 말자고 서로 약속했다. 이후 수십 년이 지나도록 국지전이나 재래식 전쟁은 일어나도 세계 전쟁이나 핵전쟁은 일어나지 않았다. 그러나 나라와 민족 간의 갈등과 분쟁과 패권 다툼은 날이 갈수록 더욱 깊어져 가고, 지구촌 곳곳에선 건드리기만 해도 터질 것 같은 화약고 같은 분쟁 지역들이 많아 언제든 세계적인 핵전쟁으로 확산될 수 있다.

'삼분의 일' 재앙

다섯째 나팔 재앙을 뺀 여섯(첫째에서 여섯째) 나팔 재앙의 공통점은 지구의 삼분의 일이 해를 입는 재앙이라는 것이다. 따라서 나팔 재앙은 '삼분의 일' 재앙이라 할 수 있다.

삼분의 일 재앙은 성도를 시험하고[1] 연단하기 위한 재앙이다. "여호와가 말하노라 이 온 땅에서 삼분지 이는 멸절하고 삼분지 일은 거기 남으리니 내가 그 삼분지 일을 불 가운데 던져 은같이 연단하며 금같이 시험할 것이라 그들이 내 이름을 부르리니 내가 들을 것이며 나는 말하기를 이는 내 백성이라 할 것이요 그들은 말하기를 여호와는 내 하나님이시라 하리라"[2] 불타고 사라져 가는 이 세상의 헛된 우상과 모든 헛된 소망을 버리고 오직 참되고 살아 계신 우리 인생의 영원한 피난처 하나님만 온전히 바라보며 그 뜻을 구하며 살아가도록 하기 위함이다. 나팔 재앙으로 비록 세상의 삼분의 일이 파괴되지만 진멸되지 아니하고 삼분의 이가 남은 것은 더 늦기 전에 회개하고 돌이키기를 바라시는[3] 하나님의 자비와 긍휼을 보여 준다.[4] 그러나 안타깝게도 세상 사람들은 세상의 삼분의 일이 해를 받고 세상에 대한 소망이 끊어져 가는 것을 보면서도 하나님의 자비와 긍휼을 외면한 채 완악하여 회개하지 않는다.[5]

---

1 계 3:10

2 슥 13:8-9

3 출 10:5

4 애 3:22

5 계 9:20-21

3. 독수리의 3대 화 선포(계 8:13)

네 나팔 재앙 후 공중에 날아가는 독수리가 땅에 사는 자들에게 화, 화, 화가 있을 것이라고 '3대 화'를 선포한다. 아직 세 천사들이 불어야 할 나팔 재앙이 남아 있기 때문이다. 이것은 다섯 번째, 여섯 번째, 일곱 번째 나팔 재앙이 일곱 나팔 재앙 중에서도 더욱 극심한 3대 화(재앙)가 될 것을 의미한다. 다섯 번째 나팔은 첫째 화, 여섯 번째 나팔은 둘째 화, 일곱 번째 나팔 때의 일곱 대접 재앙은 셋째 화이다. 그중에 일곱 번째 나팔을 불 때 찾아올 일곱 대접 재앙은 셋째 화의 마지막 화인 동시에 하나님과 어린 양의 진노(일곱 나팔 재앙)의 마지막 재앙이다.

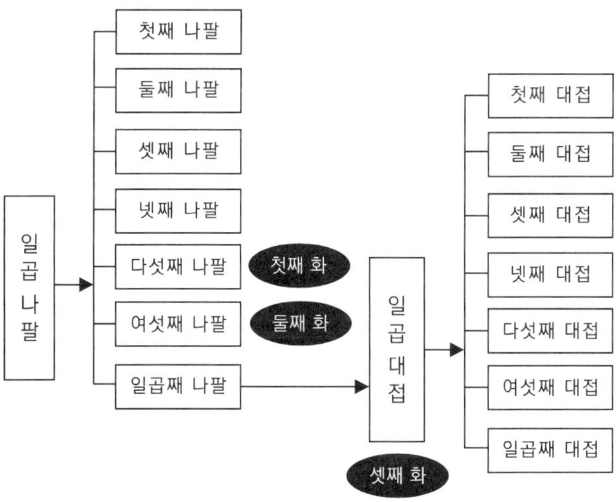

제6장 다섯째 나팔 재앙, 첫째 화(9:1-12)

"다섯째 천사가 나팔을 불매 내가 보니 하늘에서 땅에 떨어진 별 하나가 있는데 저가 무저갱의 열쇠를 받았더라 저가 무저갱을 여니 그 구멍에서 큰 풀무의 연기 같은 연기가 올라오매 해와 공기가 그 구멍의 연기로 인하여 어두워지며 또 황충이 연기 가운데로부터 땅 위에 나오매 저희가 땅에 있는 전갈의 권세와 같은 권세를 받았더라 저희에게 이르시되 땅의 풀이나 푸른 것이나 각종 수목은 해하지 말고 오직 이마에 하나님의 인 맞지 아니한 사람들만 해하라 하시더라 그러나 그들을 죽이지는 못하게 하시고 다섯 달 동안 괴롭게만 하게 하시는데 그 괴롭게 함은 전갈이 사람을 쏠 때에 괴롭게 함과 같더라 그 날에는 사람들이 죽기를 구하여도 얻지 못하고 죽고 싶으나 죽음이 저희를 피하리로다 황충들의 모양은 전쟁을 위하여 예비한 말들 같고 그 머리에 금 같은 면류관 비슷한 것을 썼으며 그 얼굴은 사람의 얼굴 같고 또 여자의 머리털 같은 머리털이 있고 그 이는 사자의 이 같으며 또 철흉갑 같은 흉갑이 있고 그 날개들의 소리는 병거와 많은 말들이 전장으로 달려 들어가는 소리 같으며 또 전갈과 같은 꼬리와 쏘는 살이 있어 그 꼬리에는 다섯 달 동안 사람들을 해하는 권세가 있더라 저희에게 임금이 있으니 무저갱의 사자라 히브리 음으로 이름은 아바돈이요 헬라 음으로 이름은 아볼루온이더라 첫째 화는 지나갔으나 보라 아직도 이 후에 화 둘이 이르리로다"(계 9:1-12)

다섯째 나팔 재앙은 3대 화 중의 첫째 화이다.[1] 이 재앙은 하나님의 인을 받지 않은 사람들이 죽지 않고 5개월 동안 끔찍한 고통을 당하게 되는 '황충 재앙'이다. 황충은 '먹어 치우다'라는 뜻을 가진, 몸길이 5cm 정도 되는 메뚜기의 일종으로 아프리카와 아시아 지역에 널리 서식하는 잡식성 곤충이다. 바람의 방향을 따라 집단으로 이동하며 닥치는 대로 먹어 치우는 습성이 있어 황충 떼가 지나간 곳에는 마른 흙밖에 남지 않을 정도라고 한다. 황충 재앙은 요엘 선지자가 예언한 여호와의 날에 있을 재앙이다.[2] 애굽의 '메뚜기 재앙'이 채소나 푸른 것들을 해쳤다면, 황충 재앙은 '식물'이 아닌 '사람'을 해치되 죽이지 않고 5개월 동안 고통만 주는 재앙이다.

황충 재앙은 하늘에서 땅에 떨어진 별 하나가 무저갱의 열쇠를 받아 무저갱을 열면서 시작된다. '떨어진'이라는 단어는 '이미 떨어져 있는 상태'를 뜻하는 것으로 미가엘 군대와의 전쟁에서 패배하여 땅에 떨어진(지구로 쫓겨난) 악령들[3] 중의 하나일 것이다. '무저갱'은 히브리어 '테홈'을 번역한 것으로 '바다' 혹은 바닥을 알 수 없는 '깊은 곳'을 의미하는 단어다. 이 무저갱은 바다 깊은 곳이나 캄캄한 지하 깊은 곳에 숨겨진 '비밀 지하 기지'로 보인다. 무저갱의 문을 열 때 무저갱의 구멍에서 큰 연기가 올라와 그 연기로 인해 해와 공기가 어두워지고 연기와 함께 황충이 땅 위로 나오는데, 이 황충은 채소나 푸른 풀을 뜯어 먹는 황충이 아니라 하나님의 인

---

1 계 8:13; 9:12
2 욜 1:6-7; 2:4-11
3 계 12:4; 사 14:12; 눅 10:18

을 맞지 않은 사람들만 골라서 죽음보다 더한 고통을 주는 황충으로, 황충 모양을 한 '드론봇'(드론 로봇)으로 보인다. 황충이 올라올 때 나는 '연기'는 '하늘을 시커멓게 뒤덮은 황충 떼' 곧 '황충 군집 드론봇'(황충 떼 드론 로봇)을 묘사한 것으로 보인다. 숨겨진 지하 기지의 문이 열리면서 황충 군집 드론 로봇이 벌 떼처럼 올라와 연기처럼 온 하늘을 시커멓게 뒤덮어 해와 공기가 어두워지게 되는 것이다.

군집 드론 로봇은 개미, 벌, 새 등의 생명체가 군집을 이루며 먹이를 탐색하고 이동하며, 집을 짓고 공격하며 방어하는 모습을 모방해 만든 것으로, 작고(소형), 가볍고(경량), 싸고(저가), 작은 전력(저전력)으로 최대의 효과를 얻을 수 있다. AI(인공 지능)가 탑재된 자율 군집 드론은 '두뇌'라고 불리는 중앙 처리 장치 명령 체계를 공유하면서 지상 통제소의 조작 없이 알아서 그룹별로 무인기 수를 변경하고 다른 무인기들과 상황에 따라 비행 상태를 조절하는 자율 편대 비행 능력을 가지고 있다. 이것은 대량 살상 무기 못지않는 강력한 비대칭 무기로 충분히 활용될 수 있다. 이미 미국과 중국을 비롯한 세계 각국이 지상과 해상을 활동 무대로 한 해상 군집 로봇과 공중 군집 로봇들을 집중 개발하고 있고 우리나라도 이 대열에 참여하고 있다.

사도 요한이 본 황충 떼는 전갈과 같은 꼬리와 쏘는 살이 있어 그 꼬리에 다섯 달 동안 사람들에게 전갈에 쏘인 것 같은 끔찍한 고통을 주는 '전갈의 권세'를 가지고 있다. 전갈은 주로 사막에 서식하는데 꼬리에 성인 남자를 2시간 내에 죽일 수 있는 강력하고 치명적인 독을 가지고 있어 전갈에 한 번 쏘이면 말벌에 쏘인 것 같은 고통이 찾아오고 쏘인 사람들은 그 고통이 얼마나 극심한지 며칠 동안 비명을 지른다고 한다. 이 전갈의 권세를 가진 황충 떼의 화살(침)에 맞은 자들은 5개월 동안 죽지 않고 죽음보다 더한 끔찍한 고통을 겪게 되는데, 전갈의 권세를 가진 이 황충 꼬리의 화살은 전투력을 무력화시킬 목적으로 사람을 죽이지 않고 고통만 주는, 드론에 장착된 '비살상 생화학 무기'로 보인다. 이 황충 군대가 날아가는 모습은 전쟁을 위하여 준비한 말들(군마) 같다. 이것은 이 황충 군대가 전쟁터에서 달리는 군마와 같은 '전투용 로봇 군대' 곧 '킬러 로봇' 같은 것임을 의미한다. 그러나 사람을 죽이지는 않고 고통만 주어 적군의 전투력을 무력화시키는 것이다.

이 황충은 머리에 금 같은 면류관 비슷한 것을 썼는데 이것은 '드론의 머리 부분'이 '황금색 면류관'처럼 보여서 그렇게 묘사했을 것이다. 그 얼굴이 사람의 얼굴 같다고 했는데 이것은 이 황충 로봇의 얼굴이 사람의 얼굴 모양을 하고 사람(군인)처럼 스스로 보고, 듣고, 판단하며, 뛰고, 거리를 재는 등 '자율 인공 지능'을 가진 '휴먼 군인 로봇'임을 의미하는 것이다. 여자의 머리털 같은 머리털이 있다고 했는데 이것은 '헬리콥터의 날개'와 같은 날개가 달린 '콥터 드론'을 여자의 머리털로 묘사한 것으로 보인다. 그 이빨은 사자의 이빨 같다고 했는데 이것은 황충 로봇의 이빨이 사자 이빨처럼 날카로워 무엇이든 부서뜨릴 수 있음을 의미한다. 철 호심경 같은 호심경이 있다고 했는데 이것은 이 휴먼 군인 로봇이 중앙 처리 장치와 연결된 자기의 핵심 부위를 보호하기 위한 방탄막이 있어 총으로 쏘고 칼로 찔러도 쉽게 해치기 어렵도록 완전 무장된 로봇 군인임을 보여 주는 것이다. 날개들의 소리는 병거와 많은 말들이 전쟁터로 달려 들어가는 소리 같다고 했는데 이것은 헬리콥터의 날갯소리를 내고 날아가는 황충 드론 로봇 군인들의 모습이 마치 전쟁터로 달려가는 병거와 말들의 모습과 같음을 말한 것으로 보인다. 그들에게 '왕'이 있는데 '무저갱의 사자'요 그 이름이 히브리어로 '아바돈', 헬라어로 '아볼루온'이라고 했다. 이것은 이 드론 로봇 군대들이 '자율적으로' 움직일 뿐 아니라, 그들의 총사령관인 무저갱의 사자의 명령에 따라 일사분란하게 움직이는 정예 군대임을 의미하는 것이다. 그들의 총사령관인 무저갱의 사자 이름이 '아바돈' 혹은 '아볼루온'이라고 했는데 그 뜻은 '파괴자', '멸망자'이다. 이 이름은 사탄과 적그리스도의 대명사다. 사탄이 하는 일은 도적이나 강도처럼 인류를 파괴하고 죽이고 멸망시키는 일이다.[4] 이 황충 군대가 사탄의 사주를 받는 군대임을 의미하는 것이다. 여자의 후손으로 오신 주 예수 그리스도가 '하나님의 아들'이요 '생명의 주인'이라면, 뱀의 후손으로 오는 적그리스도는 '사탄의 (영적) 아들'이요 인류를 서로 미워하고 싸우게 하여 멸망시키는 '멸망의 아들'이다.[5]

다섯째 나팔 재앙이 이처럼 끔찍하지만, 이것이 끝이 아니다. 이것은 3대 화 중의 첫째 화에 불과하다. 이후에 이보다 더한 두 개의 화, 여섯째 나팔 재앙과 일곱째 나팔 재앙이 찾아올 것이다. 그렇다면 그 재앙들은 얼마나 더 끔찍할 것인가?

4 요 10:10
5 살후 2:3

제7장 여섯째 나팔 재앙, 둘째 화(9:13-11:14)

> "여섯째 천사가 나팔을 불매 내가 들으니 하나님 앞 금단 네 뿔에서 한 음성이 나서 나팔 가진 여섯째 천사에게 말하기를 큰 강 유브라데에 결박한 네 천사를 놓아 주라 하매 네 천사가 놓였으니 그들은 그 년 월 일 시에 이르러 사람 삼분의 일을 죽이기로 예비한 자들이더라 마병대의 수는 이만 만이니 내가 그들의 수를 들었노라 이같이 이상한 가운데 그 말들과 그 탄 자들을 보니 불빛과 자주 빛과 유황빛 흉갑이 있고 또 말들의 머리는 사자 머리 같고 그 입에서는 불과 연기와 유황이 나오더라 이 세 재앙 곧 저희 입에서 나오는 불과 연기와 유황을 인하여 사람 삼분의 일이 죽임을 당하니라 이 말들의 힘은 그 입과 그 꼬리에 있으니 그 꼬리는 뱀 같고 또 꼬리에 머리가 있어 이것으로 해하더라 이 재앙에 죽지 않고 남은 사람들은 그 손으로 행하는 일을 회개치 아니하고 오히려 여러 귀신과 또는 보거나 듣거나 다니거나 하지 못하는 금, 은, 동과 목석의 우상에게 절하고 또 그 살인과 복술과 음행과 도적질을 회개치 아니하더라"(계 9:13-21)

1. 여섯째 나팔 재앙, 유브라데 전쟁(계 9:13-21)

여섯째 나팔 재앙의 첫째 재앙은 유브라데에서 사람 삼분의 일이 죽는 '유브라데 전쟁'이다. '금단'은 아론 자손 제사장이 항상 아침저녁으로 향을 피워 올리던 지성소 앞 성소의 '향단' 같은 '하늘의 금향단'이다. 이곳에서 나는 음성은 그 향을 받으신 하나님의 음성이다. 큰 강 유브라데는 아라랏산에서 발원하여 페르시아만으로 흘러 들어가는 약 2,850km 길이의 서아시아에서 가장 큰 강으로 바벨탑을 쌓고 하나님께 반역한 니므롯의 도시 바벨이 있는 강이다. 이곳에 결박된 네 천사는 여섯째 천사가 나팔을 불기 전까지 더 이상 하나님께 반역하지 못하도록 결박된 악령들로 보인다. 이 네 악령들은 "그 년 월 일 시에 사람 삼분의 일을 죽이기로 예비한 자들"로서 여섯째 천사의 나팔이 울리면 동서남북 사방의 나라들을 전쟁터로 끌어들여 군인, 민간인 할 것 없이 무자비하게 살육하여 사람 삼분의 일을 죽이게 될 것이다.

유브라데 전쟁은 '마병대의 수'가 이만만으로 2억의 군대가 동원되는 큰 전쟁이다. 마병대는 고대의 기병대와 같은 기갑 부대(전차와 탱크 부대)를 가리키는 것으로 보인다. 2억의 군대가 이 전쟁에 참전하는 것을 보면 이 전쟁이 중동과 유럽을 비롯하여 전 세계의 강대국들이 거의 다 전쟁에 참전하는 세계적인 전쟁, 3차 세계 대전 상황이 된다는 것을 의미한다. 정말 그렇게 많은 전차와 탱크들이 모이는 것일까? 혹 잘못 들은 것은 아닐까? 그러나 사도 요한은 '이만만'(2억)이라는 숫자를 분명히 들었다고 확실히 증언한다. 그 말들과 탄 자들에게 불빛과 자주 빛과 유황빛 흉갑(가슴 갑옷)이 있고 말들의 머리는 사자 머리 같고 그 입에서는 불과 연기와 유황이 나왔다. '말들'은 전차와 탱크를 가리키고, 말들의 '머리'는 전차나 탱크의 윗부분, 말들의 '입'은 앞부분(포구), 말들의 '꼬리'는 뒷부분을 가리키며, '불과 연기와 유황'은 탱크나 차량에서 발사되는 각종 포탄과 핵무기를 의미한다. 말들의 힘이 입과 꼬리에 있고 꼬리는 뱀 같고 꼬리에 머리가 있어 이것으로 해치며 그 입에서 나오는 불과 연기와 유황으로 말미암아 사람 삼분의 일이 죽임을 당한다고 한 것은 그것들을 통해 대량 살상이 이루어진다는 것이다.

그렇다면 왜 하필 유브라데인가? 유브라데는 소바 왕 하닷에셀이 자기 권세를 펼치려 하다가 다윗에 의해 좌절된 곳이요,[1] 애굽 왕 바로느고가 신흥 강대국 앗수르를 꺾기 위해 나아가던 곳이요,[2] 북방의 신흥 강대국 바벨론이 남방 강대국 애굽을 꺾고 중동의 강자로 등극한 곳으로, 세상의 중앙을 자치하려는 '세상 강대국들의 경계선'이다. 이곳을 지배하는 자가 중동을 지배하고 세계를 지배한다. 이 유브라데강에 위치한 나라는 튀르키예, 시리아, 이라크, 이란, 4개국으로 모두 '이슬람 국가들'이다. 튀르키예는 이슬람 수니파의 맹주국으로 오스만 투르크(튀르키예) 제국의 부활을 꿈꾸고 있고, 이란은 이슬람 시아파의 맹주국으로 유브라데 전역을 '시아파 벨트'로 만들어 옛 페르시아 제국의 영광을 재현하려고 한다. 이슬람의 수니파와 시아파는 1400년 동안 분열되어 서로 싸워 왔으나 이스라엘을 멸망시키기 위해 언제든지 연합할 수 있다. 이란은 핵무기를 보유하여 이스라엘을 전멸시키려 하고 이스라엘은 이란의 핵 시설을 공격하려 한다. 유브라데강 좌우에는 이스라엘의 동맹군인 미군 기지들과 이란의 동맹군인 러시아 기지들이 서로 팽팽하게 대치하고 있고 중국도 이란을 중동 진출의 교두보로 삼으려 하고 있어 이곳은 미국, 러시아, 중국 같은 강

1 대상 18:3

2 왕하 23:29

대국들의 각축장이 되고 있다. 사탄은 유브라데 전쟁에 강대국들을 끌어들여 사람 삼분의 일을 죽이고 세계 강대국들의 세력을 약화시킨 후 전 세계적인 분쟁과 혼란을 수습할 적그리스도를 등장시켜 사탄과 적그리스도를 숭배하는 세계 제국(단일 정부)을 수립하려 할 것이다.

또 유브라데는 하나님께서 아브라함에게 약속하신 땅의 북쪽 경계선으로[3] 하나님 나라의 세력과 사탄의 세력(세상 나라의 세력)이 충돌하는 '영적 경계선'이다. 하나님께서 아브라함에게 약속하신 땅의 경계는 아브라함의 옛 고향 갈대아 우르가 있던 큰 강 유브라데부터 애굽강까지다.[4] 이 약속은 솔로몬 때 잠시 성취되는 듯했으나 곧 잃어버리고 약속은커녕 나라까지 잃고 말았다. 이제 1948년에 이스라엘이 나라를 건국하고 고토로 돌아왔으나 하나님의 약속은 아직까지 성취되지 못하고 있다. 그런데 하나님께서 약속하신 이스라엘의 국경은 애굽에서 유브라데까지이다. 그 약속이 유브라데 전쟁과 예수 그리스도의 재림으로 마침내 성취될 것이다.

따라서 유브라데 전쟁 배후에는 하나님의 약속을 이루시려는 하나님의 깊은 섭리가 있다고 할 수 있을 것이다. 하나님께서 이 끔찍한 전쟁을 허락하시는 것은, 온갖 죄와 우상 숭배와 헛된 소망에서 돌이켜 회개하고, 참되고 살아 계신 하나님께로 돌아오게 하기 위함이나 인류는 이처럼 끔찍한 전쟁의 재난을 당하고서도 손으로 행한 일과 우상 숭배와 살인과 복술(마술)과 음행과 도둑질을 회개하지 않는다.

---

3 창 15:18

4 창 15:18

2. 일곱째 나팔의 예고(계 10:1-7)

"내가 또 보니 힘센 다른 천사가 구름을 입고 하늘에서 내려오는데 그 머리 위에 무지개가 있고 그 얼굴은 해 같고 그 발은 불기둥 같으며 그 손에 펴 놓인 작은 책을 들고 그 오른발은 바다를 밟고 왼발은 땅을 밟고 사자의 부르짖는 것 같이 큰 소리로 외치니 외칠 때에 일곱 우레가 그 소리를 발하더라 일곱 우레가 발할 때에 내가 기록하려고 하다가 곧 들으니 하늘에서 소리 나서 말하기를 일곱 우레가 발한 것을 인봉하고 기록하지 말라 하더라 내가 본 바 바다와 땅을 밟고 섰는 천사가 하늘을 향하여 오른손을 들고 세세토록 살아계신 자 곧 하늘과 그 가운데 있는 물건이며 땅과 그 가운데 있는 물건이며 바다와 그 가운데 있는 물건을 창조하신 이를 가리켜 맹세하여 가로되 지체하지 아니하리니 일곱째 천사가 소리 내는 날 그 나팔을 불게 될 때에 하나님의 비밀이 그 종 선지자들에게 전하신 복음과 같이 이루리라"(계 10:1-7)

사도 요한은 유브라데 전쟁의 환상 후, 머리 위에는 무지개가 있고 얼굴은 해 같고 발은 불기둥 같으며 손에는 펴 놓인 작은 책을 든 힘센 천사가 구름을 입고 하늘에서 내려와, 오른발로 바다를 밟고 왼발로 땅을 밟고, 사자가 부르짖는 것 같이 큰 소리로 외치는 것을 보았다. 무지개가 머리 위에 있는 것은 하나님의 언약[1]을 이루기 위해 찾아온 천사임을 의미하며,

---

1 창 9:13; 계 4:3

해 같은 얼굴은 하나님의 영광이 충만하다는 것이며, 바다와 땅을 불기둥 같은 두 발로 밟고 선 것은 하나님의 권능으로 지구를 관리하는 천사임을 의미하는 것이다. 천사의 손에 펴 놓은 작은 책은 '사도 요한이 전할 계시'를 기록한 책이다. 천사가 외칠 때 발한 일곱 우렛소리는, 그 내용은 알 수 없지만 예수님이 십자가를 통해 하나님의 영광을 드러내려 하실 때 하늘에서 우렛소리 같은 하나님의 음성이 나타난 것으로 보아[2] 그와 같은 하나님의 영광을 드러내기 위해 발하는 재앙으로 보인다. 이 힘센 천사가 하늘에서 땅으로 내려온 목적은 일곱째 나팔의 중요성을 알려 주기 위함이며,[3] 사도 요한에게 작은 책(장차 될 일을 기록한 예언의 말씀)을 주어 그 속에 기록된 하나님의 말씀을 먹고 힘을 내어 남은 예언 활동을 하게 하기 위함이다.[4]

그렇다면 일곱째 나팔을 불 때 이 지구에 어떤 중요한 일이 있기에 지구를 맡은 천사가 직접 하늘로부터 내려온 것인가? 하나님의 비밀인 '복음'이 이루어진 것처럼. 일곱째 천사가 나팔을 불 때 '하나님의 비밀'이 지체하지 않고 속히 이루어질 것을 알려 주기 위해서이다. 그렇다면 일곱째 천사가 나팔을 불 때 이루어질 '하나님의 비밀'은 무엇인가? 하나님이 그의 종 선지자들에게 전하신 예수 그리스도의 십자가와 부활의 '복음'은 만세와 만대로부터 감추어졌다가 성령으로 보이신 하나님의 비밀이지만[5] 이

2 요 12:28-29
3 계 10:7
4 계 10:8
5 고전 2:7; 골 1:26; 엡 6:19

힘센 천사가 증언한 바와 같이 이미 이루어졌다. 또한 이 복음의 중심 '예수 그리스도'도 그 안에 하나님의 모든 것이 감추어져 있는 하나님의 비밀이었지만[6] 이미 나타나셨다. 따라서 복음이나 예수 그리스도를 가리키는 것은 아니다.

성경에서 말하는 마지막 하나님의 비밀은 예수님이 재림하실 때 있을 '성도의 부활'이다.7 바울은 고린도 교인들에게 '비밀' 곧 하나님의 비밀을 말한다고 하면서 "우리가 다 잠잘 것이 아니요 마지막 나팔에 순식간에 홀연히 다 변화되리니 나팔 소리가 나매 죽은 자들이 썩지 아니할 것으로 다시 살아나고 우리도 변화되리라"8라고 했다. 바로 이 '마지막 나팔'에 있을 '성도의 부활'이 일곱 번째 나팔을 불 때 이루어질 하나님의 비밀이라 할 수 있다.

---

6 골 2:2, 9

7 고전 15:51

8 고전 15:51-52

3. 작은 책을 먹는 요한(계 10:8-11)

"하늘에서 나서 내게 들리던 음성이 또 내게 말하여 가로되 네가 가서 바다와 땅을 밟고 섰는 천사의 손에 펴 놓인 책을 가지라 하기로 내가 천사에게 나아가 작은 책을 달라 한즉 천사가 가로되 갖다 먹어버리라 네 배에는 쓰나 네 입에는 꿀 같이 달리라 하거늘 내가 천사의 손에서 작은 책을 갖다 먹어버리니 내 입에는 꿀 같이 다나 먹은 후에 내 배에서는 쓰게 되더라 저가 내게 말하기를 네가 많은 백성과 나라와 방언과 임금에게 다시 예언하여야 하리라 하더라"(계 10:8-11)

사도 요한은 천사의 손에 펴 놓은 책을 가지라는 하늘의 음성(하나님의 음성)을 듣고 힘센 천사에게 그 책을 달라고 하여 먹는다. 그런데 그의 입에서는 꿀같이 다나 먹은 후 배에서 쓰게 되었다. 이것은 하나님의 말씀이 듣기에는 좋으나 실천하기 어렵다는 것을 의미한다. 먹은 것이 배에서 쓰게 되는 것처럼. 우리 육신이 육신의 양식을 먹어야 힘을 얻을 수 있는 것처럼 우리 영혼은 영혼의 양식인 하나님의 말씀을 먹어야 힘을 얻고 하나님의 뜻을 행할 수 있다. 하나님의 말씀을 장식용으로 가지고 있거나 지식적으로만 알지 말고 말씀을 실천하여 영혼의 살과 피가 되도록 해야 한다. 육신의 양식이 우리 몸의 살과 피가 되는 것처럼.

4. 두 증인의 출현(계 11:1-14)

“또 내게 지팡이 같은 갈대를 주며 말하기를 일어나서 하나님의 성전과 제단과 그 안에서 경배하는 자들을 척량하되 성전 밖 마당은 척량하지 말고 그냥 두라 이것을 이방인에게 주었은즉 저희가 거룩한 성을 마흔두 달 동안 짓밟으리라 내가 나의 두 증인에게 권세를 주리니 저희가 굵은 베옷을 입고 일천이백육십일을 예언하리라 이는 이 땅의 주 앞에 섰는 두 감람나무와 두 촛대니 만일 누구든지 저희를 해하고자 한즉 저희 입에서 불이 나서 그 원수를 소멸할찌니 누구든지 해하려 하면 반드시 이와 같이 죽임을 당하리라 저희가 권세를 가지고 하늘을 닫아 그 예언을 하는 날 동안 비 오지 못하게 하고 또 권세를 가지고 물을 변하여 피 되게 하고 아무 때든지 원하는 대로 여러 가지 재앙으로 땅을 치리로다 저희가 그 증거를 마칠 때에 무저갱으로부터 올라오는 짐승이 저희로 더불어 전쟁을 일으켜 저희를 이기고 저희를 죽일 터인즉 저희 시체가 큰 성 길에 있으리니 그 성은 영적으로 하면 소돔이라고도 하고 애굽이라고도 하니 곧 저희 주께서 십자가에 못 박히신 곳이니라 백성들과 족속과 방언과 나라 중에서 사람들이 그 시체를 사흘 반 동안을 목도하며 무덤에 장사하지 못하게 하리로다 이 두 선지자가 땅에 거하는 자들을 괴롭게 한 고로 땅에 거하는 자들이 저희의 죽음을 즐거워하고 기뻐하여 서로 예물을 보내리라 하더라 삼 일 반 후에 하나님께로부터 생기가 저희 속에 들어가매 저희 발로 일어서니 구경하는 자들이 크게 두려워하더라 하늘로부터 큰 음성이 있어 이리로 올라오라 함을 저희가 듣고 구름을 타고 하늘로 올라가니 저희 원수들도 구경하더라 그 시에 큰 지진이 나서 성 십분의 일이 무너지고 지진에 죽은 사람이 칠천이라 그 남은 자들이 두려워하여 영광을 하늘의 하나님께 돌리더라 둘째 화는 지나갔으나 보라 셋째 화가 속히 이르는도다"(계 11:1-14)

하늘에서 내려온 힘센 천사는 일곱째 나팔의 중요성을 알려 주고 사도 요한에게 작은 책(두루마리)을 먹게 한 후, 다시 여섯째 나팔 재앙에 있을 또 다른 매우 중요한 사건을 알려 준다. 그것은 두 증인[1]과 두 짐승[2]에 의한 재앙이다. 두 증인은 이 땅의 사람들에게 재앙이요 두 짐승은 성도에게 재앙이다. 힘센 천사는 작은 책을 먹은 사도 요한에게 갈대 지팡이('줄자' 같은 것)를 주며 성전과 제단과 그 안에 있는 자들을 척량하되 성전 바깥 마당은 척량하지 말고 그냥 두라고 한다. '이방인' 적그리스도가 거룩한 성 예루살렘을 마흔두 달 즉 3년 반 동안 짓밟을 것이기 때문이다.[3] 이때 주께서 주님의 두 증인을 보내어 1,260일 즉 3년 반 동안 예언하게 한다고 했다. 두 짐승, 적그리스도와 거짓 선지자[4]가 나타나는 3년 반 동안 두 증인도 굵은 베옷을 입고 예언 활동을 한다. '굵은 베옷'은 '회개'를 상징하며,

---

1 요한계시록 11장
2 요한계시록 13장
3 요한계시록 13장
4 계 13:1, 11

두 증인은 예수님의 길을 준비하기 위해 앞서 보내진 세례 요한과 같이 회개를 촉구할 것이다.[5] 두 증인의 사역 기간 1,260일,[6] 짐승(적그리스도)의 활동 기간 마흔두 달,[7] 교회(여자)의 도피 기간[8] 한때와 두 때와 반 때[9]는 모두 3년 반이라는 똑같은 기간을 날수와 달수와 햇수로 바꾸어 표현한 것이다. 이때의 한 달은 30일이다. 날수와 햇수는 두 증인과 성도에게 사용되었고, 달수는 적그리스도에게 사용되었다. 똑같은 3년 반이 성도에게는 하루하루가 길게 느껴질 것이요 적그리스도에게는 짧게 느껴질 것이다. 이 3년 반 동안 성전 바깥의 세상은 적그리스도에 의해 짓밟히지만 성전과 제단 안에 있는 자들 곧 성전이신 예수님 안에 거하는 자들은 보호받을 것이다.[10]

그렇다면 두 짐승의 때에 나타날 두 증인은 어떤 사람인가? '나의 두 증인'이라고 했으니 '예수님의 증인들'이다. "그러므로 내가 너희에게 선지자들과 지혜 있는 자들과 서기관들을 보내매 너희가 그중에서 더러는 죽이고 십자가에 못 박고 그중에 더러는 너희 회당에서 채찍질하고 이 동네에서 저 동네로 구박하리라"[11]라고 말씀하신 대로 두 증인을 보내실 것이다. 베드로와 바울이 유대인과 이방인의 사도로 복음 전파 사역을 '시작'한 자

---

5 마 3:2
6 계 11:3
7 계 11:2; 13:5
8 계 12:6
9 계 12:14; 단 7:25
10 요 2:21; 15:4
11 마 23:34

들이라면 두 증인은 '완료'할 자들이다. 모세와 아론이 애굽 왕 바로 아래 신음하던 하나님의 백성들을 인도하여 40년 동안 광야에서 양육한 '율법의 증인들'이라면, 두 증인은 적그리스도 아래 신음하는 하나님의 백성들을 광야로 인도하여 3년 반 동안 양육하고,[12] 변화산상에 나타나 예수님의 십자가 죽음과 부활을 증언한 구약의 대표자 모세와 엘리야[13]처럼 '성령의 권능'(권세)을 받아 예수님의 십자가와 부활의 복음을 땅 끝까지 전파할 '복음의 증인들'이다.

이들의 사역은 애굽 왕 바로 앞에서 재앙을 내린 모세와, 북이스라엘 왕 아합 앞에서 3년 반 동안 비를 그치게 하고 불을 내린 엘리야의 사역과 비슷하다. 그러나 죽은 모세와 엘리야가 다시 살아나 사역하는 것은 아니다. 한 번 죽는 것은 사람에게 정하신 것이다.[14] 이들은 애굽 왕 바로와 북이스라엘 왕 아합의 때와 같이 악한 적그리스도 때에, 엘리야의 심령과 능력으로 사역한 세례 요한처럼 모세와 엘리야의 심령과 능력으로 사역할 것이다.

이들의 3년 반의 생애, 고난과 죽음, 3일 반 후의 부활, 승천은 예수님의 3년간의 공생애, 고난과 죽음, 3일 후의 부활, 승천과 '연합'한 모습이다. 이들의 삶과 죽음은 예수 그리스도의 고난과 죽음과 부활과 철저하게 연합한 모습이다.[15] 심지어 죽음의 장소까지 '주께서 십자가에 못 박히신 곳'으로 연합했다.[16] 두 증인은 하나님의 말씀과 성령의 권능으로 자신들

12 계 12:6, 14
13 마 17:3
14 히 9:27
15 롬 6:5
16 계 11:8

의 '입'을 통해 예수 그리스도를 증언할 뿐 아니라, 예수 그리스도의 생애, 고난, 죽음, 부활, 승천과 연합한 자신들의 '삶'을 통해 예수 그리스도를 증언한다. 마치 구약의 예레미야, 에스겔, 호세아 같은 선지자들이 자신들의 '예언적 삶'을 통해 하나님의 말씀을 영상으로 보여 준 것처럼. 예수님의 영광스러운 생애뿐 아니라 고난과 죽음, 부활, 승천의 마지막 순간까지의 삶을 자신들의 삶으로 보여 주고 예수님을 증언하며, 예수님과 연합한 참된 성도의 삶이 어떤 것인지 보여 준다.

두 증인은 이 땅의 주 앞에 서 있는 두 감람나무요 두 촛대다.[17] '감람나무'는 하나님을 영화롭게 하는 나무다.[18] 모세와 아론 두 증인이 완악한 바로 앞에서 하나님의 영광을 드러낸 것처럼[19] 이들은 완악한 적그리스도 앞에서 하나님의 영광을 드러낼 것이다. 이들은 바벨론 포로 생활에서 돌아와 무너진 성전을 재건한 총독 스룹바벨과 대제사장 여호수아와 같이,[20] 또 무너진 여호와의 단을 수축한 엘리야와 같이[21] 무너진 교회를 회복시킬 것이다. '촛대'는 어두운 성소를 비추는 성소의 성물로서[22] 세상의 빛이 되는 '교회'를 상징한다.[23] 이들은 적그리스도가 온 세상을 유린하는 어둡고 악한 시대에 온 교회를 대표하여 빛을 발하며 하나님의 살아 계심을 드러낼 것이다.

---

17 계 11:4
18 삿 9:9
19 출 14:4
20 슥 4:3, 14
21 왕상 18:30-31
22 민 8:2
23 계 1:20; 마 5:14

열 재앙으로 고통받던 바로와 3년 반 동안 기근으로 고통받던 아합처럼[24] 두 증인으로 인해 고통받던 적그리스도와 그 백성들은 두 증인의 죽음을 보고 즐거워하고 기뻐하며 서로 예물을 보낸다.[25] 그러나 실상은 엘리야가 이스라엘을 괴롭게 한 것이 아니라 아합과 그의 집이 여호와의 명령을 버리고 바알 우상 숭배로 이스라엘을 괴롭게 한 것처럼,[26] 세상을 괴롭게 한 것은 두 증인이 아니라 두 짐승 곧 적그리스도와 거짓 선지자다.

두 증인의 죽음은 끝이 아니다. 3일 반 후에 부활하여 구름을 타고 하늘로 승천한다. 두 증인의 승천 후 일곱째 나팔이 울리게 된다. 두 증인은 유브라데 전쟁(제3차 세계 대전) 후 두 짐승(적그리스도와 거짓 선지자)이 온 세상에 자신을 드러낼 때 그 모습을 드러낼 것이다. 두 증인의 승천 후에 둘째 화가 지나갔다고 했으니[27] 두 증인과 두 짐승으로 인한 재앙은 유브라데 전쟁에 더하여 여섯째 나팔에 있을 또 다른 재앙임을 알 수 있다.

---

24 왕상 18:17
25 계 11:10
26 왕상 18:18
27 계 11:14

제8장 일곱째 나팔 재앙과 그 전후의 일들 (11:15-15:4)

두 증인의 승천 후 일곱째 나팔이 울린다. 11장 15절부터 15장 4절까지는 일곱째 나팔을 불 때 일어날 일과 그 전후의 사건들을 보여 준다. 곧 일곱째 나팔을 불기 전, 여섯째 나팔 때 있을 두 증인과 두 짐승에 의한 재난 그리고 일곱째 나팔 재앙 때 있을 두 가지 추수(알곡 추수와 포도 추수)를 기록하고 있다. 즉 일곱째 나팔을 불 때 있을 알곡 추수(성도의 부활)와 그 후의 포도 추수(하나님의 진노의 일곱 대접 재앙)를 기록하고 있다.

1. 일곱째 나팔을 불 때 일어날 일(계 11:15-18)

> "일곱째 천사가 나팔을 불매 하늘에 큰 음성들이 나서 가로되 세상 나라가 우리 주와 그 그리스도의 나라가 되어 그가 세세토록 왕 노릇 하시리로다 하니 하나님 앞에 자기 보좌에 앉은 이십사 장로들이 엎드려 얼굴을 대고 하나님께 경배하여 가로되 감사하옵나니 옛적에도 계셨고 시방도 계신 주 하나님 곧 전능하신 이여 친히 큰 권능을 잡으시고 왕 노릇 하시도다 이방들이 분노하매 주의 진노가 임하여 죽은 자를 심판하시며 종 선지자들과 성도들과 또 무론대소하고 주의 이름을 경외하는 자들에게 상 주시며 또 땅을 망하게 하는 자들을 멸망시키실 때로소이다 하더라"(계 11:15-18)

두 증인의 승천 후 일곱째 나팔이 울려 퍼진다. 일곱째 나팔은 앞서 말한 대로, 하늘의 한 힘센 천사가 내려와 "일곱째 천사가 소리 내는 날 그 나팔을 불게 될 때에 하나님의 비밀이 그 종 선지자들에게 전하신 복음과 같이 이루리라"[1]라고 그 중요성을 일깨워 주던 바로 그 일곱째 나팔이다. 일곱째 나팔을 불 때에 들려온 하늘의 큰 음성들과 이십사 장로들의 화답은 일곱째 나팔에 어떤 일들이 일어나는지 알게 한다.

세상 나라가 우리 주와 그의 그리스도의 나라가 되어 세세토록 왕 노릇한다고 했다. '세상 나라'는 이 세상 마지막 나라인 적그리스도의 나라를 비롯한 이 세상 모든 나라를 말하며, '우리 주'는 주 하나님 아버지, '그의 그리스도'는 예수 그리스도를 가리키며, '우리 주와 그의 그리스도의 나라'는 예수 그리스도께서 친히 통치하시는 '예수 그리스도의 천년 왕국'[2]을 가리킨다. 일곱째 나팔이 울려 퍼지면 두 가지 추수가 있고, 이 두 추수 후에 예수 그리스도의 재림과 함께 천년 왕국이 찾아올 것을 예고한 것이다. 주 하나님이 친히 큰 권능을 잡고 왕 노릇하신다고 했다. 이것은 천년 왕국이 끝난 후 새 하늘 새 땅 새 예루살렘에서 하나님께서 영원토록 친히 왕 노릇하실 것을 의미하는 것이다.[3] 죽은 자를 심판하며 성도들에게는 상 주시고 땅을 망하게 하는 자들을 멸망시킨다고 했다. 이것은 주께서 재림하실 후에 있을 심판과 최후 심판[4]을 예고한 것이다.

1 계 10:7
2 계 20:4-6
3 요한계시록 20-22장
4 계 20:11-15

일곱째 나팔이 울려 퍼진 후 있을 두 추수는 곡식 추수인 성도의 부활[5]과 포도 추수인 악인의 심판[6]이다. 일곱째 나팔은 마지막 나팔이다. 바울은 "보라 내가 너희에게 비밀을 말하노니 우리가 다 잠잘 것이 아니요 마지막 나팔에 순식간에 홀연히 다 변화하리니 나팔 소리가 나매 죽은 자들이 썩지 아니할 것으로 다시 살고 우리도 변화하리라"[7]라고 했다. 마지막 나팔인 일곱째 나팔을 불 때 하나님의 비밀인 성도의 부활이 있다는 것이다.

하나님께서는 광야에서 은나팔 두 개를 만들어 제사장들이 불게 하셨다.[8] 나팔을 부는 이유는 무엇인가? 나팔은 진영의 회집, 진영의 출발, 전쟁의 출전(出戰), 제사의 집전을 위해 사용되었다. 나팔 소리는 회중에게 하나님의 뜻을 전달하기 위한 신호다. 한 나팔을 부는 것은 천부장이 모이라는 뜻이요, 두 나팔을 함께 불 때는 온 회중이 모이라는 뜻이요, 나팔을 울려 불면 행진하라는 뜻이다. 첫 번째 울려 불 때는 첫 번째 진영(유다 진영)이 행진하고, 두 번째는 두 번째 진영(르우벤 진영)이 행진하라는 신호다. 나팔 소리 하나마다 분명한 뜻이 있다. 백성들이 나팔 소리를 듣든지 못 듣든지 이해하든지 못하든지 한 나팔에 한 가지 일이 진행된다.

주께서 공중으로 강림하실 때도 나팔을 분다. "주께서 호령과 천사장의 소리와 하나님의 나팔로 친히 하늘로 좇아 강림하시리니 그리스도 안에서 죽은 자들이 먼저 일어나고 그 후에 우리 살아남은 자도 저희와 함께 구름 속으로 끌어올려 공중에서 주를 영접하게 하시리니 그리하여 우리

---

5 계 14:1-5, 14-16; 살전 4:16-17; 고전 15:51-52

6 계 14:14-20; 15-18장

7 고전 15:51-52

8 민 10:2

가 항상 주와 함께 있으리라"[9] 하나님의 명을 받은 하나님 보좌 우편의 주께서 큰 소리로 호령(명령)하면 그 명을 받은 천사장들이 소집되고 모든 천사와 모든 성도들이 소집된다. 광야에서와 같이.[10] "저가 큰 나팔 소리와 함께 천사들을 보내리니 저희가 그 택하신 자들을 하늘 이 끝에서 저 끝까지 사방에서 모으리라"[11] 대환난의 여섯 나팔은, 지구의 삼분의 일이 불타고 깨어지며 죽어 가는 소망 없는 세상에 주께서 택한 백성들을 주 앞으로 부르는 '회집 신호'요 하나님과 교회를 대적하는 세상에 대한 '출정 신호' 같은 것이라 할 수 있다. 주 앞에 모인 천국의 모든 회중(모든 천사와 모든 성도)은 주님과 함께 '구름'을 타고 하늘에서 공중으로 질서 있게 강림할 것이다. 광야의 모든 진영이 나팔의 '출발 신호'를 따라 질서 있게 행진하던 것처럼.[12]

마지막 나팔 소리가 울려 퍼질 때 죽은 성도들의 몸이 썩지 않을 신령한 몸으로 부활하고 그 후 살아 있는 성도들의 몸이 순식간에 홀연히 변화하여 구름 속으로 끌어올려져 공중에서 주님을 영접하게 된다. 마지막 나팔에 이룰 이 성도의 부활 사건이 마지막 나팔인 일곱째 나팔에 이룰 하나님의 비밀을 의미하는 것으로 보인다. 물론 그날과 그때는 아무도 모르고 오직 하나님 아버지만 아신다.[13]

이 땅에서 예수님을 '영접'한 성도들을 공중에서 '영접'하게 하실 것이다.

---

9 살전 4:16-17
10 민 10:3-4
11 마 24:31
12 민 10:5-6
13 마 24:36

우리를 위해 천국에 거처(처소)를 예비하고 나면 다시 와서 우리를 주께로 영접하여 주님 계신 곳에 있게 하리라고 하신 주님의 약속대로.[14] 그날 공중에서 주님과 성도, 성도와 성도, 성도의 몸과 영혼, 성도와 천사의 대대적인 상봉(만남)이 있을 것이다. 그 후 이 땅에는 하나님의 진노의 포도 추수인 일곱 대접 재앙이 쏟아진다. 두 추수 후 예수님의 지상 재림으로 세상 나라는 멸망하고[15] 천년 왕국이 찾아온다. 천년 왕국 끝날에는 곡과 마곡의 미혹이 있고 그 후 하나님의 최후 심판으로 세상 역사는 끝난다.[16] 그 후 새 하늘 새 땅이 창조되고 새 예루살렘성이 도래하여 영생복락을 누리게 된다.[17] 하늘의 큰 음성과 이십사 장로의 음성은 이를 기뻐하고 노래한 것이다.

---

14 요 14:2-3
15 요한계시록 19장
16 요한계시록 20장
17 요한계시록 21-22장

2. 지성소의 언약궤를 보다(계 11:19)

> "이에 하늘에 있는 하나님의 성전이 열리니 성전 안에 하나님의 언약궤가 보이며 또 번개와 음성들과 뇌성과 지진과 큰 우박이 있더라"(계 11:19)

'하늘에 있는 하나님의 성전'은 '언약궤'가 있는 '하늘의 지성소'를 가리킨다. 사도 요한은 일곱째 나팔 소리가 울리고 하늘에서 큰 음성들과 이십사 장로들의 음성이 있은 후, 하늘의 지성소가 열리고 그 안에 언약궤가 있는 것과 번개와 음성들과 우레와 지진과 큰 우박이 있는 것을 보게 된다. 이것이 의미하는 바는 무엇인가?

우선 이것은 두 증인의 죽음을 통해 다시 한번 예수 그리스도의 십자가 복음을 확증하는 것이다. 하나님의 언약궤를 들여다보는 자는 즉사할 수밖에 없다.[1] 사람은 모두 하나님의 율법 앞에 죽을 수밖에 없는 죄인들이기 때문이다.[2] 그런데 예수님의 십자가 죽으심으로 죽을 수밖에 없는 죄인들이 하나님 앞에 설 수 있는 새롭고 산 길, 죄 사함과 구원의 길이 열리게 되었다.[3] 예수님께서 십자가에 죽으실 때 지진이 나고 지성소와 성소를 가로막던 휘장이 찢어진 것은 이를 확증하는 것이다. 그런데 두 증인의 죽음 후 이와 비슷한 사건이 일어났다.[4] 이것은 두 증인의 죽음을 통해 예수님의 십

1 삼상 6:19
2 롬 6:23
3 마 27:51; 히 10:20
4 계 11:19

자가 죽음으로 이루신 죄 사함과 구원을 다시 한번 확증하며 보여 주시는 것이다.[5]

하늘의 지성소가 열리고 언약궤가 보인 또 하나의 이유는, 일곱째 나팔을 불 때 하나님의 영원하신 언약이 여자의 후손 예수 그리스도를 통해 어떻게 성취되는지 보여 주기 위함이다. 요한계시록 11장 19절과 똑같은 장면이 요한계시록 15장 5절에서 다시 한번 등장한다. "또 이 일 후에 내가 보니 하늘에 증거 장막의 성전이 열리며"[6] 11장 19절의 '하늘에 있는 하나님의 성전'과 15장 5절의 '증거 장막의 성전'은 똑같이 성전 안에 하나님의 언약궤(증거궤)가 있는 하늘의 지성소를 가리킨다. 11장 19절에서는 지성소가 열렸고, 15장 5절에서는 열려진 지성소를 보았다. 이것은 무엇을 의미하는 것일까? 그것은 지금까지 진행되던 사건이 11장 19절에서 '일시 정지'되고, 일곱째 나팔이 울릴 때 하나님의 영원하신 언약이 여자의 후손 예수 그리스도를 통해 어떻게 성취되는지 12장-14장 4절까지 설명한 후에 다시 일시 정지가 풀리면서 15장 5절에서 다음 사건이 진행되는 것을 의미한다.

12장-14장 4절에 기록된 언약 성취 과정은, 여자의 후손 예수 그리스도의 출현(출생, 고난, 죽음, 부활, 승천, 좌정)과 그로 인한 하늘 전쟁에서의 사탄(뱀 곧 용)의 패배와 추방,[7] 뱀(사탄)의 후손 적그리스도의 출현과 그로 인한 성도의 잠시간의 고난,[8] 그 후에 찾아올 두 추수인 곡식 추수(성

---

5 계 11:13

6 계 15:5

7 요한계시록 12장

8 요한계시록 13장

도의 부활, 여자의 구원)와 포도 추수(악인에 대한 일곱 대접 심판, 뱀의 후손들에 대한 심판)이다.[9] 여자의 후손 예수 그리스도를 통한 언약의 성취는 여기에서 끝나지 않고 계속하여 22장에서 완성된다.

하늘의 지성소가 열리고 언약궤가 보인 또 다른 이유는 언약의 성취자이신 여자의 후손 예수 그리스도께서 두 증인을 왜 보내시는지, 언제 보내시는지, 그들이 사역을 다 마치고 승천한 후에 어떤 일이 일어나는지 가르쳐 주기 위해서다. 여자의 후손 예수 그리스도께서 두 증인을 보내는 것은 예수 그리스도를 땅끝까지 증언하는 주님의 언약을 이루기 위함이요, 대환난 때의 성도들을 안전하게 인도하기 위함이다. 두 증인이 나타나는 때는 두 짐승의 때[10]이며, 두 증인의 사역 후에 두 추수가 찾아온다. 이 모든 것을 보이기 위해 하늘의 지성소가 열리고 언약궤가 보인 것이다.

9 요한계시록 14장

10 요한계시록 13장

3. 여자의 후손 예수 그리스도의 출현(계 12:1-6)

"하늘에 큰 이적이 보이니 해를 입은 한 여자가 있는데 그 발 아래는 달이 있고 그 머리에는 열두 별의 면류관을 썼더라 이 여자가 아이를 배어 해산하게 되매 아파서 애써 부르짖더라 하늘에 또 다른 이적이 보이니 보라 한 큰 붉은 용이 있어 머리가 일곱이요 뿔이 열이라 그 여러 머리에 일곱 면류관이 있는데 그 꼬리가 하늘 별 삼분의 일을 끌어다가 땅에 던지더라 용이 해산하려는 여자 앞에서 그가 해산하면 그 아이를 삼키고자 하더니 여자가 아들을 낳으니 이는 장차 철장으로 만국을 다스릴 남자라 그 아이를 하나님 앞과 그 보좌 앞으로 올려가더라 그 여자가 광야로 도망하매 거기서 일천이백육십 일 동안 저를 양육하기 위하여 하나님의 예비하신 곳이 있더라"(계 12:1-6)

앞서 일곱째 나팔을 분 후 하나님의 언약궤가 보인 것은 여자의 후손 예수 그리스도에 의해 하나님의 언약이 성취되는 것을 보여 주기 위함이라고 했다. 그 하나님의 언약은 창세기 3장 15절에 기록된 언약을 가리킨다. "내가 너(뱀)로 여자와 원수가 되게 하고 너의 후손도 여자의 후손과 원수가 되게 하리니 여자의 후손은 네 머리를 상하게 할 것이요 너는 그의 발꿈치를 상하게 할 것이니라 하시고"[1] 이 구절은 하와를 유혹한 뱀에게 내린 심판의 말씀으로, 성도에게는 구원의 언약이 되는 말씀이다. 그래서 이 구절을 '원시 복음'이라 부른다. 창세기 3장 15절에 나오는 여자, 여자

1 창3:15

의 후손, 뱀은 본 환상[2]에 나오는 여자, 여자가 낳은 아들, 용과 똑같다. 용을 '옛 뱀'이라고 했으니 에덴동산에서 하와를 유혹하던 바로 그 뱀이라는 뜻이다. 따라서 '용'과 '뱀'은 같은 것이다. 뱀이 많은 사람의 피 흘린 죄를 먹고 자라서 '큰 붉은 용'이 된 것이다.

창세기 3장 15절의 언약은 '여자와 뱀이 원수가 된다. 여자의 후손과 뱀의 후손도 원수가 된다. 뱀은 여자의 후손의 발꿈치를 상하게 하지만 여자의 후손은 뱀의 머리를 상하게 한다.'라는 내용으로 정리할 수 있다. 이 언약에서 여자는 교회, 여자의 후손은 예수 그리스도, 나중에 큰 붉은 용이 되는 뱀은 사탄 마귀를 가리키며, 뱀이 여자의 후손의 발꿈치를 상하게 하는 것은 사탄 마귀에 의한 예수 그리스도의 고난과 죽음과 성도의 고난과 죽음을 의미하며, 여자의 후손이 뱀의 머리를 상하게 하는 것은 부활하신 예수 그리스도와 성도의 믿음으로 사탄 마귀의 왕국이 멸망하게 되는 것을 의미한다.

사도 요한이 요한계시록 12장에서 보는 여자의 환상은 창세기 3장 15절의 언약이 어떻게 성취되는지를 보여 준다. 환상 속의 '여자'는 예수님의 육신의 어머니 '마리아'를 가리키는 것이 아니다. 마리아는 3년 반(1,260일) 동안 광야로 도피하여 양육받지 않았고, 사도들의 권위 아래 있는 자로서[3] 머리에 쓴 열두 별의 면류관이 상징하는 열두 지파를 대표하는 자가 아니다. 열두 지파를 대표하는 자들은 사도들이다. 또 여자는 '유대인들'이 아니다. 예수님을 배척하고 십자가에 못 박아 죽인 유대인들에게 용

2 요한계시록 12장

3 행 1:13-14

이 분노할 이유가 없다. 도리어 기뻐할 것이다. 그렇다면 '여자'는 누구인가? 여자는 '교회'를 가리킨다. 교회는 '해'가 상징하는 '하나님의 영광'으로 옷 입고, '달'이 상징하는 '피조물'을 다스리는 만유의 상속자들이요, '열두 별의 면류관'이 상징하는 모든 민족(각 나라와 족속과 백성과 방언) 가운데서 어린 양의 피로 구원받아 승리의 면류관을 쓴 '구원받은 모든 민족'이다.[4] 교회는 어린 양의 피로 구원받아 '흰 옷'을 입고, '승리'를 상징하는 '종려 가지'를 손에 들고, 하나님의 보좌와 어린 양 앞에 서서 하나님을 섬기는 아무라도 능히 셀 수 없는 큰 무리로서, 복음을 위해 온 세상에 흩어진 '이 땅의 하나님 나라'요 한 몸에 많은 지체를 가진 존재다.[5] '하나의 교회'로되, 열두 별, 열두 보석,[6] 이스라엘 열두 지파가 상징하는 '열두 지파'로 이루어진 존재다. 하늘과 땅을 통일하신 한 머리(왕) 어린 양 예수님[7]의 피로 한 몸을 이루고 한 성령을 받아 한마음 한뜻으로 한 하나님 아버지를 섬기는 큰 무리다. 교회는 한 몸이라는 '통일성'[8]과 모든 민족(열두 지파)이라는 '다양성'을 갖춘 유기적 존재다. 비록 '지금'의 교회는 '흠'이 있고 '고난' 중에 있으나 '장차' 그리스도의 '신부'와 '아내'로서 '흠이 없고' '영광'스럽게 변화될 하나님의 영원하신 기업이다.[9] 그 영광스러운 어린 양의 아내요 신부로서의 교회 모습을 보여 주는 것이 '새 예루살렘성'이다. 교회

4 계 2:27; 7:9; 12:5, 11; 19:15; 히 1:14; 창 12:3; 22:18; 마 28:19; 막 16:15
5 계 7:9; 약 1:1; 고전 12:12
6 계 21:19-20
7 엡 1:22; 5:23; 골 1:18
8 엡 1:10
9 계 21:9; 22:17

를 '하나님의 집'이라고 했으므로,[10] 맑고 밝고 찬란한 하나님의 집 새 예루살렘성의 모습은, 어린 양의 아내요 신부인 교회의 맑고 밝고 찬란한 장래 모습을 보여 주는 거울이다. 그 모습은 마치 예수님의 재림 때 영광스러운 모습으로 변화될 신령한 몸과 같다. 따라서 '여자'는 지금 흠이 있고 고난 중에 있으나 나중에는 티나 주름 잡힌 것 없이 거룩하고 흠이 없는 영광스러운 '교회'를 상징한다.[11]

'용'을 옛 뱀[12]이라고 했으니 에덴동산의 그 뱀이요 그 실체를 '사탄 마귀'라고 했다.[13] 사탄과 마귀는 각기 다른 존재가 아니라 한 악령을 가리키는 다른 이름이다. 그렇다면 여자(교회)를 삼키려는 옛 뱀, 즉 큰 붉은 용인 사탄 마귀가 가진 '일곱 머리와 열 뿔'은 무엇인가? 사탄 마귀의 일곱 머리는 이스라엘과 지중해를 지배하던 일곱 왕국의 왕들로서 세상 모든 나라를 대표하고 상징한다. "또 일곱 왕이라 다섯은 망하였고 하나는 있고 다른 이는 아직 이르지 아니하였으나 이르면 반드시 잠깐 동안 계속하리라"[14] '일곱 머리' 중의 다섯은 이미 망한 나라들로서, 과거의 세상 나라와 영광을 대표하는 애굽, 앗수르, 바벨론, 페르시아, 헬라를 가리키고, 지금 있는 한 나라는 현재의 세상 나라와 영광을 대표하는 로마를 가리키며, 아직 이르지 않은 한 나라는 미래의 세상 나라와 영광을 대표하는 나라인데 이슬람으로 보인다. 이 일곱 왕국(애굽, 앗수르, 바벨론, 페르시아, 헬라,

10 고전 3:9
11 엡 5:27
12 창 3:1
13 계 12:9
14 계 17:10

로마, 이슬람)은 느부갓네살의 신상[15]에서 보여 준 세상 나라와 영광을 대표하는 네 나라(바벨론, 페르시아, 헬라, 로마)에다 애굽, 앗수르, 이슬람, 세 나라를 더한 것이다. 세상 나라와 영광을 대표하는 나라가 네 나라든지 일곱 나라든지 본질상의 차이는 없다. '열 뿔'은 일곱 번째 나라(이슬람) 다음에 등장하는 이 세상 마지막 나라 여덟 번째 나라[16](적그리스도의 나라)의 왕(최고 통치자) 적그리스도(짐승)[17]에게 충성하고 협력할 열 명의 최고 권세자들을 가리킨다.

환상 속의 '여자가 낳은 아들'은 하나님의 언약을 이루기 위해 '여자의 후손'으로 오신 아브라함과 다윗의 자손 '예수 그리스도'를 가리킨다.[18] "하나님의 아들이 나타나신 것은 마귀의 일을 멸하려 하심이라"[19]라고 했다. 예수님이 육신의 몸을 입고 인자(人子)로 오신 것은 마귀의 일을 멸하고 여자(교회)를 구원하기 위해서다. 마귀 사탄(뱀, 용)의 일이란 여자(교회)를 삼키려는 것 곧 멸망시키려는 것이다. 여자(교회)를 속이고 미혹하여 죄를 짓게 하고 그로 인해 하나님의 진노와 심판을 받게 하며 그 나라(교회)와 권세를 빼앗으려는 것이다. 이것이 발람의 꾀이다.[20] 그러나 여자의 후손 예수 그리스도의 십자가 죽음과 부활로 말미암아 이러한 마귀 사탄의 간교한 꾀는 실패하고 말았다. 범죄로 인하여 하나님의 원수가 되고 하나님의 진노와 심판을 받아야 마땅한 여자(교회)는 예수님의 십자가의 피

15 단 2:38-43
16 계 17:11
17 계 13:1
18 갈 4:4; 마 1:1
19 요일 3:8
20 민 25:14; 31:16; 계 2:14

로 도리어 구원을 받았고, 여자(교회)를 망하게 하고 여자(교회)에게 위임한 온 땅을 차지하려던 마귀의 궤계는 실패로 돌아가 멸망(무저갱, 불못)에 들어가게 된다. 공중의 권세 잡은 임금 마귀 사탄의 모든 도모는 실패로 돌아가고 마는 것이다.

이 모든 것은 여자의 후손 예수 그리스도 때문이다. 여자의 후손 예수 그리스도께서 오셔서 십자가의 죽음으로 여자의 죄를 대신하여 하나님의 진노와 저주와 심판을 받으셨기 때문이다.[21] 이사야 선지자는 죄 없는 하나님의 아들 예수님이 여자(교회)의 죄 문제를 해결하기 위해 처녀의 몸에서 탄생하실 것과, 우리 죄를 위하여 고난받고 죽으실 것을 예언했다.[22] 환상에서 여자가 겪는 해산의 고통은, 여자(교회)를 구원하고 마귀 사탄(뱀, 용)의 일을 멸하기 위해 겪으셔야 했던 예수님의 '십자가 고난과 죽음'을 상징한다. "여자가 해산하게 되면 그때가 이르렀으므로 근심하나 아이를 낳으면 세상에 사람 난 기쁨을 인하여 그 고통을 다시 기억지 아니하느니라"[23] 여자가 낳은 아들의 출생과 승천은, 예수 그리스도의 성육신, 고난, 죽음, 부활, 승천, 좌정의 전 생애를 가리킨다. 여자의 도피[24]는 오랜 시간이 지난 후 마지막 때 곧 여자의 후손 예수 그리스도의 재림 전에 있을 교회의 도피에 대한 예언이다.

---

21 갈 3:13

22 사 7:14; 9:6; 53:4-6

23 요 16:21

24 계 12:6

4. 하늘에서 추방되는 사탄 마귀(계 12:7-17)

"하늘에 전쟁이 있으니 미가엘과 그의 사자들이 용으로 더불어 싸울쌔 용과 그의 사자들도 싸우나 이기지 못하여 다시 하늘에서 저희의 있을 곳을 얻지 못한지라 큰 용이 내어 쫓기니 옛 뱀 곧 마귀라고도 하고 사단이라고도 하는 온 천하를 꾀는 자라 땅으로 내어 쫓기니 그의 사자들도 저와 함께 내어 쫓기니라 내가 또 들으니 하늘에 큰 음성이 있어 가로되 이제 우리 하나님의 구원과 능력과 나라와 또 그의 그리스도의 권세가 이루었으니 우리 형제들을 참소하던 자 곧 우리 하나님 앞에서 밤낮 참소하던 자가 쫓겨났고 또 여러 형제가 어린 양의 피와 자기의 증거하는 말을 인하여 저를 이기었으니 그들은 죽기까지 자기 생명을 아끼지 아니하였도다 그러므로 하늘과 그 가운데 거하는 자들은 즐거워하라 그러나 땅과 바다는 화 있을찐저 이는 마귀가 자기의 때가 얼마 못된 줄을 알므로 크게 분내어 너희에게 내려갔음이라 하더라 용이 자기가 땅으로 내어 쫓긴 것을 보고 남자를 낳은 여자를 핍박하는지라 그 여자가 큰 독수리의 두 날개를 받아 광야 자기 곳으로 날아가 거기서 그 뱀의 낯을 피하여 한 때와 두 때와 반 때를 양육 받으매 여자의 뒤에서 뱀이 그 입으로 물을 강같이 토하여 여자를 물에 떠내려가게 하려 하되 땅이 여자를 도와 그 입을 벌려 용의 입에서 토한 강물을 삼키니 용이 여자에게 분노하여 돌아가서 그 여자의 남은 자손 곧 하나님의 계명을 지키며 예수의 증거를 가진 자들로 더불어 싸우려고 바다 모래 위에 섰더라"(계 12:7-17)

여자의 후손 예수 그리스도의 부활 승천 후 하늘에서는 전쟁이 일어난다. 이 전쟁은 어떤 전쟁인가? 하늘에 전쟁이 있다고 했으니[1] 이 전쟁은 이 땅의 전쟁이 아닌 마귀 사탄을 하늘에서 쫓아내기 위한 하늘의 전쟁 즉 '하나님'의 전쟁이다. 이 '하늘'은 새들과 비행기가 날아다니는 대기권 안의 '공중'(첫째 하늘)이 아니라, '영들이 거주하는 공간' 곧 영적 세계(둘째 하늘)이다. 이곳은 하나님과 천사들과 악령들과 같은 영들이 거주하는 곳이다. 하나님과 구원받은 영들(영혼들)이 거주하는 곳은 천국(셋째 하늘)이다.[2] 하나님은 온 천지에 충만하신 분으로[3] 계시지 않은 곳이 없지만, 특별히 하나님과 하나님을 섬기는 천사들과 구원받은 영혼들을 위해 구별하신 곳이 천국이다. 영적 세계인 둘째 하늘과 천국(셋째 하늘)의 관계는, 마치 지구의 온 땅과 사람의 거주지인 에덴동산의 관계로 비유할 수 있다.

하늘의 전쟁은 셋째 하늘인 '천국'이 아닌 악한 영들도 활동할 수 있는 '둘째 하늘'(영적 세계)에서 일어나는 전쟁으로, 이 전쟁은 '미가엘' 군대와 '용'의 군대의 전쟁이다.[4] '미가엘'은 하나님의 군대 천사장으로, 국방부 장관 같은 천사다. 천천만만의 천사들[5] 중에 성경에 이름이 기록된 천사는 이 미가엘과 하나님의 말씀을 전하는 가브리엘뿐이다. 야곱은 자신을 호위하는 하나님의 군대인 미가엘 군대를 보았고[6] 엘리사도 이 군대를 보았

---

1 계 12:7
2 고후 12:2
3 렘 23:24
4 계 12:9
5 계 5:11
6 창 32:2

다.[7] '용'은 에덴동산에서 하와를 미혹하던 마귀 사탄으로 원래 하나님을 찬양하던 천사장이었지만 교만하여 하나님처럼 되려고 반역하다 짐승 같은 존재로 추락한 악령이며, 악령들의 대장이다. 그는 온 천하를 꾀는 미혹자요 밤낮으로 성도들을 하나님 앞에 참소하는 참소자다.[8] 바로 이 옛 뱀이요 용인 마귀 사탄이 이 땅의 모든 다툼과 싸움과 전쟁의 근원이다. 하늘의 전쟁은 인류와 창조 세계의 원수인 용(사탄)의 군대를 하늘에서 쫓아내기 위한 전쟁으로, 가나안 땅에 살던 악한 일곱 족속을 쫓아내기 위한 하나님의 군대 여호수아 군대의 전쟁과 같은 거룩한 하나님의 전쟁이다. 마귀 사탄의 군대가 아무리 힘쓰고 애써도 하나님의 군대를 이길 수는 없다. 이 전쟁은 만군의 하나님[9]의 군대가 이길 수밖에 없는 전쟁이다.

또 이 하늘의 전쟁은 하나님 아버지의 뜻을 이루기 위한 '하나님의 아들' 예수 그리스도의 전쟁이다. 이 전쟁은 '여자가 낳은 아들'[10]로 인하여 일어나는 전쟁이다. 용(사탄)이 여자의 후손 예수 그리스도를 그토록 삼키려 했던 것은, 여자의 후손이 하나님 나라를 상속할 상속자요, 자기 왕국(머리)을 멸망시키러 오신 분임을 알았기 때문이다. 그래서 여자의 후손이 태어나자마자 헤롯왕을 통해 죽이려 했고, 공생애 기간 내내 서기관이나 바리새인들을 통해 죽이려 했으며, 마침내 십자가에 못 박아 죽였다. 그래서 성공한 줄 알았다. 그러나 하나님의 아들 예수님이 세상 죄를 지고 가는

---

7 왕하 6:17
8 계 12:10
9 삼하 5:10
10 계 12:5

어린 양으로 십자가에 죽으시고[11] 죽은 지 3일 만에 부활하셔서 인류의 죄와 죽음의 문제를 해결하셨다. 그래서 죄와 죽음과 사탄은 철저하게 패배하고 말았다. 그런데 이 예수님이 40일 후 승천하셔서 하나님 보좌 앞으로 올라가셨으니 닭 쫓던 개 지붕 쳐다보는 격이 되고 만 것이다. 그런데 이것으로 끝이 아니다. 부활 승천하여 하나님 보좌 우편에 좌정하신 하늘의 상속자 예수님이 만왕의 왕이요 만주의 주로서 성경의 약속대로 뱀의 왕국(머리)을 멸망시키기 위한 하늘의 전쟁을 시작하여 마귀의 군대를 모두 하늘에서 추방시켜 버린 것이다.[12] 따라서 이 전쟁은 마귀의 일을 멸하기 위해 하늘에서 먼저 시작하신 '하나님의 아들'의 전쟁이다.

또 이 하늘의 전쟁은 '하나님의 아들들(자녀들)'의 전쟁 곧 성도들의 '믿음'의 전쟁이다. 이 전쟁의 결과 하나님의 군대 미가엘 군대가 이기고 사탄의 군대는 패배하여 다시 하늘에서 있을 곳을 얻지 못하고 땅과 바다 즉 지구로 추방당하게 된다.[13] '내쫓긴다'라는 단어가 4번 나온다. 하나님의 군대 미가엘 군대가 승리할 수 있었던 것은 하나님의 능력과 그리스도 예수의 권세 때문이요[14] 믿음의 형제들(성도들)이 어린 양의 피와 자기들이 증언하는 말로써 죽기까지 생명을 아끼지 아니하고 믿음으로 싸워 이겼기 때문이다.[15] 곧 성도들의 믿음 앞에 굴복한 것이다. 그래서 더 이상 하늘에 거할 곳을 찾지 못했다. 그런데 하늘에 올라가지도 않은 성도들이 어

---

11 요 16:21
12 요 12:31
13 계 12:8-9
14 계 12:10; 요 12:31
15 계 12:11

떻게 하늘의 전쟁에 참전할 수 있단 말인가? 그것은 모세의 손이 올라갈 때 여호수아 군대가 아말렉 군대를 이기고 내려갈 때 아말렉 군대가 이기던 원리와 같다. 이 땅에 사는 성도들이 복음을 전파하고 믿음으로 살 때 하늘에서는 미가엘 군대가 승리하는 것이며, 믿음의 싸움에서 패배하면 하늘의 전쟁에서도 지게 되는 것이다. 제자들이 복음을 전파할 때 '사단(사탄)이 번개같이 하늘로부터 떨어지는 것을 보았다'라고 했다.[16] 복음 전파를 통해 사람들이 예수 그리스도를 영접할 때 하늘에서는 전쟁에 패배한 악한 영들이 쫓겨나고 하나님 나라가 그만큼 확장되는 것이다.

하늘에서 거할 곳을 잃고 그를 좇던 모든 악령들과 함께 땅으로 추방된 마귀 사탄은 분노하여 땅에서 적그리스도를 대리인으로 내세워 2차 전쟁을 벌이게 된다.[17] 그것은 성도의 믿음을 빼앗을 수 없는 마귀 사탄이 육체의 고난을 통해 믿음을 빼앗으려 하는 것과 같다. 그러나 이것도 성공하지 못한다.

따라서 하늘의 전쟁은 '하나님 아버지'의 전쟁이요, '하나님의 아들' 예수님의 전쟁이며 '하나님의 아들들'(자녀들)인 믿음의 형제들 곧 성도의 믿음의 전쟁이다. 신앙생활은 '믿음의 선한 싸움'이다.[18] "우리의 씨름(싸움)은 혈과 육에 대한 것이 아니요 정사(통치자)와 권세와 이 어두움의 세상 주관자들과 하늘에 있는 악의 영들에게 대함이라"라고 했다.[19] 이 전쟁은 이미 이긴 전쟁이다. 성도는 이 전쟁에서 믿음의 용사들이다. 주님의 강한 믿음의 군사들은 오직 믿음으로 마귀 사탄의 도발을 단호히 응징하고 하나님의 뜻을 이루어 가야 한다.

---

16 눅 10:18

17 요한계시록 13장

18 딤전 6:12

19 엡 6:12

5. 두 짐승의 등장(계 13:1-18)

하늘에서 땅으로 추방된 마귀 사탄은 큰 분노의 마음을 가지고 바다 모래 위에 선다.[1] 바다 모래의 경계를 넘어 땅을 해치기 위해서다.[2] 두 짐승을 통해 땅에서 성도를 공격하는 2차전을 벌이기 위해서다.

한 짐승 적그리스도의 등장(계 13:1-10)

"내가 보니 바다에서 한 짐승이 나오는데 뿔이 열이요 머리가 일곱이라 그 뿔에는 열 면류관이 있고 그 머리들에는 참람된 이름들이 있더라 내가 본 짐승은 표범과 비슷하고 그 발은 곰의 발 같고 그 입은 사자의 입 같은데 용이 자기의 능력과 보좌와 큰 권세를 그에게 주었더라 그의 머리 하나가 상하여 죽게 된 것 같더니 그 죽게 되었던 상처가 나으매 온 땅이 이상히 여겨 짐승을 따르고 용이 짐승에게 권세를 주므로 용에게 경배하며 짐승에게 경배하여 가로되 누가 이 짐승과 같으뇨 누가 능히 이로 더불어 싸우리요 하더라 또 짐승이 큰 말과 참람된 말하는 입을 받고 또 마흔두 달 일할 권세를 받으니라 짐승이 입을 벌려 하나님을 향하여 훼방하되 그의 이름과 그의 장막 곧 하늘에 거하는 자들을 훼방하더라 또 권세를 받아 성도들과 싸워 이기게 되고 각 족속과 백성과 방언과 나라를 다스리는 권세를 받으니 죽임을 당한 어린 양의 생명책에 창세 이후로 녹명되지 못하고 이 땅에

1 계 12:17
2 렘 5:22

사는 자들은 다 짐승에게 경배하리라 누구든지 귀가 있거든 들을찌어다 사로잡는 자는 사로잡힐 것이요 칼에 죽이는 자는 자기도 마땅히 칼에 죽으리니 성도들의 인내와 믿음이 여기 있느니라"(계 13:1-18)

하늘의 전쟁에서 패배한 사탄은 땅에서의 2차전을 위해 바다에서 나오는 한 짐승 적그리스도를 세운다. 이 짐승이 적그리스도라는 사실은, '또 다른 짐승'[3]이 거짓 선지자[4]라는 사실을 통해 분명히 알 수 있다. 즉 이 두 짐승 적그리스도[5]와 거짓 선지자[6]는 나라나 세력을 말하는 것이 아니라 인격적 존재를 의미하는 것이다.

적그리스도의 정체를 알 수 있는 두 가지 열쇠가 있다. 하나는 적그리스도의 모델 니므롯[7]이요 또 하나는 적그리스도의 모방 대상인 예수 그리스도다. 적그리스도의 모델 니므롯은 하나님을 대적하는 반역자요 사탄 숭배자이며 바벨에서 최초의 세계 정부를 건설한 자다. 당대의 노아가 구원받은 하나님의 백성들의 대표자라면 니므롯은 하나님을 대적하는 악인들의 대표자라 할 수 있다. 적그리스도의 모방 대상은 '예수 그리스도'다. 요한계시록 13장에 나오는 세 짐승 즉 용(사탄), 짐승(적그리스도), 또 다른 짐승(거짓 선지자)은 각각 성부, 성자, 성령 삼위일체 하나님을 모방한 악령들이다.

---

3 계 13:11
4 계 16:13; 19:20
5 계 13:1
6 계 13:11
7 창 10:8

그렇다면 적그리스도는 어떻게 예수 그리스도를 모방할까? 적그리스도는 '바다에서 나오는 짐승'이다.[8] 이것은 '하늘에서 내려오신 인자(人子)' 예수 그리스도[9]를 모방한 것이다. 하나님의 본체요 하나님의 형상이신 예수님[10]의 출처(근원)가 '하늘'이라면, 적그리스도의 출처는 큰 용 사탄이 있는 곳[11]이요 무저갱을 상징하는[12] '바다'다. 예수님이 하늘에서 온 '하나님의 사자'(使者)라면[13] 적그리스도는 지옥에서 온 '사탄의 사자'다.[14] 예수님이 우리를 살리기 위해 자기 목숨을 내어 주신 참사람 즉 '인자(人子)'[15]이자 사람의 아들이라면, 적그리스도는 아무리 자신을 평화의 사도로 꾸미며 수많은 사람을 속일지라도 무자비하고 잔인한 본성과 욕심을 숨길 수 없는 '짐승'일 뿐이다.[16] 이 짐승의 모양은 표범 같고 발은 곰의 발 같으며 입은 사자의 입 같다고 했으니[17] 표범처럼 잔인하고 곰처럼 짓밟으며 사자처럼 찢고 삼키는 짐승일 뿐이다. 이 세 짐승은 다니엘이 본 세 짐승[18]으로 적그리스도의 나라가 바벨론(사자), 페르시아(곰), 헬라(표범)를 합쳐 놓은 나라 같음을 의미한다.

---

8 계 13:1
9 요 3:13
10 빌 2:6; 히 1:3; 고후 4:4; 골 1:15
11 사 27:1
12 계 17:8
13 요 5:38; 6:29
14 계 9:11
15 단 7:13; 마 8:20
16 계 13:1
17 계 13:2
18 단 7:4-6

적그리스도는 일곱 머리와 열 뿔을 가진 자다.[19] 이 일곱 머리와 열 뿔은 사탄(용)에게 있던 것[20]으로 적그리스도의 능력과 보좌와 권세가 모두 사탄에게서 온 것임을 의미한다.[21] 앞서 일곱 머리는 과거, 현재, 미래의 세상 나라와 영광을 대표하는 애굽, 앗수르, 바벨론, 페르시아, 헬라, 로마, 이슬람이요, 열 뿔은 여덟 번째 나라인 세상 마지막 나라 적그리스도의 나라에서 적그리스도에게 충성하고 협력하는 열 권세자라고 했다. 그런데 마귀 사탄(용)과 적그리스도(짐승)가 모두 이 일곱 머리와 열 뿔을 가지고 있다. 둘의 차이는 왕관이 어디에 있는가에 달려 있다. 사탄에게는 일곱 머리에 왕관이 있고, 적그리스도에게는 열 뿔에 왕관이 있다.[22] 이것은 사탄이 일곱 머리가 상징하는 세상 모든 나라의 왕(임금)이요,[23] 적그리스도는 세상 마지막 나라인 여덟 번째 나라의 한 왕(임금)임을 의미한다.[24] 세상 마지막 나라인 이슬람 다음에 등장하는 여덟 번째 나라는[25] 느부갓네살의 신상 가운데 철과 진흙이 섞인 '발의 나라'이며[26] 이 나라는 역사의 무대에 '두 번째 등장하는 로마'다. 첫 번째 로마는 예수님의 초림 때 등장했고, 두 번째 로마는 예수님 재림 때 등장할 나라로서 유럽 연합(EC)으로 보인다.

적그리스도의 '머리들'에는 참람된 이름들(하나님을 모독하는 이름들)

---

19 계 13:1
20 계 12:3
21 계 13:2
22 계 12:3; 13:1
23 요 12:31; 14:30; 16:11; 엡 2:2
24 단 2:34; 7:7
25 계 17:11
26 단 2:34

이 가득하다.[27] 하나님의 나라인 교회에 하나님을 찬양하는 이름들이 가득하다면, 세상 나라를 대표하는 이 일곱 나라들은 하나님을 모독하는 이름들로 가득하다.

사탄(용)은 적그리스도(짐승)에게 자기의 능력과 보좌와 권세를 준다.[28] 이것은 하나님께서 하늘과 땅의 모든 권세를 그 아들 예수 그리스도께 주신 것을 모방한 것이다.[29] 예수님이 하나님의 종 그리스도라면, 적그리스도는 사탄의 종이요 사탄의 그리스도다. 적그리스도는 '하늘'에서 사탄으로부터 능력과 보좌와 권세를 받고,[30] '땅'에서는 열 왕들(열 뿔)로부터 각 족속과 백성과 방언과 나라를 다스리는 권세를 받고,[31] '무저갱'으로부터 권세를 받은 왕이다.[32] 이것은 하늘과 땅과 땅 아래의 모든 권세를 가지신 만왕의 왕 만주의 주 예수 그리스도[33]를 모방한 것이다.

적그리스도의 머리 하나가 상하여 죽게 된 것 같다가 그 죽게 되었던 상처가 낫게 된다.[34] 머리 하나가 상하여 죽게 된 것은 예수님의 십자가 고난과 죽음을, 죽게 된 상처가 나은 것은 예수님의 부활을 모방한 것이다. 죽게 되었던 머리 하나는 일곱 왕국(애굽, 앗수르, 바벨론, 페르시아, 헬라, 로마, 이슬람) 중의 한 나라를 가리키는 것으로, 멸망 직전에 있던 한 나라

---

27 계 13:1
28 계 13:2
29 마 28:18
30 계 13:2
31 계 13:7
32 계 9:10
33 마 28:18; 빌 2:10
34 계 13:3

를 소생시킬 것을 의미하는 것으로 보인다. 그래서 온 땅이 놀랍게 여겨 짐승을 따르게 된다. 이것은 예수 그리스도의 십자가 죽음과 부활의 복음을 온 땅이 믿고 따르는 것을 모방한 것이다. 적그리스도는 세상 사람들로 사탄 숭배와 적그리스도 숭배에 빠지게 한다.[35] 그래서 모든 우상 숭배자들을 지옥으로 끌고 간다.[36] 이것은 예수 그리스도께서 십자가 부활의 복음을 통해 사람들을 하나님과 주 예수 그리스도께로 돌아오게 하여 천국으로 들어가게 하는 것을 모방한 것이다.

이 땅에서는 감히 적그리스도와 비교하거나 대항할 자가 없다.[37] 이것은 예수 그리스도와 대적하여 이길 자가 없음을 모방한 것이다.[38] 적그리스도는 마흔두 달, 곧 3년 반 동안 일할 권세를 받아 큰 말(과장된 말)과 하나님을 모독하는 말을 한다.[39] 이것은 예수 그리스도께서 3년의 공생애 동안 진실한 말씀으로 하나님의 이름을 높이며 하나님께 영광 돌리신 것을 모방한 것이다. 적그리스도는 권세를 받아 성도들과 싸워 이기고 각 족속과 백성과 방언과 나라를 다스리는 권세를 받는다.[40] 이것은 예수님께서 십자가와 부활로 세상을 이기시고[41] 하늘과 땅의 모든 권세를 받으신 것[42]을 모방한 것이다. 죽임을 당한 어린 양의 생명책에 창세 이후로 이름이 기록되

---

35 계 13:4

36 계 21:8; 22:15

37 계 13:4

38 요 16:33

39 계 13:5-6

40 계 13:7

41 요 6:33

42 마 28:18

지 못하고 이 땅에 사는 자들은 다 짐승에게 경배한다.[43] 이것은 어린 양의 생명책에 이름이 기록된 모든 사람들이 하나님과 어린 양께 경배하는 것을 모방한 것이다.[44]

적그리스도는 예수 그리스도의 모든 것을 모방한다. 그에게는 창의성이 없다. "사로잡는 자는 사로잡힐 것이요 칼에 죽이는 자는 자기도 마땅히 칼에 죽으리니 성도들의 인내와 믿음이 여기 있다"[45]라고 했다. 이것은 주께서 적그리스도의 악행대로 갚으시겠다는 약속의 말씀이다. 성도는 이 약속을 붙잡고 인내로써 믿음을 지켜야 한다.

예수님이 겸손하신 하나님의 아들 주 예수 그리스도라면, 적그리스도는 자기를 높이고 하나님의 성전에 앉아 자기를 하나님이라 속이며 예배를 금지시키고 자기 형상의 우상을 세우며 절하게 만드는[46] 사탄의 아들(불법의 아들, 멸망의 아들)이요, 세상 마지막 나라의 주(主)요, 인자(人子)가 아닌 짐승이며, 사탄의 그리스도(일꾼)다. 영원할 것 같은 적그리스도의 권세도 3년 반이면 끝난다. "너희의 인내로 너희 영혼을 얻으리라"[47] "성도들의 인내가 여기 있나니"[48] "끝까지 견디는 자가 구원을 얻으리라"[49]라고 했다. 십자가를 참으신 예수님을 바라보고[50] 적그리스도의 때를 인내로 이겨야 한다.

---

43 계 13:8
44 계 7:9
45 계 13:10
46 살후 2:3-4; 단 9:27
47 눅 21:19
48 계 14:12
49 마 24:13
50 히 12:2

'또 다른 짐승' 거짓 선지자의 등장(계 13:11-18)

> "내가 보매 또 다른 짐승이 땅에서 올라오니 새끼 양 같이 두 뿔이 있고 용처럼 말하더라 저가 먼저 나온 짐승의 모든 권세를 그 앞에서 행하고 땅과 땅에 거하는 자들로 처음 짐승에게 경배하게 하니 곧 죽게 되었던 상처가 나은 자니라 큰 이적을 행하되 심지어 사람들 앞에서 불이 하늘로부터 땅에 내려오게 하고 짐승 앞에서 받은바 이적을 행함으로 땅에 거하는 자들을 미혹하며 땅에 거하는 자들에게 이르기를 칼에 상하였다가 살아난 짐승을 위하여 우상을 만들라 하더라 저가 권세를 받아 그 짐승의 우상에게 생기를 주어 그 짐승의 우상으로 말하게 하고 또 짐승의 우상에게 경배하지 아니하는 자는 몇이든지 다 죽이게 하더라 저가 모든 자 곧 작은 자나 큰 자나 부자나 빈궁한 자나 자유한 자나 종들로 그 오른손에나 이마에 표를 받게 하고 누구든지 이 표를 가진 자 외에는 매매를 못하게 하니 이 표는 곧 짐승의 이름이나 그 이름의 수라 지혜가 여기 있으니 총명 있는 자는 그 짐승의 수를 세어 보라 그 수는 사람의 수니 육백 육십 륙이니라"(계 13:11-18)

한 짐승[51] 적그리스도의 등장 후, '또 다른 짐승' 거짓 선지자[52]가 등장한

51 계 13:1

52 계 16:13; 19:20

다.[53] 이것은 보혜사이신 예수님이 승천하신 후 또 다른 보혜사 성령님[54]께서 오신 것을 모방한 것이다. '짐승'과 '또 다른 짐승'은, '보혜사'(예수님)와 '또 다른 보혜사'(성령님)를 똑같이 모방한 것으로 거짓 선지자는 성령을 모방하는 악령이다. '또 다른 짐승' 거짓 선지자는 땅에서 올라온다.[55] 이것은 성령께서 하늘(하나님 아버지)로부터 오는 것을 모방한 것이다.[56] 거짓 선지자는 어린 양같이 두 뿔이 있고 용처럼 말한다.[57] 이것은 성령께서 주님의 권세를 가지고 주님의 영광을 드러내는 것[58]과 하나님의 말씀을 대언하는 것[59]을 모방한 것이다. 거짓 선지자는 하나님을 모독하고 하나님의 이름과 하나님의 장막에 사는 자들을 비방한다.[60] 이것은 성령께서 하나님을 찬양하고 성도를 위로하는 것[61]을 모방한 것이다. 거짓 선지자는 '먼저 나온 짐승'인 적그리스도의 모든 권세를 그 앞에서 행한다.[62] 이것은 성령께서 예수님의 것을 가지고 예수님의 영광을 나타내는 것을 모방한 것이다.[63] 거짓 선지자는 땅과 땅에 사는 자들을 죽게 되었던 상처가 나은 처음 짐승에게 경배하게 한다.[64] 이것은 성령께서 예수 그리스도의 십자가와 부

---

53 계 13:11
54 요 14:16
55 계 13:11
56 요 15:26
57 계 13:11
58 요 16:14
59 겔 37:4
60 계 13:5-6
61 행 9:31
62 계 13:12
63 요 16:14
64 계 13:12

활의 복음을 증언하여 예수님의 이름 앞에 무릎 꿇게 하는 것[65]을 모방한 것이다.

거짓 선지자의 사역을 정리하면, 그 첫째 사역은 적그리스도를 증거하는 일이다. 성령께서 예수 그리스도의 십자가 죽음과 부활을 증거하고 모든 무릎을 예수님의 이름 앞에 꿇게 하시고 믿게 하는 것처럼, 거짓 선지자는 '죽게 되었던 머리의 상처가 나은' 짐승 적그리스도를 증거하며 그를 경배하고 섬기게 한다.

거짓 선지자의 둘째 사역은 사람들을 미혹하고 '우상 숭배'를 강요하는 일이다. 거짓 선지자는 큰 이적을 행하되, 엘리야 선지자가 불을 하늘로부터 땅에 내려오게 한 것처럼 사람들 앞에서 불을 하늘로부터 땅에 내려오게 하여 땅에 거하는 자들을 미혹하고, 칼에 상하였다가 살아난 짐승을 위하여 우상을 만들게 하고, 권세를 받아 짐승의 우상에게 생기를 주어 말하게 하고, 짐승의 우상에게 경배하지 않는 자는 몇이든지 다 죽이게 한다.[66] 아마도 적그리스도 형상의 우상을 만들고 그 속에 전 세계를 통제할 수 있는 초고도 인공지능을 탑재하여 적그리스도 우상을 마치 살아 있는 사람처럼 느끼게 할지 모른다. '이적'이라는 단어가 두 번 나오고[67] '우상'이라는 단어가 네 번 나온다. 이것은 거짓 선지자의 주된 사역이 '이적'으로 사람들을 미혹하여 적그리스도의 우상을 숭배하도록 강요하는 일임을 보여준다. 성령님은 '자발적으로' 예수 그리스도를 주로 믿게 하지만, 거짓 선지자는 바벨론의 느부갓네살, 로마 황제, 북한의 김일성과 같이 적그리스

65 요 15:26

66 계 13:13-15

67 계 13:13-14

도에 대한 우상 숭배를 '강요'하고 이를 거절하는 자들을 몇이든지 다 죽인다. 거짓 선지자의 미혹으로 우상 숭배하는 자들은 새 예루살렘성에 들어가지 못하고 영원한 지옥 불못에 떨어진다.[68]

거짓 선지자의 세 번째 사역은 온 세상 사람들에게 '짐승(적그리스도)의 표'를 받게 하여 짐승의 표로 온 세상을 통제하는 일이다. 거짓 선지자는 모든 자 곧 작은 자나 큰 자나 부자나 가난한 자나 자유인이나 종들에게 그 오른손에나 이마에 적그리스도의 표 666을 받게 하고 이 표를 가진 자 외에는 매매를 못하게 한다.[69] 그렇게 하여 천사를 통하여 하나님의 종들의 이마에 인치는 일을 모방한 것이다.[70] 이것은 성령께서 세상 사람들을 적그리스도의 백성과 노예로 만드는 것이다.

그렇다면 적그리스도의 표(짐승의 표, 666의 표)는 무엇일까? 전 세계적인 컴퓨터 신경망을 통하여 적그리스도의 우상 속에 있는 초고도 인공지능과 연결될 컴퓨터 칩으로 보인다. 사람들의 오른손이나 이마에 이식된 칩이 적그리스도 우상 속에 있는 초고도 인공지능과 연결되면 각 개인은 언제 어디서 무엇을 하든지 통제받게 되고, 짐승의 마음을 받은 느부갓네살처럼 짐승(적그리스도)의 마음을 받아 적그리스도의 악행을 그도 행하게 될 것이다.

그런데 이 표를 왜 '오른손이나 이마'에 받게 하는 것일까? 미국 정부 내 최고 전자 기술자요 발명가로서 32년간에 걸쳐 FBI, CIA, IRS(미국 국세청)와 다른 정부 기관을 위해 첩보 기술과 감시 장비 기술 업무를 맡아 온

68 계 21:8; 22:15

69 계 13:16-18

70 계 7:4

사람으로서 여러 개의 특허를 소유하고 여러 번 대통령상과 주지사상을 받은 바 있는 칼 샌더스라는 사람이 있다. 이 사람은 헨리 키신저와 CIA의 밥 게이츠 같은 미합중국 최고위 관리들과 함께 17차례에 걸쳐 새 세계 질서 회의에 참석하여 어떻게 하면 하나의 세계 정부 제도를 가질 수 있는가에 대해 토의했다. 그 후 그의 조력자들과 함께 미 정부 보조금으로 피부 밑에 주삿바늘을 삽입하여 세계 모든 사람들을 식별하고 관장할 수 있는 마이크로칩 임무를 부여받아 개발에 착수했다. 그는 인체에 이식할 수 있는 리튬 전지를 사용한 초소형 반도체 칩을 개발하고, 리튬 전지를 충전하기에 편리한 신속하고도 지속적인 온도 변화가 일어날 수 있는 최적의 장소를 찾았는데 그곳이 이마와 손이었다. 지금 우리는 이런 컴퓨터 칩을 애완견이나 사람의 몸속에 삽입하여 언제 어디든 위치 추적이 가능한 시대에 살고 있다. 이것은 예행연습일 뿐이요 아직 짐승의 표는 아니다. 장차 세계는 하나의 정부가 되고 적그리스도가 나타나 그의 '세계 정부'에서 모든 사람들에게 개인의 신상 정보를 담은 '컴퓨터 칩'을 몸(오른손이나 이마)에 받게 하여 이 표 없이는 경제활동을 하지 못하게 할 것인데 그 표가 짐승(적그리스도)의 표 666이 될 것으로 보인다. 그 표는 적그리스도(짐승) 형상의 우상에 연결되어 모든 행동을 감시할 것으로 보인다. 그 표를 절대 받아서는 안 된다.

만일 이 표를 받으면 어떻게 되는가? "또 다른 천사 곧 셋째가 그 뒤를 따라 큰 음성으로 가로되 만일 누구든지 짐승과 그의 우상에게 경배하고 이마에나 손에 표를 받으면 그도 하나님의 진노의 포도주를 마시리니 그 진노의 잔에 섞인 것이 없이 부은 포도주라 거룩한 천사들 앞과 어린 양 앞에서 불과 유황으로 고난을 받으리니 그 고난의 연기가 세세토록 올라가리로다 짐승과 그의 우상에게 경배하고 그 이름의 표를 받는 자는 누구든지 밤낮 쉼을 얻지 못하리라 하더라"[71] 적그리스도가 주는 칩을 몸에 심으면 적그리스도(짐승)의 마음을 받고 그의 생각을 공유하며 그의 언행심사를 닮아 하나님과 그리스도를 모독하고 사탄과 적그리스도 숭배에 빠지며 온갖 죄를 짓게 된다. 그래서 그 죄로 인하여 적그리스도와 거짓 선지자가 산 채로 떨어질 유황 불못(지옥)에 들어가게 되는 것이다.[72] 단순히 표를 받아서가 아니라, 표를 받게 되면 적그리스도의 통제를 벗어나지 못하고 적그리스도와 같이 하나님과 그리스도를 대적하고 사탄과 적그리스도를 숭배하며 온갖 악행을 저지르며 살기 때문에 영원한 지옥 불못에 떨어지게 되는 것이다. 적그리스도의 우상에게 경배하거나 적그리스도의 표를 오른손이나 이마에 받으면 영원한 지옥 형벌을 면할 수 없다.

적그리스도를 숭배하고 적그리스도의 표를 받기만 하면 편하게 살 수 있는 적그리스도 체제에서 우상 숭배와 표 받기를 거절하고 세계 정부라는 거대한 세력과 맞서 싸울 자가 과연 얼마나 있을까? 말씀이 없고 믿음이 없는 사람들은 지위 고하를 막론하고 예외 없이 오른손이나 이마에 666이라는 짐승의 표를 받게 될 것이다. 이 표 없이는 매매를 할 수 없고 도저히 살아갈 수 없기 때문이다. 그러나 주님의 말씀을 믿고 따르는 자들은 아무리 큰 고통이 있고 죽음이 찾아와도 결코 적그리스도의 표를 받을 수 없다.

---

71 계 14:9-11

72 계 19:20

소돔과 고모라와 같이 악한 적그리스도 세상에서 잠시 죄악의 즐거움을 누리기 위해 적그리스도의 우상 앞에 절하고 적그리스도의 표를 받으면 영원한 지옥 형벌을 면할 수 없다. 믿음을 지킨다는 것은 말씀을 지킨다는 것이다. 불편과 수고와 고난과 희생이 따를지라도 말씀을 버리지 말고 믿음을 굳게 지켜야 한다. 적그리스도의 우상을 거절하고 그의 표를 받지 않고 끝까지 말씀을 지키고 믿음을 지키는 자들은, 저 옛날 애굽에서 나온 백성들이 홍해 바닷가에 서서 노래한 것처럼, 불이 섞인 유리 바닷가에 서서 하나님과 어린 양 예수 그리스도를 찬양할 수 있을 것이다.[73] 또 죽어도 다시 살아나서 예수 그리스도와 함께 왕 노릇하며[74] 영생복락을 누릴 것이다.[75] 3년 반만 참으면 된다. 3년 반의 적그리스도 체제가 끝나면 '그리스도 체제'를 따르는 예수 그리스도의 천년 왕국이 온다.

73 계 15:2

74 계 20:4

75 계 21:4

6. 시온산에 선 십사만 사천(계 14:1-5)

> "또 내가 보니 어린 양이 시온산에 섰고 그와 함께 십사만 사천이 섰는데 그 이마에 어린 양의 이름과 그 아버지의 이름을 쓴 것이 있도다 내가 하늘에서 나는 소리를 들으니 많은 물소리도 같고 큰 뇌성도 같은데 내게 들리는 소리는 거문고 타는 자들의 그 거문고 타는 것 같더라 저희가 보좌와 네 생물과 장로들 앞에서 새 노래를 부르니 땅에서 구속함을 얻은 십사만 사천인 밖에는 능히 이 노래를 배울 자가 없더라 이 사람들은 여자로 더불어 더럽히지 아니하고 정절이 있는 자라 어린 양이 어디로 인도하든지 따라가는 자며 사람 가운데서 구속을 받아 처음 익은 열매로 하나님과 어린 양에게 속한 자들이니 그 입에 거짓말이 없고 흠이 없는 자들이더라"(계 14:1-5)

사도 요한은 두 짐승에 대한 환상 후 하나님의 인 받은 십사만 사천 명[1]이 어린 양과 함께 시온산에 서 있는 것을 보았다. 시온산은 '요새'라는 뜻을 가진 예루살렘 남서쪽에 있는 765m의 산으로, 다윗의 보좌가 있는 곳이요 하나님의 성전을 건축하기 전에 하나님의 언약궤를 모신 장막이 있던 곳이다.[2] 따라서 시온산은 어린 양 예수님의 보좌와 하나님의 장막이 있는 '천국'을 예표한다. 하나님의 인 맞은 십사만 사천 명이 어린 양과 함께 서 있는 시온산은 이 땅의 시온산이 예표하던 바로 그 '천국의 시온산'이다.

---

1 계 7:4

2 삼하 6:17; 대상 16:1

대환난 가운데 복음을 전하던 이들[3]이 어떻게 천국의 시온산에 올라 어린 양과 함께 서 있는 것일까? 이들이 '사람 가운데에 땅에서 속량함을 받아 처음 익은 열매들'로서 그 이마에 어린 양의 이름과 그 아버지 하나님의 이름이 새겨진 자들 즉 '하나님과 어린 양에게 속한 자들'이기 때문이다.[4] 그래서 하나님의 영이 어디로 인도하든지 따라가던 네 생물처럼,[5] 예수님이 어디로 가든지 따라가던 열두 제자들처럼, 어린 양 예수님이 어디로 인도하든지 따라가다 시온산에 이른 것이다.[6] 이들은 구약 시대 사람 가운데 속량함을 받고 하나님께 바쳐진 장자들이나 레위 지파들처럼,[7] 각 나라와 족속과 백성과 방언(모든 민족) 가운데 하나님과 어린 양 예수님의 복음을 위해 바쳐진 '복음의 제사장들'이요 '하늘의 장자들'로서,[8] 흠 없는 어린 양을 본받아 그 입에 거짓말이 없고 흠 없이 순결한 삶을 살다가[9] 일곱째 천사가 나팔을 불 때[10] 초실절의 첫 열매와 같이 성도의 부활[11]에 먼저 참여하여 하나님 앞에 드려진 자들이다.[12] 이들은 하늘의 시온산에서 이들만이 알고 부르는 구원의 '새 노래'를 부를 것이다.[13] 믿음의 비밀[14]은 주는 자와 받는 자 외에는 아는 자가 없다.

---

3 계 7:4; 9:4
4 계 14:2-4
5 겔 1:12, 20-21
6 계 14:4
7 민 3:12; 8:19; 16:9
8 롬 15:16; 히 12:23
9 계 14:4-5; 살전 5:23
10 계 11:15
11 계 14:14-16
12 레 23:10
13 계 14:2-3
14 딤전 3:9

7. 세 천사의 선포(계 14:6-13)

"또 보니 다른 천사가 공중에 날아가는데 땅에 거하는 자들 곧 여러 나라와 족속과 방언과 백성에게 전할 영원한 복음을 가졌더라 그가 큰 음성으로 가로되 하나님을 두려워하며 그에게 영광을 돌리라 이는 그의 심판하실 시간이 이르렀음이니 하늘과 땅과 바다와 물들의 근원을 만드신 이를 경배하라 하더라 또 다른 천사 곧 둘째가 그 뒤를 따라 말하되 무너졌도다 무너졌도다 큰 성 바벨론이여 모든 나라를 그 음행으로 인하여 진노의 포도주로 먹이던 자로다 하더라 또 다른 천사 곧 셋째가 그 뒤를 따라 큰 음성으로 가로되 만일 누구든지 짐승과 그의 우상에게 경배하고 이마에나 손에 표를 받으면 그도 하나님의 진노의 포도주를 마시리니 그 진노의 잔에 섞인 것이 없이 부은 포도주라 거룩한 천사들 앞과 어린 양 앞에서 불과 유황으로 고난을 받으리니 그 고난의 연기가 세세토록 올라가리로다 짐승과 그의 우상에게 경배하고 그 이름의 표를 받는 자는 누구든지 밤낮 쉼을 얻지 못하리라 하더라 성도들의 인내가 여기 있나니 저희는 하나님의 계명과 예수 믿음을 지키는 자니라 또 내가 들으니 하늘에서 음성이 나서 가로되 기록하라 자금 이후로 주 안에서 죽는 자들은 복이 있도다 하시매 성령이 가라사대 그러하다 저희 수고를 그치고 쉬리니 이는 저희의 행한 일이 따름이라 하시더라"(계 14:6-13)

어린 양과 함께 하늘의 시온산에 선 십사만 사천 부활 성도의 환상 후,

세 천사가 어린 양과 함께 하늘의 시온산에 서기를 원하는 자들이 반드시 기억해야 할 대환난의 수칙 세 가지를 공중에 날아가면서 선포한다. 그것은 무엇인가?

첫째 천사의 선포(계 14:6-7)

첫째 천사가 선포한 것은 모든 민족과 종족과 방언과 백성에게 전할 '영원한 복음'이다. 이것은 대환난 때 '생명의 길'을 보인 것으로, 그 길은 '영원한 복음'을 받아들이는 것이다. '복음'은 예수 그리스도의 십자가와 부활의 소식이다. 누구든지 예수님이 나의 죄를 위해 십자가에서 죽으시고 삼일 만에 부활하신 것을 믿고 죄를 회개하며 예수님을 구주로 영접하면 죄사함 받고 구원을 받는다.[1] 광야에서 죄로 죽어 가던 자들이 놋뱀(구리뱀)을 쳐다보고 살았던 것처럼 오직 예수 그리스도를 믿기만 하면 구원을 받는다.[2] 이것이 복음이다. 그렇다면 '영원한 복음'은 무엇인가? 예수님의 십자가와 부활의 복음 외에 또 다른 복음이 있다는 뜻인가? 그렇지 않다. 갈라디아서 1장에서는 네 번이나 '다른 복음'이 없다고 분명히 말씀한다.[3] 당시의 '다른 복음'이란 예수님을 믿는 것만으로는 안 되고 할례와 같은 모세의 율법도 지켜야 구원받는다는 '유대 율법주의' 이단 사상을 말한다. 그러나 성경은 예수 그리스도의 십자가와 부활의 복음 외에 그 어떤 구원의 길도 없다는 사실을 분명히 강조한다. 따라서 천사가 가진 '영원한 복음'은 어떤 새로운 다른 복음이 아닌 바로 이 '예수 그리스도의 복음'이다. 그

---

1 롬 10:10

2 민 21:9; 엡 2:8-9

3 갈 1:6-9

렇다면 이 복음을 왜 '영원한 복음'이라 한 것일까? 그것은 이 유일한 구원의 복음이 구약 시대, 신약 시대, 대환난, 천년 왕국에 이르기까지, 즉 세상 끝날까지 그 효력을 미치며 우리를 구원할 유일한 복음이기 때문이다. 대환난 때의 구원의 길도 예수 그리스도의 십자가와 부활의 복음밖에 없다. 영원한 복음을 전하는 천사는 "하나님을 두려워하며 그에게 영광을 돌리라"[4]라고 했다. 예수님의 말씀과 그 행하시는 표적을 보고 하나님을 두려워하며 영광 돌리고 경배하여 구원받은 자들처럼[5] 대환난 때도 두 증인과 복음 전도자들이 전하는 예수 그리스도의 복음을 듣고 영접하라는 것이다. 이것이 생명의 길이다. 짐승에게 경배하지 않고 짐승의 표(666)를 받지 않는다고 구원받는 것이 아니라, 예수 그리스도의 복음을 믿고 받아들이는 자가 구원받는 것이다. 생명을 구원할 법은 오직 예수님뿐이다.

둘째 천사의 선포(계 14:8)

둘째 천사는 모든 나라를 음행의 포도주로 먹이는 큰 성 바벨론의 멸망을 선포했다. 이것은 대환난 때 '죽음의 길'(멸망의 길)이 무엇인지 보인 것이다. 큰 성 바벨론을 따라가는 길은 영원한 멸망의 길임을 분명히 선언하고 있다. 왜 그런가? 큰 성 바벨론은 큰 음녀[6]로서 이스라엘 백성들에게 우상의 제물을 먹이고 음행하게 만든 '발람'이나, 북이스라엘 왕 아합의 아내 '이세벨'이나, '니골라당의 교훈'으로 소아시아의 여러 교회들을 우상의 제

---

4 계 14:7

5 마 9:8; 막 2:12; 눅 2:20; 5:26; 7:16; 13:13; 17:15; 18:43; 23:47; 행 4:21; 11:18; 롬 4:20; 고후 1:20; 빌 2:11

6 계 17:1

물로 먹이고 음행하게 하던 '니골라당'[7]처럼, 세상 모든 나라와 백성들로 하여금 하나님과 주 예수 그리스도를 떠나 사탄과 적그리스도 우상을 숭배하고 적그리스도의 표를 받게 할 것이기 때문이다. 우상 숭배자는 불못에 들어간다.[8] 따라서 살고자 하는 자는 멸망의 도성 바벨론의 이 같은 죄에 참여하지 말고 그의 교훈을 따르지 말고 거기서 속히 나와야 한다.[9]

셋째 천사의 선포(계 14:9-13)

셋째 천사는 짐승의 우상에게 경배하고 짐승의 표를 받으면 하나님의 진노를 받아 영원토록 불과 유황으로 고통받는다는 '하나님의 법'을 큰 음성으로 선포한다. 바벨론의 교훈을 따라 사탄과 짐승(적그리스도)의 우상에게 경배하고 짐승의 표를 받는 자들은 영원한 지옥 형벌을 면할 수 없으니 그리 하지 말라는 경고이다.

첫째 천사가 영원한 생명의 길을 보이고 둘째 천사가 영원한 사망의 길을 보였다면, 셋째 천사는 이 둘 중에 영원한 생명을 택하고 영원한 사망을 택하지 말라는 '경고의 율법'을 준 것이라 할 수 있다.[10]

이것은 에덴동산에서 영원한 생명의 길을 상징하는 생명나무와, 영원한 사망의 길을 상징하는 선악의 나무를 보여 주신 후, '선악과를 먹지 말라'

---

7 계 2:6, 15
8 계 21:8; 22:15
9 계 18:4
10 신 30:15-16

라는 경고의 율법을 주신 것과 똑같다.[11] 하나님은 영원한 사망의 길(선악의 나무)을 보이시기 전에 '먼저' 영원한 생명의 길(생명나무)을 보이시고 선택을 요구하셨다. 이것은 하나님께서 모든 사람이 영원한 생명의 길을 택하여 구원받기를 진정 바라신다는 것을 보여 준다.[12] 그래서 영원한 생명의 길을 먼저 보이신 것이다. 안타깝게도, 멸망의 넓은 길로 가는 자는 너무 많고, 좁고 협착한 생명의 길로 가는 자는 적다.[13] 짐승의 우상에게 경배하고 짐승의 표를 받으라고 유혹하는 바벨론의 교훈(사망의 길)을 따르지 말고 영원한 생명의 복음을 따라야 한다.

11 창 2:9, 17

12 딤전 2:4

13 마 7:13-14

8. 두 가지 추수(계 14:14-20)

"또 내가 보니 흰 구름이 있고 구름 위에 사람의 아들과 같은 이가 앉았는데 그 머리에는 금 면류관이 있고 그 손에는 이한 낫을 가졌더라 또 다른 천사가 성전으로부터 나와 구름 위에 앉은 이를 향하여 큰 음성으로 외쳐 가로되 네 낫을 휘둘러 거두라 거둘 때가 이르러 땅에 곡식이 다 익었음이로다 하니 구름 위에 앉으신 이가 낫을 땅에 휘두르매 곡식이 거두어지니라 또 다른 천사가 하늘에 있는 성전에서 나오는데 또한 이한 낫을 가졌더라 또 불을 다스리는 다른 천사가 제단으로부터 나와 이한 낫 가진 자를 향하여 큰 음성으로 불러 가로되 네 이한 낫을 휘둘러 땅의 포도송이를 거두라 그 포도가 익었느니라 하더라 천사가 낫을 땅에 휘둘러 땅의 포도를 거두어 하나님의 진노의 큰 포도주 틀에 던지매 성 밖에서 그 틀이 밟히니 틀에서 피가 나서 말굴레까지 닿았고 일천육백 스타디온에 퍼졌더라"(계 14:14-20)

천하의 범사에는 기한이 있다. 심을 때가 있고 추수할 때가 있다.[1] 추수 때가 되면 농부는 곡식을 거두어 창고(곡간)로 들인 후 포도를 추수하여 포도주 틀에 밟아 즙을 짠다. 일곱째 나팔을 불 때 일어나는 일이 이와 같다.

곡식 추수, 성도의 부활(계 14:14-16)

곡식 추수가 먼저 이루어진다. '곡식'은 '성도', '추수'는 '구원'을 상징한

1 전3:1-2

다. '곡식 추수'는 성도를 구원하여 천국(곡간, 창고)에 들이는 것으로[2] '성도의 부활'을 상징한다. 이스라엘 땅에서는 포도 추수에 앞서 곡식 추수가 이루어진다. 이것은 '불신자'에 대한 심판(포도 추수)인 '일곱 대접 재앙'이 임하기 전에 먼저 '신자'에 대한 추수 곧 '성도의 부활'이 있다는 것을 의미한다. 그때가 언제인가? 천사가 일곱째 나팔을 불 때이다.

성도의 부활은 믿는 자의 소망이다. 그렇다면 성도의 부활을 상징하는 곡식 추수는 어떻게 이루어지는가? 먼저 한 천사가 하나님의 성전에서 나와 추수의 주관자이신 예수님께 큰 음성으로 땅의 곡식이 다 익어 거둘 때가 되었으니 추수하라는 하나님의 명령을 전달한다. 이것은 추수의 기한을 정하시는[3] 하나님의 명령으로부터 곡식 추수가 시작된다는 것을 보여준다. 때와 기한은 하나님 아버지의 권한이다.[4] 그때는 하나님만 아신다.[5] 추수를 주관하시는 분은 머리에 금 면류관을 쓰시고, 손에 예리한 낫을 잡으시고, 흰 구름 위에 앉아 계신 인자(人子) 즉 예수님이시다. 구름 위에 앉으신 예수님은 천사로부터 하나님의 명을 듣고 낫을 휘둘러 추수하신다.[6] 곡식 추수가 의미하는 성도의 부활은 하나님의 명을 받은 예수님의 호령으로부터 시작하여 구름을 타고 강림하셔서 죽은 자를 일으키고 산 자를 공중으로 끌어올려 곡간이 상징하는 천국으로 들어가게 하는[7] 일련의 과

2 마 3:12
3 렘 5:24
4 행 1:7
5 마 24:36
6 계 14:14
7 살전 4:16; 마 3:12

정들이다. 이것을 낫을 휘둘러 한순간에 추수하는 상징적 행위로 보여 주는 것이다.

곡식 추수 과정은 어떠한가? 밀 추수의 경우 5, 6월경에 곡식이 익으면 농부는 먼저 가라지를 거두어 알곡으로부터 분리한다. 그래야 곡식과 가라지가 섞이지 않는다. '들밀'이라 불리는 가라지는 밀보다 작고 줄기의 위쪽 부분이 꼿꼿하게 서 있어 이삭이 검다는 것 말고는 밀과 똑같이 생겨서 보통 사람은 밀과 들밀(가라지)을 잘 분간할 수 없다. 그런데 추수 때가 되면 겉모습만 봐도 확실하게 다르기에 누구나 분별할 수 있다. 가라지는 맛이 쓰고 강한 최면 효과가 있어 실수로 빵에 섞어 먹으면 현기증이 나고 멀미가 난다. 그래서 곡식을 까부를 때 반드시 가라지를 먼저 걸러 내야 해를 입지 않는 것이다. 예수님은 "추수 때에 내가 추수꾼들에게 말하기를 가라지는 먼저 거두어 불사르게 단으로 묶고 곡식은 모아 내 곳간에 넣으라 하리라"[8]라고 말씀하셨다.

그다음은 알곡을 타작마당에서 깨끗하게 하는 과정이다. 알곡과 가라지를 분리한 농부들은 추수한 알곡을 낙타의 등에 싣고 타작마당으로 옮겨 날카로운 타작 기계나 도리깨질로 곡식을 타작하고 키질과 체 치기를 통해 돌과 잡초와 쭉정이를 걸러 내 날려 버린다. 예수님은 그와 같이 손에 키를 들고 자기의 타작마당을 정하게 하신다.[9] 대환난은 "땅에 거하는 자들을 시험할 때"[10]로서, 분리한 알곡을 깨끗하게 하는 주님의 타작마당 같

8 마 13:30
9 마 3:12
10 계 3:10

은 것이다.

마지막 과정은 깨끗하게 한 알곡을 곡간(창고)에 옮겨 저장하고 쭉정이와 가라지를 불사르는 일이다. 예수님께서 "곡식은 모아 내 곡간에 넣으리라"[11]라고 말씀하신 대로 마지막 나팔 소리에 알곡 성도들을 '공중으로 모아' '천국'이라는 창고로 옮기실 것이다.[12] '성도의 부활'은 알곡 성도들을 공중으로 모으는 일과 같다. 그렇다면 이 땅에 남은 불신자들은 어떻게 될까? 쭉정이와 가라지를 불사르는 것처럼, 살아서 일곱 대접 심판의 불꽃에 불살라지고, 죽어서 영원히 꺼지지 않는 유황 불못에 불살라질 것이다.

포도 추수, 악인의 심판(계 14:17-20)

이스라엘 땅에서는 곡식 추수 후 포도 추수가 이어진다. '포도'는 하나님의 진노의 대상인 '불신자'를 상징하고, '포도 추수'는 불신자에 대한 심판을 의미한다.[13] 이스라엘의 포도 추수는 곡식을 추수한 뒤 9월경에 시작된다. 농부는 포도가 익으면 거두어서 바위로 판 '포도주 틀'에 던지고 온 가족이 발로 밟아 포도즙을 짠다. 그러면 포도즙이 바위를 타고 내려가 그보다 조금 낮고 작게 만든 '바위 포도주 틀'로 모인다. 하나님의 진노의 포도와 같은 불신자에 대한 심판도 이와 같다. 먼저, '불을 다스리는 천사'가 포도 추수를 시행할 천사에게 '예리한 낫을 땅에 휘둘러 땅의 포도송이를 거두라'라는 하나님의 명령을 전하면, 그 명령을 받은 천사가 포도를 추수하

---

11 마 13:30

12 살전 4:16-17

13 계 14:8, 10; 16:19; 18:3; 19:15

여 '하나님의 진노의 포도주 틀'에 던진다.[14] '하나님의 진노의 포도주 틀'은 '하나님의 진노의 일곱 대접 재앙'을 가리킨다.[15] 이 일곱 대접 재앙은 적그리스도(짐승)의 표를 받은 자들에게 쏟아지는 재앙이다. 하나님의 진노의 포도주 틀인 일곱 대접 재앙에 남은 불신자들은 추수하는 농부들에 의해 짓밟히는 포도처럼 성 밖에서 짓밟힌다.[16]

이 진노의 포도를 누가 밟는가? 하나님의 아들 예수님이 친히 밟으신다.[17] 얼마나 짓밟는가? 포도즙이 상징하는 그 피의 높이가 말(馬)의 머리에 씌우는 말굴레에 닿을 정도다.[18] 즉 약 2m 정도다. 그 피의 넓이는 천육백 스타디온에 퍼질 정도다.[19] 1 스타디온이 약 190m 정도니 그 피가 약 300km가 넘는 넓이에 퍼진다는 것이다. 왜 이렇게 많은 피가 흐르는가? 그만큼 많은 성도들과 선지자들의 피를 악인들이 흘렸기 때문이다.[20] 하나님께서 그들이 행한 대로, 피 흘린 대로 피로 갚으시고 짓밟은 대로 짓밟으시는 것이다.[21] 그래서 그 심판은 의롭고 합당하다고 증언한다. 포도 추수 후에는 불천사가 대기하고 있는데 온 세상을 불사르기 위한 것이다.

---

14 계 14:19
15 요한계시록 16장
16 계 14:20
17 사 63:3; 계 19:15
18 계 14:20
19 계 14:20
20 계 16:4-6; 19:2
21 계 13:10; 16:6

제9장 일곱 대접 재앙, 마지막 셋째 화 (15장-16장)

일곱째 천사가 나팔을 불 때 두 추수, 곧 곡식 추수와 포도 추수가 이루어진다고 했다. 곡식 추수는 성도의 부활, 포도 추수는 악인들에 대한 심판(일곱 대접 재앙)을 의미한다. 이스라엘 땅에서 곡식 추수 후 포도 추수가 찾아오듯, 일곱째 천사가 나팔을 불 때[1] 성도의 부활이 먼저 있고, 그 후에 성도들을 핍박하고 죽인 악인들(적그리스도와 그 백성들)에 대한 일곱 대접 재앙이 찾아온다. 포도 추수가 의미하는 일곱 대접 재앙은 어떤 재앙인가?

1. 마지막 재앙(계 15:1)

> "또 하늘에 크고 이상한 다른 이적을 보매 일곱 천사가 일곱 재앙을 가졌으니 곧 마지막 재앙이라 하나님의 진노가 이것으로 마치리로다"(계 15:1)

일곱 대접 재앙은 마지막 재앙이다. 이 재앙이 마지막 재앙이라는 의미

1 계 11:15

는 '3대 화'[2] 가운데 마지막 세 번째 재앙이라는 의미와 함께, 하나님과 어린 양의 진노의 날인 대환난(일곱 나팔 재앙)의 마지막 재앙(일곱째 재앙)이라는 의미를 가지고 있다.

대환난의 시작을 불신자들의 입을 통해 선언한 것처럼[3] 대환난의 마지막을 천사의 입을 통해 선언하는 것이다.[4] 행사를 주관하는 사람이 시작과 마지막을 선언하듯 대환난이라는 하나님의 큰 행사의 시작과 마지막을 선언하고 알려 주는 것이다.[5] 하나님과 어린 양의 진노의 날인 대환난의 모든 재앙은 세세토록 살아 계신 하나님의 진노를 가득 담은 이 일곱 대접 재앙으로 끝난다. 주인공은 마지막에 나타난다는 말이 있듯이, 이 마지막 재앙 일곱 대접 재앙은 이보다 더 큰 재앙도 없고 더 이상의 재앙도 없는 '최고의 재앙'이다. 이 재앙 후에는 '뜨인 돌'(손대지 않은 돌)[6]이 상징하는 '주 예수 그리스도'의 재림으로 적그리스도 정부가 멸망하고 혼돈 속에 어지러웠던 세상이 정리될 것이다.

---

2 계 8:13
3 계 6:17
4 계 15:1
5 시 103:7
6 단 2:34, 45

2. 모세의 노래, 어린 양의 노래(계 15:2-4)

"또 내가 보니 불이 섞인 유리 바다 같은 것이 있고 짐승과 그의 우상과 그의 이름의 수를 이기고 벗어난 자들이 유리 바닷가에 서서 하나님의 거문고를 가지고 하나님의 종 모세의 노래, 어린 양의 노래를 불러 가로되 주 하나님 곧 전능하신 이시여 하시는 일이 크고 기이하시도다 만국의 왕이시여 주의 길이 의롭고 참되시도다 주여 누가 주의 이름을 두려워하지 아니하며 영화롭게 하지 아니하오리이까 오직 주만 거룩하시니이다 주의 의로우신 일이 나타났으매 만국이 와서 주께 경배하리이다 하더라"(계 15:2-4)

마지막 재앙인 일곱 대접 재앙이 임하기 전에, '불이 섞인 유리 바닷가'에 서서 모세의 노래, 어린 양의 노래를 부르는 자들이 있다. 이 노래는 짐승(적그리스도)의 표와 우상 숭배[1]를 이기고 벗어난 자들이 부르는 노래다. 그들이 부르는 모세의 노래, 어린 양의 노래는 어떤 노래인가?

이 노래는 짐승(적그리스도)의 표와 우상 숭배를 이기고 벗어난 자들이 부르는 '승리'의 노래다. 곧 짐승의 표와 짐승의 우상 숭배를 거절하고 죽기까지 믿음을 지킨 자들이 적그리스도의 손을 벗어난 뒤 부르는 승리의 노래다. 이 노래를 '모세의 노래'[2]라고 부르는 것은, 애굽 왕 바로의 400년

---

1 요한계시록 13장

2 계 15:3

지배를 벗어난 이스라엘 백성들이 홍해를 마른 육지처럼 건넌 후 홍해 가에서 부른 노래[3]와 똑같은 노래이기 때문이다. 이스라엘 백성들이 부르던 노래가 '물의 바다'(홍해)를 건넌 후 그 바다(홍해) 가에 서서 부른 노래라면, 이 노래는 불의 바다(불이 섞인 바다) 대환난을 건넌 후 '불의 바다' 가에 서서 부르는 노래다. 물과 불의 차이뿐 시대는 다르나 영적 상황은 똑같고, 노래의 길이는 달라도 핵심 내용은 똑같다. 이스라엘을 쫓아오는 대적이 애굽 왕 바로와 그의 군대였다면 이들을 쫓아오는 대적은 짐승의 표와 우상 숭배를 강요하는 적그리스도와 그 군대라는 점이 다를 뿐 똑같다. 모세는 홍해 가에서 '말과 그 탄 자'를 '바다'에 던지신 '높고 영화로우신' 여호와 하나님을 찬송했고 모세의 누이 선지자 미리암도 '똑같은' 노래로 춤추며 화답했다. 주의 대적들은 주의 백성들을 뒤쫓아 멸하고 탈취물을 나누며 욕망을 채우려 했으나 주께서 바람을 일으켜 바다로 바로의 군대를 덮어 버렸고, 그들은 거센 물에 돌과 납같이 깊음 속에 가라앉고 말았다. 모세는 주의 오른손이 큰 위엄과 권능으로 영광을 나타내시니 주와 같이 거룩하고 영광스러우며 위엄 있는 기이한 일을 행하신 분이 없고, 이 놀라운 소식을 들은 여러 나라들에게 두려움이 임하여 주께서 사신 백성이 광야를 통과하기까지 돌같이 침묵했다고 노래했다. 마침내 주의 인자함으로 구원하신 백성을, 주의 처소로 삼기 위해 주의 손으로 예비하시고 세우신 주의 거룩한 기업의 산, 성소와 같은 약속의 땅으로 인도하실 것을 노래했다. 대환난 때도 적그리스도의 표와 우상 숭배를 이기고 벗어난 자들이 그와 똑같은 큰일을 이루신 하나님의 놀라운 역사를 찬양하게 되는

3 출 15:1-21

것이다.

이 노래는 어린 양의 피로 얻은 구원을 노래한 '구원'의 노래다. 대환난 때 부를 이 노래를 '어린 양의 노래'라고 했다.[4] 어린 양 예수 그리스도의 십자가 공로로 구원받은 자들이 부르는 '구원의 노래'이기 때문이다. 홍해를 건넌 이스라엘 백성들이 구원받은 것은 자신들의 공로나 의로움 때문이 아니다.[5] 하나님의 사랑과 '어린 양의 피' 때문이다. 그들은 완악하고 거역하는 '목이 곧은' 백성들로[6] 애굽의 장자들과 똑같이 죽어 마땅한 죄인들이었으나 그들의 죄로 인하여 죄 없는 어린 양이 피 흘려 죽음으로 말미암아 속죄함을 받아 하나님의 진노를 넘어가게 되었다.[7] "육체의 생명은 피에 있음이라 내가 이 피를 너희에게 주어 단에 뿌려 너희의 생명을 위하여 속하게 하였나니 생명이 피에 있으므로 피가 죄를 속하느니라"[8]라고 했다. 정결한 '물'이 '육체의 더러움'을 씻는다면 흠 없는 '피'는 영혼의 더러움인 '죄'를 씻는다. 피 흘림이 없으면 죄 사함이 없다.[9] 오직 죄는 피로써 씻을 수 있다. 이스라엘 백성들이 애굽 땅에 임한 하나님의 진노와 죽음에서 구원받을 수 있었던 것은, 어린 양의 피 때문이다. 그래서 모세는 이스라엘 백성들을 가리켜 '주께서 (핏값으로) 사신 백성'[10]이라고 말한 것이다. 어린 양의 피로 값 주고 사신 백성이라는 뜻이다. 대환난 중의 성도

4 계15:3
5 신9:5
6 신9:6
7 출12:13
8 레17:11
9 히9:22
10 출15:16

들이 짐승의 표와 우상 숭배를 이기고 벗어나 하나님과 어린 양의 보좌 앞에 설 수 있는 것도 마찬가지다. 짐승의 표(666)를 받지 않고 우상 숭배를 거절한 행위(공로) 때문이 아니라, 그들의 죄를 위해 십자가에 피 흘려 죽으신 어린 양 예수 그리스도의 보배로운 피 때문이다.[11] 구약 시대나 신약 시대나 대환난 때나 우리가 구원받는 것은 어린 양 예수님의 피 때문이다. 대환난 때 이 사실을 더욱 확실히 깨닫게 될 것이다. 그래서 그들을 구원하신 어린 양 예수 그리스도의 피 공로를 찬양하는 '어린 양의 노래'를 부르게 되는 것이다. 어린 양의 노래는 성도의 영원한 찬양의 주제다. 어린 양 예수 그리스도의 십자가와 부활의 복음은 구약 시대, 신약 시대, 대환난, 천년 왕국에 이르기까지 우리를 구원할 '영원한 복음'이다.

이 노래는 '불이 섞인 유리 바다'를 건넌 구원의 기쁨을 노래하는 '기쁨'의 노래다. '물의 바다' 홍해를 벗어난 자들이 홍해 가에서 구원의 기쁨을 노래한 것처럼, '불의 바다'(불이 섞인 유리 바다)를 건너고 벗어난 자들이 '불의 바다(불이 섞인 유리 바다) 가'에서 구원의 기쁨을 노래한 것이다.[12] 물과 불은 성도를 깨끗케 하는 도구다. '홍수심판'과 '홍해'를 건너는 것이 '물세례'를 상징한다면,[13] 짐승의 표와 짐승의 우상 숭배가 불처럼 세상을 삼키는 대환난의 불바다를 건너는 것은 '불세례'를 상징한다. 또 그것들은 성도를 깨끗케 하는 '물시험'과 '불시험'을 상징한다.[14] 이스라엘 백성들이 '물의 바다' 홍해를 지나 약속의 땅에 이른 것처럼, 대환난 때의 성도들은

11 계 7:14
12 계 15:2
13 벧전 3:20-21; 고전 10:2
14 민 31:23

짐승의 표와 우상 숭배라는 '불의 바다'(불이 섞인 유리 바다)를 지나야 '수정같이 맑은 유리 바다'[15]에 서서 하나님을 예배할 수 있다. 수정같이 맑은 유리 바다는 어린 양의 피로 죄 씻음 받고 깨끗케 된 모든 천국 백성들이 일시에 하나님을 예배할 수 있는 하나님 보좌 앞의 '천국 예배 광장'이다. '물'이 성도를 깨끗케 하는 것처럼, 고난의 '불'은 성도를 깨끗케 하여 수정같이 맑은 유리 바다에 이르게 하여 하나님을 예배할 수 있게 할 것이다. 육체의 고난을 받은 자가 죄를 그쳤다고 했다.[16] '불이 섞인 유리 바다'(불의 바다)는 '수정같이 맑은 유리 바다'로 가기 위해 반드시 건너야 할 대환난의 홍해 같은 것이다. 대환난의 불은 성도를 깨끗케 하고 믿음을 시험하는 도구다. "그날이 공력을 밝히리니 이는 불로 나타내고 그 불이 각 사람의 공력이 어떠한 것을 시험할 것"[17]이라고 했다. 대환난의 불시험은 각 사람의 믿음의 공력이 어떠한지, 불타서 사라질 지푸라기 같은 믿음인지, 불타서 흔적만 남을 나무 같은 믿음인지, 불로 단련하여도 없어지지 않을 정금이나 보석 같은 굳건한 믿음인지 드러낼 것이다. 자신의 힘과 의지만으로 대환난의 불시험을 이길 수 없다. 오직 성령 안에서 말씀과 기도로 늘 깨어 있어야 이길 수 있다. 믿음은 들음에서 나고 들음은 그리스도의 말씀으로 말미암는다.[18] 부지런히 하나님의 말씀을 듣고 믿음이 자라야 한다. 그래야 정금 같은 믿음으로 대환난의 불시험을 이기고 하나님의 보좌와 어린 양 앞에 서서 노래하는 자가 될 수 있을 것이다.

---

15 계 4:6
16 벧전 4:1
17 고전 3:13
18 롬 10:17

3. 일곱 대접 재앙을 위한 준비(계 15:5-8)

"또 이 일 후에 내가 보니 하늘에 증거 장막의 성전이 열리며 일곱 재앙을 가진 일곱 천사가 성전으로부터 나와 맑고 빛난 세마포 옷을 입고 가슴에 금띠를 띠고 네 생물 중에 하나가 세세에 계신 하나님의 진노를 가득히 담은 금 대접 일곱을 그 일곱 천사에게 주니 하나님의 영광과 능력을 인하여 성전에 연기가 차게 되매 일곱 천사의 일곱 재앙이 마치기까지는 성전에 능히 들어갈 자가 없더라"(계 15:5-8)

짐승(적그리스도)의 표와 우상 숭배[1]를 이기고 벗어난 자들이 부르는 노래 후에, 천사들은 일곱 대접 재앙 쏟을 준비를 한다. 일곱째 나팔의 중요성을 일깨워 주기 위해 힘 있는 천사가 하늘에서 내려온 것처럼,[2] 마지막 재앙인 일곱 대접 재앙의 중요성을 일깨워 주기 위해 일곱 대접 재앙이 준비되는 모습을 보여 주고 있다.

사도 요한은 먼저 하늘에 있는 증거 장막의 성전이 열려 있는 모습을 보았다.[3] 앞서 말한 것처럼, 이 '증거 장막의 성전'은 언약궤(증거궤)가 있는 '하늘의 지성소'를 가리키는 것으로, 11장 19절에서 열린 그 지성소로 다시 돌아온 것이다. 일곱 대접 재앙을 받지 않고 피할 자들[4]이 노래하는 광경을 끝으로, 11장 19절에서 일시 정지한 상태에서 보여 주려던 모

---

1 요한계시록 13장

2 계 10:1

3 계 15:5

4 계 15:2

든 것을 15장 4절까지 다 보여 주었으므로, 이제 다시 하나님의 언약궤(증거궤)가 있는 지성소(증거 장막)로 돌아와 그다음 사건을 진행하려 하는 것이다. 그다음 사건이란 마지막 재앙인 일곱 대접 재앙을 땅에 쏟는 일이다.

그렇다면 마지막 재앙인 일곱 대접 재앙은 어떻게 준비되는가? 먼저, 하늘의 지성소(증거 장막)로부터 '일곱 재앙'을 가진 일곱 천사가 맑고 빛난 세마포 옷을 입고 가슴에 금띠를 띠고 나온다.[5] 이 세마포 옷과 금띠는 구약 시대에 대제사장이 입던 것들로,[6] 이 천사들이 구약의 대제사장들처럼 높은 위치에 있는 하나님의 천사들임을 암시하는 것이다. 이 천사들이 네 생물 중의 하나로부터 영원토록 살아 계신 하나님의 진노를 가득히 담은 금 대접 일곱을 받는다.[7] 이것은 일곱 대접 재앙이 하나님께서 친히 내리는 심판임을 강조하는 것이다. 일곱 천사가 일곱 대접을 받을 때 하나님의 영광과 능력으로 말미암아 성전에 연기가 가득 차서 일곱 천사의 일곱 재앙이 마치기까지는 성전에 능히 들어갈 자가 없다고 했다.[8] 이것은 성막과 성전에 영광의 구름이 가득 차서 제사장들이 능히 섬기지 못하던 모습과 같다.[9] '연기'와 '구름'은 하나님의 영광과 임재를 상징하며,[10] 그중에 '연기'는 진노와 심판의 임재를 상징한다.[11] 성전에 연기가 가득한 것은 하나님의 진노의 대접을 이 땅에 쏟음으로 하나님의 진노가 다 풀릴 때까지 이

5 계 15:6
6 레 16:4
7 계 15:7
8 계 15:8
9 출 40:35; 왕상 8:11
10 출 16:10; 19:9, 18; 33:9; 34:5
11 시 18:8; 사 14:31; 겔 10:2-4; 계 14:11

재앙이 결코 쉴 수 없음을 의미하는 것이다. 성도를 박해하고 죽이는 적그리스도(짐승)와 그의 신민들에게 임할 하나님의 진노와 심판은 쉬지 않고 쏟아질 것이다.

4. 진노의 일곱 대접 재앙(계 16:1-21)

“또 내가 들으니 성전에서 큰 음성이 나서 일곱 천사에게 말하되 너희는 가서 하나님의 진노의 일곱 대접을 땅에 쏟으라 하더라 첫째가 가서 그 대접을 땅에 쏟으매 악하고 독한 헌데가 짐승의 표를 받은 사람들과 그 우상에게 경배하는 자들에게 나더라 둘째가 그 대접을 바다에 쏟으매 바다가 곧 죽은 자의 피 같이 되니 바다 가운데 모든 생물이 죽더라 셋째가 그 대접을 강과 물 근원에 쏟으매 피가 되더라 내가 들으니 물을 차지한 천사가 가로되 전에도 계셨고 시방도 계신 거룩하신 이여 이렇게 심판하시니 의로우시도다 저희가 성도들과 선지자들의 피를 흘렸으므로 저희로 피를 마시게 하신 것이 합당하니이다 하더라 또 내가 들으니 제단이 말하기를 그러하다 주 하나님 곧 전능하신 이시여 심판하시는 것이 참되시고 의로우시도다 하더라 넷째가 그 대접을 해에 쏟으매 해가 권세를 받아 불로 사람들을 태우니 사람들이 크게 태움에 태워진지라 이 재앙들을 행하는 권세를 가지신 하나님의 이름을 훼방하며 또 회개하여 영광을 주께 돌리지 아니하더라 또 다섯째가 그 대접을 짐승의 보좌에 쏟으니 그 나라가 곧 어두워지며 사람들이 아파서 자기 혀를 깨물고 아픈 것과 종기로 인하여 하늘의 하나님을 훼방하고 저희 행위를 회개치 아니하더라 또 여섯째가 그 대접을 큰 강 유브라데에 쏟으매 강물이 말라서 동방에서 오는 왕들의 길이 예비되더라 또 내가 보매 개구리 같은 세 더러운 영이 용의 입과 짐승의 입과 거짓 선지자의 입에서 나오니 저희는 귀신의 영이라 이적을 행하여 온 천하 임금들에게 가서 하나님 곧 전능하신 이의 큰 날에 전쟁을 위하여 그들을 모으더라 보라 내가 도적 같이 오리니 누구든지 깨어 자기 옷을 지켜 벌거벗고 다니지 아니하며 자기의 부끄러움을 보이지 아니하는 자가 복이 있도다 세 영이 히브리 음으로 아마겟돈이라 하는 곳으로 왕들을 모으더라 일곱째가 그 대접을 공기 가운데 쏟으매 큰 음성이 성전에서 보좌로부터 나서 가로되 되었다 하니 번개와 음성들과 뇌성이 있고 또 지진이 있어 어찌 큰지 사람이 땅에 있어 옴으로 이같이 큰 지진이 없었더라 큰 성이 세 갈래로 갈라지고 만국의 성들도 무너지니 큰 성 바벨론이 하나님 앞에 기억하신 바 되어 그의 맹렬한 진노의 포도주 잔을 받으매 각 섬도 없어지고 산악도 간 데 없더라 또 중수가 한 달란트나 되는 큰 우박이 하늘로부터 사람들에게 내리매 사람들이 그 박재로 인하여 하나님을 훼방하니 그 재앙이 심히 큼이러라"(계 16:1-21)

이제 드디어 하나님의 진노의 일곱 대접 재앙[1]이 땅에 쏟아진다. 일곱 나팔 재앙 모두가 하나님과 어린 양의 진노의 날에 쏟아지는 진노의 재앙이지만, 이 마지막 일곱 대접 재앙은 일곱 재앙 중에서도 가장 극심한 재앙이요, 일곱 재앙의 3대 재앙 중에서도 가장 극심한 마지막 재앙이다. '하나님의 진노의 일곱 대접'이라는 별명이 붙을 정도로 '하나님의 극심한 진노가 나타나는 재앙'이다.

1 계 15:7; 16:1

그렇다면 이 극심한 하나님의 진노의 대상은 누구인가? 짐승의 표를 받은 자들과 그 우상에게 경배하는 자들[2]이요, 짐승의 표와 우상 숭배를 거절하는 성도들과 선지자들의 피를 흘린 자들이다.[3] 짐승의 왕좌(적그리스도 정부)와 그 나라 사람들이다.[4] 따라서 이들은 요한계시록 13장에 나오는 짐승 적그리스도의 표를 받고 그의 우상과 사탄을 숭배하던 적그리스도와 그의 신민들이다. 일곱 대접 재앙의 대상은 성도가 아니다. 적그리스도와 그의 백성들이다. 하나님께서 애굽에 열 재앙을 내릴 때 이스라엘 백성들이 살던 고센 땅이 재앙을 받지 않았던 것처럼 이 땅에 남은 성도들은 일곱 대접 재앙을 받지 않고 보호받는다. 하나님께서 사백 년 동안 하나님의 백성들을 학대하고 죽이던 애굽 왕 바로와 그 신민(신하와 백성)들에게 열 재앙(피, 개구리, 이, 파리, 악질, 독종, 우박, 메뚜기, 흑암, 장자 재앙)을 내린 것처럼, 3년 반 동안 하나님과 그리스도를 대적하고 성도를 학대하고 죽인 적그리스도와 그의 신민들에게 이 일곱 대접 재앙을 내리는 것이다.

첫째 대접 재앙은 짐승의 표를 받은 사람들과 그 우상에게 경배하는 자들에게 악하고 독한 종기가 나서 극심한 고통을 겪게 되는 '독종 재앙'이다.[5] 앞서 소개한 칼 샌더슨은 마이크로칩이 성경의 666으로 이용될 수 있다는 것을 깨달은 후 마이크로칩의 제조를 막으려는 노력 가운데 칩의 배터리인 리튬의 효과에 대한 연구가 제대로 이루어지지 않은 것을 알았다. 그래서 그 프로젝트에 함께 일하던 보스톤 의료 센터의 한 의사에게

2 계 16:2
3 계 16:6
4 계 16:10
5 출 9:10

전화하여 만일 마이크로칩이 부서지거나 깨져서 리튬이 몸 안에 남아 있으면 어떻게 되는지 물어보았다. 그 의사는 "종기 같은 헌데가 생기는데 몹시 아프고, 그것은 낫지 않을 것"이라고 대답했다. 샌더슨은 그 후 요한계시록 16장 2절을 읽다가 이것이 성경에 기록된 것인 줄 알았다고 한다. 악하고 독한 종기가 무엇으로 인해 발생하는지는 알 수 없지만 짐승의 표를 받은 자들에게는 악하고 독한 종기가 나서 그로 인해 큰 고통을 받게 될 것이다.

둘째와 셋째 대접 재앙은 애굽의 '피 재앙' 같은 것으로, 바다와 강과 물 근원에 쏟아진 피로 인해 바다의 모든 생물이 죽고, 사람들이 물을 마실 수 없게 된다. 사람들이 이와 같은 재난을 만난 이유는 성도들과 선지자들의 피를 흘렸기 때문이며 그래서 이 심판은 참되고 의로운 것이라고 천사가 증언한다.[6] 이 재앙은 순교자들의 탄원과 향단 위에 드려진 성도들의 기도[7]에 대한 하나님의 응답이라 할 수 있다.

네 번째 대접 재앙은 '해 재앙'으로, 해가 권세를 받아 '사람들'을 태운다. '사람들' 앞에 관사가 붙어 있다. 따라서 해 재앙의 대상은 짐승(적그리스도)의 표를 받고 그 우상에게 경배하는 자들'임을 알 수 있다. 해가 얼마나 뜨거우면 사람들을 태울 정도일까? 완악한 사람들은 그래도 회개할 줄 모른다.[8] 지금 지구는 점점 뜨거워지고 있다. 넷째 대접 심판을 위하여 예비되고 있는지도 모른다.

다섯째 대접 재앙은 애굽의 '흑암 재앙' 같은 것으로, 적그리스도의 나라

---

6 계 16:5-7

7 계 6:10-11; 8:3-4

8 계 16:9

가 어두워지고, 종기로 인하여 혀를 깨물 만큼의 고통을 받지만 완악한 사람들은 여전히 회개할 줄 모른다.[9]

여섯 번째 대접 재앙은 아마겟돈 전쟁이다.[10] 아마겟돈은 히브리어로 '하르 므깃도'를 번역한 것으로 '므깃도산'이라는 뜻이다. 므깃도는 이스라엘 북쪽 갈멜산 남쪽에 위치한 도시이다.[11] 이스라엘 땅 내륙에서 북쪽으로 두로나 시돈으로 가든지 메소포타미아에서 수리아(시리아)를 거쳐 애굽(이집트)으로 가든지 반드시 거쳐 지나가야 하는 길목에 있다. 교통의 요지요 천혜의 요새로 전략적 요충지다. 그래서 이곳에서는 역사상 많은 전쟁이 일어났다. 사사 시대에 여선지자 드보라와 바락 장군이 가나안의 군대장관 시스라를 물리친 곳이 이곳 므깃도 물가 다아낙이다.[12] 솔로몬왕은 이곳을 요새로 만들었다.[13] 유다 왕 요시야는 남하하는 바벨론 군대를 막기 위해 북상하던 애굽 왕 바로 느고의 군대를 막다가 이곳 므깃도에서 전사했다.[14]

아마겟돈 전쟁은 표면적으로 이스라엘의 전략적 요충지 므깃도를 차지하려는 적그리스도의 군대와 이스라엘과의 전쟁처럼 보인다. 그러나 이 전쟁은 실상 세 악한 영, 사탄(용)과 적그리스도(짐승)와 거짓 선지자가 '전능하신 하나님의 큰 날에 있을 전쟁'을 위해 온 천하의 왕들을 불러 모아 하늘에서 땅으로 강림하시는 어린 양 예수 그리스도의 하늘 군대와 싸우

9 계 16:11
10 계 16:12-16
11 왕상 4:12
12 삿 5:19-21
13 왕상 9:15; 대하 9:25
14 대하 35:20-24

는 '땅과 하늘'의 전쟁이다.[15] 아마겟돈 전쟁은 이스라엘과 강대국 간의 땅의 전쟁으로 시작하여 땅의 군대가 하늘로부터 강림하시는 하늘의 군대인 예수 그리스도의 군대와 싸우는 하늘 전쟁으로 변할 것이다. 땅의 군대는 결코 하늘의 군대와 싸워 이길 수 없다. 적그리스도의 군대는 하늘에서 강림하시는 어린 양 예수 그리스도와 싸워 패배하여 거짓 선지자와 함께 산 채로 유황 불못에 떨어지고[16] 그를 따르던 모든 사람들이 죽게 될 것이다. 이 전쟁에 대한 보다 상세한 내용은 19장에 나온다.

마지막 일곱 번째 대접 재앙은 큰 지진으로 큰 성이 세 갈래로 갈라지고, 만국의 성들이 무너지며, 각 섬과 산이 사라지고, 무게가 한 달란트[17] 되는 큰 우박이 떨어지는 큰 성 바벨론의 멸망 재앙이다.[18] 이 재앙에 대한 상세한 내용도 17장과 18장에 기록되어 있다. 적그리스도와 그 백성들은 마지막 순간까지 회개하지 아니하고 하나님과 그리스도를 비방하고 대적하다가 마침내 비참하게 멸망한다.[19]

---

15 계 19:11-21

16 계 19:20

17 구약 시대에는 약 34㎏, 바벨론은 약 60㎏, 신약 시대 헬라 계통의 달란트는 약 20㎏. (출처: 《라이프 성경사전》)

18 계 16:17-21

19 계 16:21

제10장 큰 성 바벨론의 멸망(17장-18장)

17장과 18장은 마지막 재앙인 일곱 대접 재앙 중의 마지막 일곱째 대접 재앙[1] 곧 큰 성 바벨론의 심판과 멸망에 대한 보다 상세한 예언이다.

1. 큰 성 바벨론의 정체(계 17:1-18)

"또 일곱 대접을 가진 일곱 천사 중 하나가 와서 내게 말하여 가로되 이리 오라 많은 물 위에 앉은 큰 음녀의 받을 심판을 네게 보이리라 땅의 임금들도 그로 더불어 음행하였고 땅에 거하는 자들도 그 음행의 포도주에 취하였다 하고 곧 성령으로 나를 데리고 광야로 가니라 내가 보니 여자가 붉은 빛 짐승을 탔는데 그 짐승의 몸에 참람된 이름들이 가득하고 일곱 머리와 열 뿔이 있으며 그 여자는 자주 빛과 붉은 빛 옷을 입고 금과 보석과 진주로 꾸미고 손에 금잔을 가졌는데 가증한 물건과 그의 음행의 더러운 것들이 가득하더라 그 이마에 이름이 기록되었으니 비밀이라, 큰 바벨론이라, 땅의 음녀들과 가증한 것들의 어미라 하였더라 또 내가 보매 이 여자가 성도들의 피와 예수의 증인들의 피에 취한지라 내가 그 여자를 보고 기이히 여기고 크게 기이히 여기니 천사가 가로되 왜 기이히 여기느냐

1 계 16:17-21

내가 여자와 그의 탄 바 일곱 머리와 열 뿔 가진 짐승의 비밀을 네게 이르리라 네가 본 짐승은 전에 있었다가 시방 없으나 장차 무저갱으로부터 올라와 멸망으로 들어갈 자니 땅에 거하는 자들로서 창세 이후로 생명책에 녹명되지 못한 자들이 이전에 있었다가 시방 없으나 장차 나올 짐승을 보고 기이히 여기리라 지혜 있는 뜻이 여기 있으니 그 일곱 머리는 여자가 앉은 일곱 산이요 또 일곱 왕이라 다섯은 망하였고 하나는 있고 다른 이는 아직 이르지 아니하였으나 이르면 반드시 잠간 동안 계속하리라 전에 있었다가 시방 없어진 짐승은 여덟째 왕이니 일곱 중에 속한 자라 저가 멸망으로 들어가리라 네가 보던 열 뿔은 열 왕이니 아직 나라를 얻지 못하였으나 다만 짐승으로 더불어 임금처럼 권세를 일시 동안 받으리라 저희가 한 뜻을 가지고 자기의 능력과 권세를 짐승에게 주더라 저희가 어린 양으로 더불어 싸우려니와 어린 양은 만주의 주시요 만왕의 왕이시므로 저희를 이기실 터이요 또 그와 함께 있는 자들 곧 부르심을 입고 빼내심을 얻고 진실한 자들은 이기리로다 또 천사가 내게 말하되 네가 본 바 음녀의 앉은 물은 백성과 무리와 열국과 방언들이니라 네가 본 바 이 열 뿔과 짐승이 음녀를 미워하여 망하게 하고 벌거벗게 하고 그 살을 먹고 불로 아주 사르리라 하나님이 자기 뜻대로 할 마음을 저희에게 주사 한 뜻을 이루게 하시고 저희 나라를 그 짐승에게 주게 하시되 하나님 말씀이 응하기까지 하심이니라 또 내가 본 바 여자는 땅의 임금들을 다스리는 큰 성이라 하더라"(계 17:1-18)

17장과 18장은, 예수님 재림 전에 있을 큰 성(도시) 바벨론의 멸망[2]에 대한 보다 상세한 예언이다. 그중에 17장은 멸망할 큰 성 바벨론의 정체를 알려 준다. 큰 성 바벨론은 어떤 도시인가?

우상 숭배와 행악의 도시

큰 성(도시) 바벨론[3]을 '큰 음녀'라고 했다.[4] 음녀는 "소시의 짝을 버리고 그 하나님의 언약을 버린 자"[5]로서 이 큰 음녀 도시 바벨론은 하나님과 그리스도와의 언약을 버리고, 사탄과 적그리스도를 숭배하며 온갖 우상 숭배와 행악의 교리로 많은 나라와 백성들을 멸망의 길로 인도하는 우상 숭배와 행악의 도시다. 이 큰 음녀는 '많은 물 위에 앉은 여자'인데[6] '많은 물'은 '백성과 무리와 열국과 방언들'을 가리키는 것으로[7] 이 큰 음녀 바벨론은 많은 나라와 백성을 다스리는 큰 도시다.[8] 이 큰 음녀는 땅의 임금들과 음행하고, 땅에 사는 자들을 음행의 포도주로 취하게 하는데[9] 이것은 이 도시가 온 세상을 영적 음행(우상 숭배)과 육적 음행으로 미혹하는 '우상 숭배의 도시'라는 것이다. 이 큰 음녀는 자주 빛과 붉은 빛 옷을 입고, 금과 보석과 진주로 꾸미고 손에 가증한 물건(우상)과 그의 음행의 더러운 것들

---

2 계 16:17-21
3 계 16:19; 17:5, 18; 18:2, 10
4 계 17:1
5 잠 2:17
6 계 17:1
7 계 17:15
8 계 17:18
9 계 17:2

(우상 숭배의 물건)이 가득한 금잔을 가지고 있는데[10] 이것은 이 도시가 고대 바벨론처럼 사치와 향락과 온갖 우상과 우상 숭배의 가증한 물건들로 온 세상을 미혹한다는 것이다.

이 큰 음녀의 정체를 알 수 있는 이름이 그 이마에 기록되어 있다. 그 첫째 이름은 '비밀'이다.[11] 어린 양의 신부요 아내인 새 예루살렘성이 '하나님의 비밀' 그리스도[12]의 도시라면 이 음녀는 사탄과 '불법의 비밀' 적그리스도[13]의 도시다. 그 둘째 이름은 '큰 바벨론'이다.[14] 우상 숭배의 고대 도시 바벨론처럼 하나님을 대적하고 사탄을 숭배하는 도시라는 것이다. 그 셋째 이름이 '땅의 음녀들과 가증한 것들의 어미'다.[15] 이 큰 음녀는 남북 이스라엘을 온통 바알과 아세라 우상 숭배와 음행으로 미혹하고 물들인 아합의 아내 '이세벨' 같은 도시요, 초대 교회에서 발람의 교훈과 같은 니골라당의 음행의 교훈으로 당을 짓고 우상 숭배와 음행으로 미혹하던 거짓 선지자 이세벨과 같은 도시라는 것이다.[16] 곧 한 나라나 교회를 넘어서 온 세계와 온 교회를 사탄과 적그리스도에 대한 우상 숭배와 음행으로 미혹할 도시임을 의미하는 것이다. 이 큰 음녀는 성도들의 피와 예수의 증인들의 피에 취했다.[17] 이것은 이 도시가 수많은 성도들과 예수의 증인들을 피

---

10 계 17:4
11 계 17:5
12 골 2:2
13 살후 2:7
14 계 17:5
15 계 17:5
16 계 2:6, 14-15, 20
17 계 17:6; 18:24

흘려 죽이는 도시라는 것이다. 이 큰 음녀를 '크다'라고 한 것은 도시의 실제 크기보다, 고대 바벨론처럼 온 세계와 온 교회에 미치는 음행의 영향력이 크기 때문이다. 곧 소돔성과 같이 여호와 앞에 '큰 죄인의 도시'[18]이기 때문이다.

그렇다면 이 큰 음녀 도시 바벨론은 어떤 도시를 가리키는 것일까? 교황청 곧 '바티칸 시국'을 가리키는 것으로 보인다. 바티칸은 로마 시내에 있는 면적 0.44km²의 약 900명 인구를 가진 세계에서 가장 작은 도시국가다. 면적으로는 크지 않으나 그를 따르는 나라들이 100개가 넘고 각 나라에 추기경과 주교 등을 두어 많은 나라와 백성들을 통치하는 큰 도시국가다. 이 도시의 영토는 작으나 각 나라와 도시에 미치는 지배력과 영향력은 엄청난 도시다. 그래서 큰 도시라 하는 것이다. 교황 베네딕도 16세는 '가톨릭(천주교)이 모든 교회의 어머니'라 하며 스스로 땅의 음녀들과 가증한 것들의 '어미'임을 시인하고 있다. 《두 개의 바빌론》이라는 책에서는 "모든 종교의 시작이 바벨론으로부터 시작되었고, 가톨릭의 역사는 바로 이 바벨론으로부터 나왔다"라고 말한다. 교황과 추기경들은 자주 빛과 붉은 빛 옷을 입고, 금과 보석과 진주로 꾸미고, 우상 숭배의 온갖 가증한 물건들과 금잔을 들고 미사를 집전하며 수많은 믿음의 사람들을 박해하고 죽였다. 바티칸에는 온갖 사탄의 상징물들이 가득하고, 사탄 의식을 거행하며, 루시퍼를 찬양하는 미사를 올리는 일들이 일어나고 있다고 한다. 적그리스도의 때에는 훨씬 더할 것이다.

---

18 창 13:13

세상 나라의 머리

이 큰 음녀 도시 바벨론은 '일곱 머리와 열 뿔을 가진 붉은 빛 짐승을 타고' 있다.[19] '일곱 머리'는 앞서 설명한 것처럼 과거 현재 미래의 세상 나라와 영광을 대표하는 애굽, 앗수르, 바벨론, 페르시아, 헬라, 로마, 이슬람으로 보이는 나라로, 느부갓네살 신상의 네 나라(바벨론, 페르시아, 헬라, 로마)에다 애굽, 앗수르, 이슬람, 세 나라를 더한 것일 뿐 본질의 차이는 없다고 했다. 이 일곱 나라는 세상 모든 나라를 대표하는 나라들이다. '붉은 빛 짐승'은 그다음 여덟 번째로 등장하는 세상의 마지막 나라로, 적그리스도의 나라다. 땅에 사는 자들이 전에 있었다가 지금은 없으나 장차 나올 이 여덟 번째 나라 붉은 빛 짐승의 나라를 보고 놀랍게(기이하게) 여길 것이라고 했다. '땅에 사는 자들'은 사도 요한 때의 사람들이 아니라 여덟 번째 나라 때의 사람들을 가리킨다. 이 여덟 번째 나라는 '일곱 중에 속한 자'다.[20] 그렇다면 이 여덟 번째 나라 적그리스도의 나라는 일곱 나라(애굽, 앗수르, 바벨론, 페르시아, 헬라, 로마, 이슬람) 중의 어느 나라일까? 다니엘서에서 그 답을 알려 준다. 로마다. 예수님 초림 때 등장한 로마와 같은 재림 때 등장할 두 번째 로마(제2로마)다. '철과 진흙의 나라'다[21]. 지금의 유럽 연합(EU)으로 보인다. 사람들은 수백 년 전에 사라진 로마가 유럽 연합(EU)으로 다시 회생한 것을 보고 놀랍게 여기고 있다.

앞서 일곱 머리와 열 뿔 가진 '짐승' 적그리스도는 그의 '머리들'에 참람

19 계 17:3

20 계 17:11

21 신상의 발, 단 2:34, 41-43

된 이름들이 가득했다.[22] 그런데 똑같이 일곱 머리와 열 뿔을 가진 이 '붉은 빛 짐승'은 그의 '몸'에 참람된 이름들이 가득했다.[23] 그렇다면 이 두 짐승은 같은 짐승인가, 다른 짐승인가, 다르다면 그 차이는 무엇인가? 이 둘은 '머리와 몸'의 관계다. '짐승'[24]이 그 나라의 '머리(주권자)인 적그리스도'를 상징한다면, '붉은 빛 짐승'[25]은 '그의 몸 된 적그리스도의 나라와 백성'을 상징한다. 이것은 교회의 머리이신 예수님과 몸 된 교회를 모방한 것이다.[26] 적그리스도의 나라는, 그 머리 적그리스도와 몸 된 백성들이 한마음 한뜻으로 하나님을 모독한다.[27] 이 붉은 빛 짐승은 장차 무저갱에서 올라와 멸망으로 들어간다.[28] 짐승(적그리스도)의 뒤를 따라 그의 나라(붉은빛 짐승)도 함께 멸망하는 것이다.[29] 세상 나라와 영광은 잠시 흥하는 듯하고 죽었다가 부활하는 것처럼 보여도 그 마지막은 결국 비참한 멸망이다. 붉은 빛 짐승에 달린 '10뿔'은 적그리스도의 나라에서 일어날 열 왕들로서[30] 한뜻으로 적그리스도에게 자기의 능력과 권세를 줄 것이다.[31] 지금 유엔은 세계를 10개 권역으로 나누고 있다.[32]

큰 음녀 바벨론이 이 붉은 빛 짐승을 타고 앉은 것은, 큰 성 바벨론이 적

---

22 계 13:1
23 계 17:3
24 계 13:1
25 계 17:3
26 골 1:18
27 계 13:6; 17:3
28 계 17:8, 11
29 계 19:20
30 단 7:24
31 계 17:13
32 2009년 유엔에서 발행한 은화에는 10개 권역으로 나눈 세계 지도가 그려져 있다.

그리스도의 나라와 백성들 위에 군림(왕 노릇)하는 것을 의미한다. 성도들이 천년 왕국에서 주님과 함께 왕 노릇하는 것을 모방하는 것이다. 이 큰 성 바벨론은 '땅의 왕들을 다스리는 큰 성'[33]으로, 시날 평지의 '바벨'이 니므롯의 여러 도시 국가들 중 수도 국가였던 것처럼, 적그리스도의 여러 나라들(열 뿔) 중 수도 국가 역할을 하는 도시다. 느부갓네살 신상의 머리가 바벨론이다.[34] 이 큰 성 바벨론은 세상 모든 나라의 머리 되는 도시 국가다. 새 예루살렘성이 하나님 나라의 수도라면, 큰 성 바벨론은 세상 나라의 수도다.

적그리스도의 신부

큰 음녀 바벨론은 세상 나라의 머리이나, 적그리스도의 머리인 것은 아니다. 오히려 적그리스도의 신부와 같은 도시다. 요한계시록에 두 여자와 두 도시가 나온다. 어린 양의 아내요 신부인 새 예루살렘성과 큰 음녀 바벨론성이다. '새 예루살렘성'이 어린 양 예수님과 연합하여 하나님과 어린 양을 섬기는 '어린 양의 신부'의 도성이라면,[35] '큰 바벨론성'은 적그리스도와 연합하여 사탄과 적그리스도를 숭배하는 '적그리스도의 신부'의 도성이다. 새 예루살렘성은 어린 양의 신부이지 머리가 아니다. 머리는 그리스도다. 그와 같이 큰 바벨론성은 적그리스도의 신부이지 머리가 아니다. 머리는 적그리스도다. 적그리스도는 보통 머리가 아니다. '하늘'(영적 세계)에서 용으로부터 권세와 능력과 보좌를 받고 '땅'에서 열 뿔로부터 권세를

---

33 계 17:18
34 단 2:38
35 계 21:9

받고, '무저갱'(지옥)에서 무저갱의 왕의 권세를 받은 최고의 왕이다.[36] 이처럼 큰 권세를 가진 적그리스도의 나라와 백성을 이 큰 음녀가 타고 앉아 말(馬)이나 차를 조종하듯 적그리스도의 나라와 백성 위에 하늘의 여왕 행세를 하며 왕 노릇하고 그들과 행음하니[37] 적그리스도가 그 교만과 음행을 징벌하게 되는 것이다. 결국 적그리스도와 열 뿔의 미움을 받아 수치와 불사름을 당하고 만다.

유럽의회 앞에는 '짐승을 타고 앉은 여자' 형상의 동상이 있고 2유로 동전에도 그와 같은 그림이 있다. 이것은 유럽(Europe) 대륙이 흰 소로 변한 제우스를 타고 유럽 대륙으로 건너온 '에우로페'의 전설에서 나온 것을 표현한 것인데, 유럽 연합(EU)이 큰 음녀 교황청을 등에 태운 '적그리스도의 나라'임을 상징적으로 보여 주는 것은 아닐까?

36 계 9:11; 13:2; 17:12

37 계 18:7

2. 큰 성 바벨론의 심판(계 18:1-24)

"이 일 후에 다른 천사가 하늘에서 내려오는 것을 보니 큰 권세를 가졌는데 그의 영광으로 땅이 환하여지더라 힘센 음성으로 외쳐 가로되 무너졌도다 무너졌도다 큰 성 바벨론이여 귀신의 처소와 각종 더러운 영의 모이는 곳과 각종 더럽고 가증한 새의 모이는 곳이 되었도다 그 음행의 진노의 포도주를 인하여 만국이 무너졌으며 또 땅의 왕들이 그로 더불어 음행하였으며 땅의 상고들도 그 사치의 세력을 인하여 치부하였도다 하더라 또 내가 들으니 하늘로서 다른 음성이 나서 가로되 내 백성아, 거기서 나와 그의 죄에 참예하지 말고 그의 받을 재앙들을 받지 말라 그 죄는 하늘에 사무쳤으며 하나님은 그의 불의한 일을 기억하신지라 그가 준 그대로 그에게 주고 그의 행위대로 갑절을 갚아주고 그의 섞은 잔에도 갑절이나 섞어 그에게 주라 그가 어떻게 자기를 영화롭게 하였으며 사치하였든지 그만큼 고난과 애통으로 갚아 주라 그가 마음에 말하기를 나는 여황으로 앉은 자요 과부가 아니라 결단코 애통을 당하지 아니하리라 하니 그러므로 하루 동안에 그 재앙들이 이르리니 곧 사망과 애통과 흉년이라 그가 또한 불에 살라지리니 그를 심판하신 주 하나님은 강하신 자이심이니라 그와 함께 음행하고 사치하던 땅의 왕들이 그 불붙는 연기를 보고 위하여 울고 가슴을 치며 그 고난을 무서워하여 멀리 서서 가로되 화 있도다 화 있도다 큰 성, 견고한 성 바벨론이여 일시간에 네 심판이 이르렀다 하리로다 땅의 상고들이 그를 위하여 울고 애통하는 것은 다시 그 상품을 사는 자가 없음이라 그 상품은 금과 은과 보석과 진주와 세마포와 자주 옷감과 비단과 붉은 옷감이요 각종 향목과 각종 상아 기명이요 값진 나무와 진유와 철과 옥석으로 만든 각종 기명이요 계피와 향료와 향과 향유와 유향과 포도주와 감람유와 고운 밀가루와 밀과 소와 양과 말과 수레와 종들과 사람의 영혼들이라 바벨론아 네 영혼의 탐하던 과실이 네게서 떠났으며 맛있는 것들과 빛난 것들이 다 없어졌으니 사람들이 결코 이것들을 다시 보지 못하리로다 바벨론을 인하여 치부한 이 상품의 상고들이 그 고난을 무서워하여 멀리 서서 울고 애통하여 가로되 화 있도다 화 있도다 큰 성이여 세마포와 자주와 붉은 옷을 입고 금과 보석과 진주로 꾸민 것인데 그러한 부가 일시간에 망하였도다 각 선장과 각처를 다니는 선객들과 선인들과 바다에서 일하는 자들이 멀리 서서 그 불붙는 연기를 보고 외쳐 가로되 이 큰 성과 같은 성이 어디 있느뇨 하며 티끌을 자기 머리에 뿌리고 울고 애통하여 외쳐 가로되 화 있도다 화 있도다 이 큰 성이여 바다에서 배 부리는 모든 자들이 너의 보배로운 상품을 인하여 치부하였더니 일시간에 망하였도다 하늘과 성도들과 사도들과 선지자들아 그를 인하여 즐거워하라 하나님이 너희를 신원하시는 심판을 그에게 하셨음이라 하더라 이에 한 힘센 천사가 큰 맷돌 같은 돌을 들어 바다에 던져 가로되 큰 성 바벨론이 이같이 몹시 떨어져 결코 다시 보이지 아니하리로다. 또 거문고 타는 자와 풍류하는 자와 퉁소 부는 자와 나팔 부는 자들의 소리가 결코 다시 네 가운데서 들리지 아니하고 물론 어떠한 세공업자든지 결코 다시 네 가운데서 보이지 아니하고 또 맷돌 소리가 다시 네 가운데서 들리지 아니하고 등불 빛이 결코 다시 네 가운데서 비취지 아니하고 신랑과 신부의 음성이 결코 다시 네 가운데서 들리지 아니하리로다 너의 상고들은 땅의 왕족들이라 네 복술을 인하여 만국이 미혹되었도다 선지자들과 성도들과 및 땅 위에서 죽임을 당한 모든 자의 피가 이 성중에서 보였느니라 하더라"(계 18:1-24)

이 땅에는 두 나라가 있다. 하나님 나라와 세상 나라다. 하나님 나라는 하나님과 우리 주 예수 그리스도의 통치 아래 있는 나라요, 세상 나라는 공중의 권세 잡은 임금 사탄의 권세 아래 있는 나라로 하나님 나라를 대적한다. 느부갓네살이 본 신상의 꿈[1]은 이 두 나라의 시작과 결말을 보여 준다. 느부갓네살이 본, 4개의 금속과 1개의 진흙(금, 은, 놋, 철과 진흙)으로 이루어진 신상은 세상 나라를 상징하며, 신상을 깨뜨린 '돌'은 하나님 나라의 주인이신 예수 그리스도를 상징한다. 세상 나라의 시작은 금과 같이 찬란하고 창대하나 갈수록 그 영광의 빛은 쇠퇴하다가 결국 진흙으로 돌아간다. "너는 흙이니 흙으로 돌아갈 것"[2]이라는 말씀대로 그 마지막은 멸망인 것이다. 그와 반대로 하나님 나라는 그 시작이 겨자씨와 같이 미약해 보이지만 그 마지막은 창대하고 영원하다.[3] 세상 나라는 사람들을 유익하게도 하고 보호하기도 하지만 마침내 우상같이 멸망하고 만다. 세상 나라에 대한 지나친 기대나 소망을 갖지 말고 영원하신 하나님 나라를 바라보

1 단 2:28-45
2 창 3:19
3 마 13:31; 단 2:44; 7:18

아야 한다. 하나님 나라를 대적하던 '세상 나라의 머리'가 바벨론이다. 그 성은 비참하게 멸망한다. 그를 따르던 모든 세상 나라도 그같이 된다.

그렇다면 마지막 재앙(일곱 대접 재앙) 중의 마지막 재앙인 일곱째 대접 재앙[4] 때 세상 나라의 머리 큰 음녀 바벨론성은 어떻게 멸망하는가? '하루 동안에',[5] '한 시간에'[6] 멸망한다고 했다. 이 세상 모든 나라와 그 영광을 대표하는 큰 성 바벨론의 부와 영광은 한순간에 갑작스럽게 사라진다. "바벨론아 네 영혼의 탐하던 과실이 네게서 떠났으며 맛있는 것들과 빛난 것들이 다 없어졌으니 사람들이 결코 이것들을 다시 보지 못하리로다"[7] '네 영혼의 탐하던 과일'은 영적으로는 '선악과'를 의미한다. 큰 성 바벨론에는 선악과가 상징하는 모든 탐욕의 죄악들이 그 가운데 가득했으나 그 모든 것들이 큰 성 바벨론의 멸망과 함께 한순간에 소멸되고 만다. 하루 동안에, 한 시간에 망한다는 것은 신속한 멸망을 강조하는 수사적 표현에 그치는 것이 아니다. 하루 동안에 멸망한 소돔과 고모라처럼 실제로 그렇게 될 수 있다. 사도 요한 당시에도 폼페이는 베스비우스 화산 폭발로 하루 만에 4m의 화산재가 쌓이며 순식간에 멸망하고 말았다(A.D. 79년). 지금도 핵무기로 인해 한순간에 멸망하는 것이 어려운 일은 아니다. 사람들이 평안하다 안전하다 할 그때에 잉태된 여자에게 해산의 고통이 이름과 같이 멸

---

4 계 16:17-21
5 계 18:8
6 계 18:10, 17, 19
7 계 18:14

망에 홀연히 이른다고 했다.[8] 전혀 생각하지 못하고 예기치 못한 순간에 큰 성 바벨론의 모든 영광은 한순간에 사라지고 더 이상 볼 수 없게 된다.[9] 세상 영광이란 그런 것이다. 이 세상이나 세상에 있는 것들은 모두 나그네와 같이 지나가는 것들이다.[10]

전 세계인의 삶에 큰 영향을 미치며 세상 나라와 영광을 대표하던 큰 성 바벨론의 갑작스런 멸망은, 세상의 자랑과 영광이 얼마나 허망한지를 보여 준다. 잠시 있다가 사라질 안개와 그림자와 같고, 아침에 돋았다가 저녁에 벤 바 되어 마르는 풀과 같은 세상 나라와 영광에 헛된 소망을 두지 말아야 한다.

소돔성이 한순간에 불로 멸망한 것처럼, 큰 성 바벨론은 불 심판으로 멸망한다. "불에 살라지리니",[11] "불타는 연기를 보고"[12]라고 했다. 큰 성 바벨론이 하루 동안에, 한 시간에 갑작스럽게 멸망하는 것은 불 심판 때문이다. 노아의 때에 세상이 물로 멸망했다면 적그리스도의 때에 세상은 불로 멸망한다. 지금 이 시대는 순식간에 도시 하나를 초토화시킬 수 있는 가공할 무기들이 있고 지구를 몇 번이라도 멸망시킬 수 있는 핵무기들이 있다. 물로 멸망하면 흔적이라도 남지만, 불로 멸망하면 흔적도 찾을 수 없다. 재만 남을 뿐이다. 히로시마에 원자 폭탄이 터졌을 때 실제로 그러했

8 살전 5:3
9 계 18:14, 21-23
10 요일 2:15
11 계 18:8
12 계 18:9, 18

다. 큰 성 바벨론이 불로 멸망하는 것은 흔적을 찾을 수 없는 '철저한 멸망'을 의미한다.

불 심판의 목적은 깨끗케 하려는 것이다. 물과 불과 피는 '성도'와 '세상'을 정결케 하는 세 가지 '정결 도구'다.[13] 하나님은 온갖 죄악으로 더러워진 노아와 롯의 때의 세상을 물 심판과 불 심판으로 깨끗케 하시고, 북이스라엘의 여로보암의 집과 바아사의 집과 아합의 집을 피로써 '거름 더미같이' 깨끗케 하셨다.[14] 하나님은 십자가의 피로 '성도'를 깨끗케 하시고 물 세례와 불 세례,[15] 그리고 물시험과 불시험[16]으로 깨끗케 하신다.

큰 성 바벨론의 멸망은 결코 다시 일어설 수 없는 영원한 멸망이다. 바벨론의 멸망이 얼마나 철저하고 완전하고 회복 불가능한 영원한 멸망인지 확실히 보여 주기 위해 한 힘센 천사가 큰 맷돌 같은 돌을 들어 바다에 던지며 이렇게 선언한다. "이에 한 힘센 천사가 큰 맷돌 같은 돌을 들어 바다에 던져 가로되 큰 성 바벨론이 이같이 몹시 떨어져 결코 다시 보이지 아니하리로다"[17] '큰 맷돌 같은 돌'은 큰 성 바벨론을 상징한다. 큰 성 바벨론은 큰 맷돌같이 수많은 세상 사람들이 크게 의지하며 두려워하던 우상 같은 존재였다. 그러나 크고 무거운 맷돌이 바다에 빠지면 다시는 영원히

---

13 창세기 7장; 19장
14 왕상 14:10; 16:3; 21:21-22
15 마 3:11
16 민 31:23
17 계 18:21

떠오를 수 없는 것처럼 큰 성 바벨론과 세상 나라는 다시 역사의 무대에 나타나지 못하는 것이다. 21절부터 23절에서 '결코 다시'라는 단어가 6번 반복되고 있고, 14절까지 합치면 7번이다. 바벨론의 멸망이 영원한 멸망이라는 것을 7번이나 반복 강조한 것이다. 바벨론의 부와 영광[18]은 결코 다시 볼 수 없다.[19]

그렇다면 큰 성 바벨론은 누구에 의해 멸망하는가? 적그리스도와 열 뿔에 의해 멸망한다. "네가 본 바 이 열 뿔과 짐승이 음녀를 미워하여 망하게 하고 벌거벗게 하고 그 살을 먹고 불로 아주 사르리라 하나님이 자기 뜻대로 할 마음을 저희에게 주사 한 뜻을 이루게 하시고 저희 나라를 그 짐승에게 주게 하시되 하나님 말씀이 응하기까지 하심이니라"[20] 큰 음녀 바벨론과 행음하던 열 왕들과 적그리스도는, 태도를 돌변하여 한마음 한뜻으로 음녀를 미워하여 망하게 할 것이다. 바벨론의 수치를 다 드러내고, 불사를 것이다. 미디안 군사들이 자기들끼리 칼날로 친 것처럼.[21] 적그리스도와 열 뿔이 음녀를 미워하여 망하게 하고 불사르는 이유는 무엇인가? 앞서 말한 것처럼 이 큰 음녀 바벨론이 이 붉은 빛 짐승 곧 적그리스도의 나라와 백성을 타고 앉아 여왕 행세를 하며 왕 노릇하고 수많은 음행을 저질렀기 때문이다.[22] 그 교만과 음행이 절정에 달하여 더 이상 용납할 수 없는 지경에 이르자 자신과 음행하던 자들로부터 미움을 받아 수치 가운데

---

18 계 18:12-13, 16, 22
19 계 18:14, 21-23
20 계 17:16-17
21 삿 7:22
22 계 17:15

불타게 되는 것이다.[23] 북이스라엘과 유다가 자신들이 음행하던 앗수르와 바벨론에 의해 멸망한 것처럼. 큰 성 바벨론은 하나님의 심판으로 멸망한다.[24] "그를 심판하시는 주 하나님은 강하신 자"[25]라고 했다.

큰 성 바벨론은 하나님의 맹렬한 진노의 포도주 잔을 받아 멸망한다.[26] 큰 성이 세 갈래로 갈라지고, 만국의 성들이 무너지는 전무후무한 큰 지진이 일어나고 무게가 한 달란트[27]나 되는 큰 우박이 내린다.[28] 큰 지진, 큰 우박이 도시를 강타하여 큰 충격과 떨림이 온 도시를 강타할 것이다. 그 마지막은 불 심판이다. 하나님은 강하시므로 바벨론이 그 심판의 잔을 마시지 않고 피할 수 있는 길은 없다.

큰 성 바벨론이 이처럼 하나님의 심판을 받아 비참하게 멸망하는 이유는 무엇인가? 우상 숭배의 처소가 되었기 때문이다.[29] 영적 음행 곧 우상 숭배 때문이다. 자기를 여왕처럼 높이고 자기를 영화롭게 하는 교만과 사치와 향락 때문이다.[30] 성도들과 사도들과 선지자들의 피를 흘렸기 때문이

---

23 계 17:16
24 계 18:2
25 계 18:8
26 계 16:19
27 구약 시대에는 약 34㎏, 바벨론은 약 60㎏, 신약 시대 헬라 계통의 달란트는 약 20㎏. (출처: 《라이프 성경사전》)
28 계 16:18-21
29 계 18:2-3
30 계 18:7

다.[31] "하나님이 너희를 신원하시는 심판을 그에게 하셨음이라"[32]라고 했다. 하나님께서 성도들의 피를 신원하신 것이다.[33] 우상 숭배의 죄와 성도들을 핍박하고 죽인 죄가 바벨론 멸망의 가장 큰 원인이다. 성도를 핍박하고 죽이며[34] 우상을 숭배하고,[35] 교만과 사치와 향락을 일삼은[36] 바벨론의 죄악은 하늘에 사무쳤다.[37] 그 죄를 하나님이 기억하셨다.[38] 하나님께서 큰 성 바벨론이 사치하고 자기를 영화롭게 한 만큼 고통과 애통으로 갚아 주라고 하셨다. 그의 행위대로 갑절을 갚아 주라고 말씀하셨다. 욥이 믿음의 행위대로 갑절의 복을 받은 것과 정반대로, 큰 음녀 바벨론은 그 악행대로 갑절로 심판받는 것이다. 그래서 큰 성 바벨론에 고통과 애통이 찾아오는 것이다.[39] 그들이 그만큼 많은 성도들과 사도들과 선지자들에게 고통을 주고 애통하게 했기 때문이다. 큰 성 바벨론에 사망과 흉년이 찾아오는 것[40]은 그만큼 많은 성도를 죽이고 주리게 했기 때문이다. 하나님께서 큰 성 바벨론이 행한 그 모든 악행을 따라 그대로 갚으신 것이다. 큰 성 바벨론의 멸망은 장자의 죽음으로 멸망한 애굽과 같다.

바벨론의 멸망을 지켜보던 자들은 감히 가까이 다가가지 못하고 멀리

---

31 계 18:20; 19:2
32 계 18:20
33 계 6:10; 19:2
34 계 17:6; 18:24
35 계 17:2, 4; 18:23
36 계 17:4; 18:7
37 계 18:5
38 계 16:19
39 계 18:7
40 계 18:8

서서 울며 애통한다.[41] 함께 불탈까 두려워서다. 하나님은 자기 백성들을 향해 큰 성 바벨론에서 나와 그의 죄에 참여하지 말고 그가 받을 재앙들을 받지 말라고 말씀하신다.[42] 그의 죄에 참여하면 하나님의 심판을 피할 수 없기 때문이다.[43] 그와 함께 망하는 것이다. 큰 성 바벨론은 소돔과 고모라와 같은 큰 죄악의 도시다. 롯과 그의 가족들은 그곳에서 속히 나오지 않고 지체했다. 롯의 아내는 소돔성에 대한 미련 때문에 뒤돌아보다가 소금 기둥이 되고 말았다. 생명보다 소중한 것이 어디 있겠는가? 성도들은 마지막 때 멸망하는 세상 나라에서 나와서 하나님께서 예비하신 광야(피난처)로 가서 주께서 긍휼히 여기실 때까지 그곳을 떠나지 말아야 한다.[44] 그곳은 '광야'다. 불편하고 볼품없고 세상의 화려함도 영광도 없다. 그러나 그곳에는 하나님의 임재와 살아 계신 하나님의 역사가 있다. 롯의 아내와 같이 뒤돌아보는 자, 세상 나라와 영광에 대한 미련을 버리지 못하는 자들에게는 슬픔과 고통과 애통과 멸망이 있을 것이다.

국가가 붕괴되고 10개 권역의 세계 정부가 탄생하면 세상 사람들은 세계가 하나 되고 세계 시민이 되었다고 손에 손잡고 기뻐 노래할 것이다. 그러나 하나님과 그리스도를 대적하고 사탄과 적그리스도를 숭배하던 세상 나라는 영원히 멸망하고 만다.

---

41 계 18:9, 11, 15, 19
42 계 18:4
43 계 18:5-6
44 계 12:6, 14

제11장 혼인 잔치 예고와
예수 그리스도의 재림(19장)

이 땅에서 큰 성 바벨론에 대한 심판과 멸망이 찾아오면 하늘에서는 이를 크게 기뻐하며 어린 양의 혼인 잔치를 예고하는 음성이 들리게 된다. 그 후 어린 양 예수님의 재림으로 세상 모든 나라는 멸망한다.

1. 어린 양의 혼인 잔치 예고(계 19:1-10)

> "이 일 후에 내가 들으니 하늘에 허다한 무리의 큰 음성 같은 것이 있어 가로되 할렐루야 구원과 영광과 능력이 우리 하나님께 있도다 그의 심판은 참되고 의로운지라 음행으로 땅을 더럽게 한 큰 음녀를 심판하사 자기 종들의 피를 그의 손에 갚으셨도다 하고 두번째 가로되 할렐루야 하더니 그 연기가 세세토록 올라가더라 또 이십사 장로와 네 생물이 엎드려 보좌에 앉으신 하나님께 경배하여 가로되 아멘 할렐루야 하니 보좌에서 음성이 나서 가로되 하나님의 종들 곧 그를 경외하는 너희들아 무론대소하고 다 우리 하나님께 찬송하라 또 내가 들으니 허다한 무리의 음성도 같고 많은 물소리도 같고 큰 뇌성도 같아서 가로되 할렐루야 주 우리 하나님 곧 전능하신 이가 통치하시도다 우리가 즐거워하고 크게 기뻐하여 그에게 영광을 돌리세

어린 양의 혼인 기약이 이르렀고 그 아내가 예비하였으니 그에게 허락하사 빛나고 깨끗한 세마포를 입게 하셨은즉 이 세마포는 성도들의 옳은 행실이로다 하더라 천사가 내게 말하기를 기록하라 어린 양의 혼인 잔치에 청함을 입은 자들이 복이 있도다 하고 또 내게 말하되 이것은 하나님의 참되신 말씀이라 하기로 내가 그 발 앞에 엎드려 경배하려 하니 그가 나더러 말하기를 나는 너와 및 예수의 증거를 받은 네 형제들과 같이 된 종이니 삼가 그리하지 말고 오직 하나님께 경배하라 예수의 증거는 대언의 영이라 하더라"(계 19:1-10)

땅을 더럽히고 하나님의 종들의 피를 흘린 큰 음녀 바벨론성의 심판[1]에 대한 하늘과 땅의 반응은 대조적이다. 이 땅에는 슬픔과 애통과 충격이 가득하나 하늘에서는 이 심판의 합당함을 칭송하는 허다한 무리의 기쁨의 찬송이 가득하다.[2] 짐승의 우상에게 경배하고 그 표를 받은 자들에게 '고난의 연기'가 세세토록 올라갔다면,[3] 천국에서는 할렐루야에서 시작하여 할렐루야로 끝나는 '찬양의 연기'(향연)가 세세토록 올라간다.[4]

이십사 장로와 네 생물은 보좌에 앉으신 하나님께 엎드려 경배하며 "아멘, 할렐루야!"로 이 찬양에 화답하고[5] 보좌에서는 "하나님의 종들 곧 그를 경외하는 너희들아 무론대소하고 다 우리 하나님께 찬송하라"라는 음성

---

1 계 16:17-18:24
2 계 19:1-2
3 계 14:11
4 계 19:3
5 계 19:4

이 들려온다.[6] 하나님을 찬송하라는 뜻의 '할렐루야'가 세 번, 하나님께 찬송하라는 단어가 한 번, 네 번이나 하나님을 찬양하라고 말한다. 큰 음녀 바벨론에 대한 하나님의 심판이 천국에서 얼마나 큰 찬송의 제목인지 보여 준다.

큰 음녀 바벨론성의 심판에 대한 하늘의 찬양에 이어, 또다시 '할렐루야'로 시작되는 많은 물소리와도 같고 큰 우렛소리와도 같은 하늘의 허다한 무리의 큰 기쁨의 음성이 들려온다. "할렐루야 주 우리 하나님 곧 전능하신 이가 통치하시도다 우리가 즐거워하고 크게 기뻐하여 그에게 영광을 돌리세 어린 양의 혼인 기약이 이르렀고 그 아내가 예비하였으니"[7] 주 하나님의 통치와 어린 양의 혼인 기약이 이른 것을 축하하는 하늘의 음성이다. 주 하나님의 통치는 20장에 기록된 '그리스도의 나라' 천년 왕국이 이른 것을 말하며, '어린 양의 혼인 기약'은 21, 22장과 관련된다.

'큰 음녀 바벨론의 멸망'과 대조적인 사건이 '어린 양의 혼인 잔치'다. 이 잔치의 '혼주'는 그 아들을 위하여 혼인 잔치를 준비하신 '하나님 아버지'[8]요, '신랑'은 세상 죄를 지고 가신 하나님의 어린 양 '예수님'[9]이요, '신부'(아내)는 '새 예루살렘성'[10]과 그것이 상징하는 어린 양 예수님의 피로 사신 '교회'이다. 교회의 성도와 대표자들을 상징하는 존재가 네 생물과 이십사 장로들이다.

---

6 계 19:5
7 계 19:6-7
8 마 22:2
9 요 1:29
10 계 21:9-10

어린 양 예수님과 그 신부요 아내인 새 예루살렘성이 혼인한다는 것은 어린 양 예수님이 새 예루살렘성이라는 도시와 결혼한다는 의미가 아니다. “내가 들으니 보좌에서 큰 음성이 나서 가로되 보라 하나님의 장막이 사람들과 함께 있으매 하나님이 저희와 함께 거하시리니 저희는 하나님의 백성이 되고 하나님은 친히 저희와 함께 계셔서”[11]라고 했다. 신랑과 신부가 결혼하여 함께 사는 것처럼, 어린 양 예수님이 새 예루살렘성에서 그것이 상징하는 ‘교회와 영원히 함께 사는 것’을 의미한다. ‘함께’라는 단어가 세 번 반복되고 있다. 함께한다는 것은, 혼인한 신랑과 신부가 결혼하여 둘이 하나 되고 한 가정을 이루며 연합하고 동거하여 서로 사랑하고 신뢰하며 서로를 알아 가는 것처럼, 어린 양 예수님과 신부인 교회가 하나님 아버지를 모시고 온전히 연합하고 동거하여 서로 사랑하고 신뢰하며 ‘영원히 서로 알아 가는 것’을 의미한다. 이것이 ‘영생’이다.[12]

“또 이 산에서 모든 민족의 그 가리워진 면박과 열방의 그 덮인 휘장을 제하시며”[13]라고 했다. 이스라엘의 결혼식 때 신랑이 신부의 면사포(베일, 가린 수건)를 벗기고 서로의 얼굴을 마주 대하며 밝히 보는 것처럼, 지금은 우리가 수건을 가린 것같이 부분적으로 주님을 알고 있지만 그때에는 얼굴과 얼굴을 마주 대하여 보는 것처럼 주님을 온전히 알게 될 것이다. 부활 때에는 장가도 시집도 아니 가고 하늘의 천사들과 같다고 했으니[14] 혼인의 의미는 육적인 것이 아니라 영적인 것으로 ‘영적 연합’을 의미한다.

---

11 계 21:3
12 요 17:3
13 사 25:7
14 마 22:30

이 땅의 혼인은 죽음이 서로를 갈라놓지만, 어린 양 예수님과 그의 신부요 아내인 교회의 혼인은 죽음이 영원히 갈라놓지 못한다. 하나님께서 '사망을 영원히 멸하실 것'[15]이기 때문이다. 어린 양과 그의 신부요 아내인 영광스러운 교회는 영원한 영적 연합을 이룰 것이다.

이 잔치에 준비된 것은 무엇인가? 가장 먼저 '신부'가 준비되었다. "그(어린 양) 아내(신부)가 예비하였으니"[16]라고 했다. 어떻게 예비했는가? "또 내가 보매 거룩한 성 새 예루살렘이 하나님께로부터 하늘에서 내려오니 그 예비한 것이 신부가 남편을 위하여 단장한 것 같더라"[17] 신부가 남편을 위하여 단장한 것같이 철저히 예비했다. 신부가 남편을 위하여 단장한 것같이 단장한 모습이 요한계시록 21장 11-27절에 기록되어 있다.

신부 단장이 끝나지도 않았는데 어린 양의 혼인 잔치를 할 수 없다. 따라서 어린 양의 혼인 잔치는 신부 단장이 끝난 후 곧 새 하늘 새 땅이 창조되고 새 예루살렘성이 내려온 후 시작된다. 혼인 잔치에 들어간다는 것은 어린 양의 신부인 새 예루살렘성이 있는 곳으로 들어간다는 것을 의미한다. 따라서 모든 성도가 새 예루살렘성에 들어간 후에 잔치가 시작될 것이다. 어린 양의 혼인 잔치는 예수님이 재림하신 후 천년 왕국이 끝나고 새 예루살렘성이 내려온 후 그곳에서 벌어진다. 물론 천년왕국 때 그 예표가 되는 잔치를 벌일 수 있겠지만. 그렇다면 왜 이처럼 일찍 어린 양의 혼인 잔치를 예고하는 것인가? 주께는 하루가 천년 같고 천년이 하루 같다고

15 사 25:8; 계 21:4
16 계 19:7
17 계 21:2

했다.[18] 천년 왕국도 주께는 하루 이틀에 불과하기 때문이다.

이 잔치에 준비된 주 음식이 '고기와 포도주'다. "만군의 여호와께서 이 산에서 만민을 위하여 기름진 것과 오래 저장하였던 포도주로 연회를 베푸시리니 곧 골수가 가득한 기름진 것과 오래 저장하였던 맑은 포도주로 하실 것"[19]이라고 했다. '기름진 것'은 고기를 의미한다. 그것도 '골수가 가득한 기름진' 고기다. 포도주도 보통 포도주가 아니라 '오래 저장하였던 맑은 포도주'가 준비된다. 최상의 고기와 최상의 포도주가 준비되는 것이다. 이 최상의 고기와 포도주는 세상 죄를 지고 가신 하나님의 유월절 어린 양 예수님의 '살과 피'를 상징한다.[20] 예수님이 고기를 대신한 떡과 포도주로 기념하신 '성찬식'[21]은, 과거의 '유월절 잔치'의 성취를 기념하는 것이요, 현재의 '복음의 잔치'를 보여 주는 것이며, 미래의 '하나님의 나라에서 이룰 유월절 잔치'[22]인 어린 양의 혼인 잔치를 예표하는 것이다. 떡과 포도주가 상징하는 것은 예수님의 삶과 희생이다. 그것은 이 땅에서와 어린 양의 혼인 잔치에서와, 혼인 잔치가 예표하는 영원한 천국 생활에서 영원한 주제가 된다.

'어린 양의 혼인 잔치'는 약속의 땅에 들어온 이스라엘 백성들이 옛 광야 생활을 추억하며 지키던 '장막절(초막절) 잔치'와 같다. 어린 양의 피로 구원받아 약속의 나라 새 예루살렘성에 들어가 영원한 장막을 치고 하나님

---

18 벧후 3:8

19 사 25:6

20 요 6:54, 56

21 마 26:26-29

22 눅 22:16

을 섬기는 성도들은 광야와 같은 이 땅의 삶을 추억하며 천국의 장막절을 지킬 것이다.

그렇다면 이 어린 양의 혼인 잔치를 위해 '우리가 준비해야 할 것'은 무엇인가? "기록하라 어린 양의 혼인 잔치에 청함을 받은 자들은 복이 있도다"[23]라고 했다. 먼저 청함을 받아야 한다. 청함을 받는다는 것은 혼인 잔치의 초대장을 받는 것을 의미한다. 유대인들은 이 하나님의 초대장을 거부했다. 그러나 믿는 자들은 이 초대장을 받아들인 자들이다. 그러나 이것이 끝이 아니다. "청함을 받은 자는 많되 택함을 입은 자는 적으니라"[24]라고 했다. 청함을 받았으면 '택함'도 받아야 한다. 받은 초대장을 가지고 새 예루살렘성의 혼인 잔치에 들어가야 하는 것이다. 그러기 위해서는 어떻게 해야 하는가? 유대인들이 혼인 잔치에 들어가기 위해서 반드시 '자기 옷'이 아닌 혼주가 미리 내어 준 '예복'을 입고 가야 하듯이, 어린 양의 혼인 잔치에 들어가기 위해서는 반드시 '자기 옷'이 아닌 혼주이신 하나님께서 내려 주신 '예복'을 입어야 한다. 예복을 입지 않고 자기 옷을 입고 가면 잔치 자리에서 쫓겨난다.[25] 이 예복은 하나님께서 어린 양의 아내에게 입도록 허락하신 '빛나고 깨끗한 세마포 옷'[26]이다. 이 흰 세마포 옷은 어린 양 예수님의 피로 씻어 희게 된 예수 그리스도의 '의의 옷'[27]으로 예수 그리스도를 믿는 '믿음의 옷'[28]을 상징한다. 안타깝게도 유대인들은 예수님을

23 계 19:9
24 마 22:14
25 마 22:11-13
26 계 19:8
27 계 7:14
28 롬 3:22; 10:6

믿지 않고 거절했다. 의의 옷인 믿음의 옷을 거절하고 자기 옷을 고집한 것이다. '자기 의'를 세우려고 힘써 '하나님의 의'에 복종하지 않았다.[29] 하나님이 주시는 예복을 거절하고 '율법의 의'라고 하는 '자기 옷'을 입고 가려 한 것이다. 그러면 결국 혼인 잔치 자리에서 쫓겨날 수밖에 없다.[30]

하나님이 주시는 예복인 흰 세마포 예복 곧 믿음의 옷을 준비해야 한다. 이 세마포 예복을 '빛나고 깨끗'하게 준비해야 한다. 날마다 자기 두루마기를 깨끗하게 빨아야 깨끗해진다.[31] 어린 양의 피에 그 두루마기 옷을 씻어 희게 해야 한다.[32] 이것은 날마다 회개하라는 것이다. 그래야 세마포 옷이 깨끗해진다. 그러면 어떻게 빛날 수 있을까? 착한 행실 곧 믿음의 행실이 세마포를 빛나게 한다. 예수님은 성도를 '세상의 빛'이라고 하시며 너희의 '착한 행실'로 하나님께 영광을 돌리게 하라고 말씀했다.[33] 빛을 내는 삶은 하나님께 영광 돌리는 '착한 행실'이다. 곧 '성도의 옳은 행실'[34]이다. 세상적 선행이 아니라 '믿음의 옳은 행실'이다. 곧 말씀에 따라 순종하는 옳은 행실이다. 이것이 세마포를 빛나게 한다.

'빛나고 깨끗한 세마포 옷'은 어린 양의 신부요 아내인 새 예루살렘성이 입은 옷(단장한 모습)과 같다. 새 예루살렘성은 길이와 너비와 높이가 똑같다. 이것은 '말씀과 믿음과 행실'이 조화를 이룬 교회(성도)의 모습을 상징한다. '빛나고 깨끗한 세마포 옷'이란 바로 이 말씀과 믿음과 행실이 조

29 롬 10:3
30 마 22:13
31 계 22:14
32 계 7:14
33 마 5:16
34 계 19:8

화를 이룬 '참믿음'이다. 세상적 선행이 아니라, 말씀을 믿고 행하는 믿음의 선한 행위를 말한다. 이러한 참믿음의 예복을 준비하기 위해서는 참믿음의 도를 보여 주신 '믿음의 주'요 온전케 하시는 예수님[35]을 본받아 살아야 한다. 예수님을 본받아 살다 보면 어린 양의 혼인 잔치에 들어갈 합당한 예복이 준비될 것이다.

믿지 않는 자들은 어린 양의 혼인 잔치 대신에 새들이 사람의 시체로 배불리는 '하나님의 큰 잔치'[36] 곧 하나님의 진노의 잔치에 들어가 새들의 떡과 포도주 신세로 전락할 것이다. 믿음의 예복을 입고 큰 음녀의 옷을 벗어 버려야 한다. 큰 음녀의 옷은 왕들과 귀족들이 입는 교만과 사치와 방탕의 자주 빛 옷과 붉은 빛 옷이다.

35 히 12:2

36 계 19:17

2. 예수 그리스도의 재림(계 19:11-21)

"또 내가 하늘이 열린 것을 보니 보라 백마와 탄 자가 있으니 그 이름은 충신과 진실이라 그가 공의로 심판하며 싸우더라 그 눈이 불꽃 같고 그 머리에 많은 면류관이 있고 또 이름 쓴 것이 하나가 있으니 자기 밖에 아는 자가 없고 또 그가 피 뿌린 옷을 입었는데 그 이름은 하나님의 말씀이라 칭하더라 하늘에 있는 군대들이 희고 깨끗한 세마포를 입고 백마를 타고 그를 따르더라 그의 입에서 이한 검이 나오니 그것으로 만국을 치겠고 친히 저희를 철장으로 다스리며 또 친히 하나님 곧전능하신 이의 맹렬한 진노의 포도주 틀을 밟겠고 그 옷과 그 다리에 이름 쓴 것이 있으니 만왕의 왕이요 만주의 주라 하였더라 또 내가 보니 한 천사가 해에 서서 공중에 나는 모든 새를 향하여 큰 음성으로 외쳐 가로되 와서 하나님의 큰 잔치에 모여 왕들의 고기와 장군들의 고기와 장사들의 고기와 말들과 그 탄 자들의 고기와 자유한 자들이나 종들이나 무론대소하고 모든 자의 고기를 먹으라 하더라 또 내가 보매 그 짐승과 땅의 임금들과 그 군대들이 모여 그 말 탄 자와 그의 군대로 더불어 전쟁을 일으키다가 짐승이 잡히고 그 앞에서 이적을 행하던 거짓 선지자도 함께 잡혔으니 이는 짐승의 표를 받고 그의 우상에게 경배하던 자들을 이적으로 미혹하던 자라 이 둘이 산 채로 유황불 붙는 못에 던지우고 그 나머지는 말 탄 자의 입으로 나오는 검에 죽으매 모든 새가 그 고기로 배불리우더라"(계 19:11-21)

이 땅에 수많은 전쟁이 있었고 1, 2차 세계 대전과 같은 세계적인 전쟁도 있었다. 3차 세계 대전도 일어날 것이다. 그런데 전쟁은 이 땅에서 일어나는 '땅의 전쟁'만 있는 것이 아니라 '하늘의 전쟁'[1]도 있고, '하늘과 땅'의 전쟁도 있다. 예수 그리스도의 재림으로 이 땅에 일어날 '아마겟돈 전쟁'은 '하늘과 땅'의 전쟁이다.

이 전쟁은 '그리스도와 적그리스도의 전쟁'이다. 자기 백성을 구원하고 세상을 심판하여 자기 땅을 찾기 위해 하늘에서 강림하시는 예수 그리스도의 군대와, 하늘의 1차 전쟁[2]에서 패한 사탄이 대리인으로 세운 적그리스도의 군대가 이스라엘의 전략적 요충지 아마겟돈(므깃도)에서 싸우는 2차 전쟁으로, 하늘과 땅의 전쟁인 아마겟돈 전쟁이다.[3]

이 전쟁은 하늘이 열리고 그 가운데 '백마 탄 자'가 나타나면서 시작된다.[4] '말'은 '전쟁'을, '흰색'은 '의로움'을 상징하고, '백마 탄 자'는 심판하기 위해 이 땅에 강림하시는 공의로우신 하나님의 아들 '예수 그리스도'를 가리킨다. 요한계시록 6장의 흰 말 탄 자가 '미혹하는 자'를 상징한다면, 여기의 백마 탄 자는 미혹하는 자 사탄의 왕국(뱀의 머리)을 멸망시키기 위해 여자의 후손으로 오시는 공의로운 재판장 예수 그리스도시다.[5] 백마 탄 자 예수님의 이름을 '충신과 진실'이라고 했다.[6] '충신'은 하나님의 뜻을 성

---

1 계 12:7
2 요한계시록 12장
3 계 16:12-16
4 계 19:11
5 창 3:15
6 계 19:11

취하기 위해 십자가에 죽기까지 충성하신 '충성된 증인'[7]임을 의미하며 '진실'은 참되고 거짓이 없이 오직 하나님의 진리의 말씀을 드러내시고 '공의'로 심판하시는 분임을 의미한다. 예수님의 전쟁은 악한 세상을 공의로 심판하여 하나님의 온전하신 뜻을 드러내는 전쟁이다. 예수님의 눈은 불꽃 같다.[8] 이것은 각 사람의 마음과 행위를 불꽃같이 살피시며 불꽃같이 심판하시는 분임을 의미한다.[9] 주님 앞에서는 감춘 것이 드러나지 않을 것이 없고 숨은 것이 알려지지 않을 것이 없다.[10] 주의 날이 도적같이 올 때 적그리스도와 그 백성들의 모든 악행은 낱낱이 주 앞에 드러날 것이다.[11]

예수님의 머리에는 많은 관들이 있다.[12] 이것은 예수님이 죄와 죽음과 사탄과의 모든 싸움에서 승리하신 분임을 의미한다. 예수님의 머리에는 예수님만 아시는 이름 쓴 것이 있다.[13] 이것은 빌라델비아 교회의 이기는 자에게 약속하신 예수님의 '새 이름'이다.[14] 예수님은 '하나님의 말씀'을 상징하는 '피 뿌린 옷'을 입었다.[15] 이것은 피 뿌린 하나님의 말씀인 '복음'을 상징한다. 예수님은 태초부터 계신 하나님의 말씀으로, 육신을 입고 이 땅에 오셔서[16] 죄인들을 구원하기 위해 십자가에 피 뿌리신 분이다.

---

7 계 1:5
8 계 19:12
9 렘 17:10; 살후 1:7
10 마 10:26
11 벧후 3:10
12 계 19:12
13 계 19:12
14 계 3:12
15 계 19:13
16 요 1:1, 14

예수님의 뒤에는 희고 깨끗한 세마포 옷을 입고 백마를 타고 따르는 하늘의 군대들이 있다.[17] 희고 깨끗한 세마포 옷은 하나님을 섬기는 천사들과 어린 양 예수님의 피로 깨끗케 된 성도가 입는 하늘의 옷이다. 예수님이 이 땅에 계실 때 많은 무리와 제자들이 예수님의 뒤를 따랐던 것처럼, 주님이 재림하실 때도 모든 천사와 모든 성도가 주님을 따라 이 땅으로 내려올 것이다.[18] 따라서 대장 되신 주님의 뒤를 따르는 이 군대는 모든 천사와 모든 성도로 이루어진 하늘의 군대다.[19] 모든 하늘 군대가 동원된 어마어마한 행군 대열이 하늘에서 땅으로 내려온다. 이 땅의 군대와 싸우기 위해 그렇게 많은 군대가 필요한 것일까? 그렇지 않다. 앞서가시는 대장 예수님 한 분만으로도 충분하다. 뒤따라가는 하늘 군대는 이삭 줍듯 전리품만 챙기면 된다. 그런데 왜 이처럼 모든 하늘 군대가 동원되는 것인가? 그것은 예수님의 위엄과 영광을 드러내기 위한 것이다.

"그 옷과 그 다리에 이름 쓴 것이 있으니 만왕의 왕이요 만주의 주"[20]라고 했다. 하늘과 땅을 다스리시는 '만왕의 왕 만주의 주'께서 영광 가운데 이 땅으로 강림하신다. 사탄이 무단 점거하고 있는 자기 땅을 찾기 위해서! "그의 입에서 이한 검이 나오니 그것으로 만국을 치겠고"[21]라고 했다. 예수님의 무기는 그 입에서 나오는 예리하고 공의로운 하나님의 말씀이다. "나를 저버리고 내 말을 받지 아니하는 자를 심판할 이가 있으니 곧 나

---

17 계 19:14
18 살전 3:13; 마 25:31
19 창 32:2; 출 12:41
20 계 19:16
21 계 19:15

의 한 그 말이 마지막 날에 저를 심판하리라"[22]라고 했다. 예수님은 오직 그 입에서 나오는 공의로운 하나님의 말씀으로 세상을 심판하고 멸하신다. 예수님의 말씀은 믿는 자들에게는 구원의 복음이지만, 거역하고 대적하는 자들에게는 재림의 날에 심판의 말씀이 되어 그들을 멸하실 것이다.

"친히 저희를 철장으로 다스리며 또 친히 하나님 곧 전능하신 이의 맹렬한 진노의 포도주 틀을 밟겠고"[23]라고 했다. "만민 중에 나와 함께한 자가 없이 내가 홀로 포도즙 틀을 밟았는데 내가 노함을 인하여 무리를 밟았고 분함을 인하여 짓밟았으므로 그들의 선혈이 내 옷에 뛰어 내 의복을 다 더럽혔음이니"[24]라고 했다. 그 말씀대로 예수님은 포도를 추수하는 농부가 포도즙을 옷에 튀기며 포도주 틀을 밟는 것처럼, 하나님과 성도들을 대적하는 적그리스도와 그의 군대와 땅의 임금들(열 뿔)의 피를 튀기며 그들을 밟아 이기실 것이다.

이 전쟁의 결말은 어떠한가? "저희(짐승과 열 뿔)가 어린 양(예수님)으로 더불어 싸우려니와 어린 양은 만주의 주시요 만왕의 왕이시므로 저희를 이기실 터이요 또 그와 함께 있는 자들 곧 부르심을 입고 빼내심을 얻고 진실한 자들은 이기리로다"[25]라고 했다. 땅의 군대의 대장 짐승(적그리스도)[26]과 그 앞에서 표적(이적)을 행하던 거짓 선지자[27]는 싸워서 이기려 할 것이나 체포되어 산 채로 유황 불못에 떨어진다. "짐승이 잡히고 그 앞

22 요 12:48
23 계 19:15
24 사 63:3
25 계 17:14
26 계 13:1
27 계 13:11

에서 이적을 행하던 거짓 선지자도 함께 잡혔으니 이는 짐승의 표를 받고 그의 우상에게 경배하던 자들을 이적으로 미혹하던 자라 이 둘이 산 채로 유황불 붙는 못에 던지우고"[28]

두 짐승 외에 남은 열 뿔과 적그리스도의 군대와 백성들은 모두 말 탄 자 예수 그리스도의 입으로부터 나오는 검 곧 하나님의 말씀에 의해 죽고, 그들의 시체로 새들의 잔치(하나님의 큰 잔치)가 벌어진다.[29] "또 내가 보니 한 천사가 해에 서서 공중에 나는 모든 새를 향하여 큰 음성으로 외쳐 가로되 와서 하나님의 큰 잔치에 모여 왕들의 고기와 장군들의 고기와 장사들의 고기와 말들과 그 탄 자들의 고기와 자유한 자들이나 종들이나 무론대소하고 모든 자의 고기를 먹으라 하더라"[30]

이 전쟁은 '하나님과 사탄의 전쟁'이다. 이 전쟁이 표면적으로는 이스라엘의 적대 세력이 이스라엘과 벌이는 '아마겟돈 전쟁'으로 시작되지만, 실상은 세 악령, 사탄(용)과 적그리스도(짐승)와 거짓 선지자(또 다른 짐승)가 '전능하신 하나님의 큰 날에 있을 전쟁'을 위하여 온 천하의 왕들을 아마겟돈으로 불러 모아 하늘의 군대와 싸우는 전쟁이다. 하나님의 군대와 사탄과의 전쟁인 것이다. 세 악한 영들이 불러 모은 이 땅의 군대는 처음에는 이스라엘에 많은 피해를 입히며 승승장구하는 것처럼 보인다. 그러나 히스기야 때에 일어난 하늘의 기적처럼, 하나님께서 하늘로부터 보내시는 하나님의 군대, 곧 어린 양 예수 그리스도의 군대가 출현하면서 비참한 패배를 당하고 만다. 어린 양의 군대는 사탄의 군대 곧 적그리스도의

28 계 19:20

29 계 19:21

30 계 19:17-18

군대를 멸한 후, 적그리스도를 배후에서 조종하던 마귀 사탄(용)을 붙잡아 천 년 동안 다시는 만국을 미혹하지 못하도록 무저갱에 가둔다.[31] 그 후 사탄은 천년 왕국 말기에 하나님의 섭리로 잠시 풀려나 또다시 곡과 마곡 땅에서 만국을 미혹하지만, 하늘에서 불이 내려와 영원한 불못에 떨어지고 만다. 결국 사탄은 하늘에서 땅으로, 땅에서 무저갱으로, 무저갱에서 영원한 불못으로 끝없이 추락하다 마지막에 마귀 사탄과 그의 사자들을 위해 예비된 영원한 불못에서 세세토록 밤낮 고통받게 된다.[32] 땅의 군대는 하늘의 군대를 이길 수 없다. 땅의 군대가 사는 길은 멀리서 주님께 항복하고 화친을 청하며 자비와 은총을 구하는 것뿐이다.

31 계 20:1-3

32 계 12:9; 20:3, 10; 마 25:41

제12장 예수 그리스도의 천년 왕국(20장)

1. 예수 그리스도의 천년 왕국(계 20:1-6)

> "또 내가 보매 천사가 무저갱 열쇠와 큰 쇠사슬을 그 손에 가지고 하늘로서 내려와서 용을 잡으니 곧 옛 뱀이요 마귀요 사단이라 잡아 일천 년 동안 결박하여 무저갱에 던져 잠그고 그 위에 인봉하여 천 년이 차도록 다시는 만국을 미혹하지 못하게 하였다가 그 후에는 반드시 잠간 놓이리라 또 내가 보좌들을 보니 거기 앉은 자들이 있어 심판하는 권세를 받았더라 또 내가 보니 예수의 증거와 하나님의 말씀을 인하여 목 베임을 받은 자의 영혼들과 또 짐승과 그의 우상에게 경배하지도 아니하고 이마와 손에 그의 표를 받지도 아니한 자들이 살아서 그리스도로 더불어 천 년 동안 왕 노릇 하니 (그 나머지 죽은 자들은 그 천 년이 차기까지 살지 못하더라) 이는 첫째 부활이라 이 첫째 부활에 참예하는 자들은 복이 있고 거룩하도다 둘째 사망이 그들을 다스리는 권세가 없고 도리어 그들이 하나님과 그리스도의 제사장이 되어 천 년 동안 그리스도로 더불어 왕 노릇 하리라"(계 20:1-6)

끝은 새로운 시작이다. 성경은 홍수 심판의 때, 예수님의 초림의 때, 예수님의 재림의 때, 천년 왕국 끝날을 모두 '끝날'이라고 말한다.[1] 예수님께

1 창 6:13; 요 4:35; 겔 38:16; 마 24:14; 28:20

서 재림하셔서 적그리스도와 거짓 선지자를 산채로 유황 불못에 던지고 사탄을 무저갱에 가둔 후, 세상 나라가 그리스도의 나라가 되는 예수 그리스도의 천년 왕국이 찾아온다. 천년 왕국은 어떤 왕국인가?

천년 왕국은 "세상 나라가 우리 주와 그 그리스도의 나라가 되어 그가 세세토록 왕 노릇 하시리로다"[1]라고 말씀하신 바로 그 '우리 주 하나님과 그 그리스도 예수의 나라'다. 지금 세상에는 200개가 넘는 세상 나라가 있다. 이 많은 세상 나라가 적그리스도의 때에는 하나의 세계 정부가 된다. 그때의 정치 체제는 민주주의나 사회주의 체제가 아닌 북한의 김일성 체제와 같은 '적그리스도 체제'다. 북한은 말로는 인민(국민)이 주인인 인민민주주의 공화국이라고 하나 실제로는 김일성 일가가 주인이요 인민은 김일성 일가의 노예일 뿐이다. 적그리스도 체제도 그와 같다. 적그리스도가 주인이요 국민은 그의 노예일 뿐이다. 적그리스도의 주인은 '공중의 권세 잡은 임금' 마귀 사탄이다.[2] 세상 나라들은 알든지 모르든지 이 마귀 사탄의 지배 아래 살고 있다. 그는 세상 나라를 대표하는 일곱 머리(왕국)의 왕이다. 그런데 마귀 사탄이 처음부터 세상 나라의 왕이요 주인이었던 것은 아니다. 원래 세상 나라는 세상을 창조하신 주인이요 왕이신 하나님께서 아담에게 위임하신 것이다.[3] 하나님이 주인이요 아담은 하나님께서 위임하신 세상 나라를 관리하는 청지기 곧 '그리스도 역할'을 했다. 물론 그리스도와 같은 역할을 했다는 것이지 그리스도라는 의미는 아니다. 그런데 아담은 마귀 사탄의 유혹에 넘어가 범죄하였고 그 결과 이 세상에는 죄

1 계 11:15
2 요 12:31; 14:30; 16:11; 엡 2:2
3 창 1:28

와 죽음이 찾아와 아담은 마귀 사탄에게 세상의 관리권을 빼앗기고 말았다. 이 세상은 죄와, 사망과, '사망으로 말미암아 사망의 세력을 잡은 자'[4]인 마귀 사탄이 왕 노릇하는 나라가 되고 말았다. 세상 나라가 사탄의 것이 되고 만 것이다. 그러나 하나님은 사탄의 뜻대로 내버려 두지 않으시고 사탄의 왕국(세상 나라)을 멸할 자 '여자의 후손' 예수 그리스도를 보내 주실 것을 약속했다.[5] 그 약속대로 하나님의 아들 예수님이 여자의 후손으로 육신의 몸을 입고 이 땅에 오셨다. 예수님이 혈육(육신)에 함께 속하신 것은 사망으로 말미암아 사망의 세력을 잡은 자 곧 마귀를 없애기 위함이다. 예수님의 십자가 죽음과 부활로, 죄와 사망과 사망으로 세력을 잡은 마귀 사탄의 권세는 모두 깨어지고 말았다. 그러나 그것들은 아직 이 세상을 떠나지 않고 있다. 예수님께서 '다시' 이 세상에 오시는 것은 마귀 사탄(뱀)의 배후 조종을 받던 뱀의 후손 적그리스도[6]와 그를 돕던 거짓 선지자를 유황불못에 던져 세상 나라를 멸하시고, 그 배후의 마귀 사탄(용, 뱀)을 무저갱에 가두신 후, 우리 주 하나님과 그리스도의 나라인 천년 왕국을 건설하려는 것이다. 아브라함이 조카 롯과 빼앗긴 모든 사람과 모든 재물을 다 찾아오고, 다윗이 아말렉 사람들이 탈취한 가족과 재물과 모든 것들을 전부도로 찾아온 것처럼,[7] 마지막 아담 예수 그리스도[8]는 첫째 아담이 잃어버린 세상 나라를 온전히 되찾으실 것이다.

---

4 히 2:14
5 창 3:15
6 창 3:15
7 창 14:16; 삼상 30:19
8 고전 15:45

천년 왕국은 전능하신 주 하나님께서 친히 큰 권능을 잡으시고 왕 노릇하시는 '하나님 나라'요 우리 주 예수께서 애굽의 총리 요셉과 같이 그리스도로서 통치하시는 '그리스도의 나라'다.[9] 천년 왕국은 하나님과 그 그리스도께서 통치하시는 신정 체제요 그리스도 체제다. 천년 왕국의 법은 천년 왕국의 주인(主人)이요 그리스도이신 예수님의 입에서 나오는 모든 하나님의 말씀이요, 그 백성들은 그 말씀 그 뜻에 온전히 복종할 것이다. 하나님의 뜻이 하늘(천국)에서 이룬 것같이 땅(천년 왕국)에서 이루어질 것이다.[10] 예수 그리스도는 하나님과 사람 사이의 온전한 중보자 그리스도로서, 위로 하나님 아버지를 온전히 섬기고, 아래로 만왕의 왕 만주의 주로서 철장 권세를 가지고[11] 공의와 성실로 만국을 다스리실 것이다.

천년 왕국은 성도들이 하나님과 그리스도의 존귀한 제사장이 되어 그리스도와 함께 천년 동안 왕 노릇하는 '제사장 나라'다.[12] 천년 왕국의 일꾼(제사장)들은 예수님을 위해 목숨 바친 자들로, 이스라엘 족속이 그릇될 때에 다른 레위 사람들처럼 그릇되지 아니하고 그 직분을 지킨 사독 자손 제사장들과 같이 충성된 일꾼들이다.[13] 천년 왕국은 제사장이 중심되는 나라다. 그것은 천년 왕국의 수도 국가인 새 이스라엘과, 천년 왕국의 수도인 예루살렘(예물로 드리는 땅)을 보면 확실히 알 수 있다.

천년 왕국의 수도 국가 새 이스라엘은 열두 지파의 땅 열둘과 '예물로

---

9 계 11:17; 19:6; 20:4, 6

10 마 6:10

11 계 19:15-16

12 계 20:4, 6; 민 27:21

13 겔 44:15; 48:11

드리는 땅'(수도 혹은 수도권) 하나를 합쳐 모두 열세 땅으로 분배된다. 한 지파의 땅은 동쪽 끝(요단강 줄기와 길르앗 땅)에서 서쪽 끝(지중해)까지다. 분배한 열세 땅의 중앙에 '예물로 드리는 땅'(헌물)이 있고, 그 북쪽에 일곱 지파(단, 아셀, 납달리, 므낫세, 에브라임, 르우벤, 유다)의 땅과 남쪽에 다섯 지파의 땅(베냐민, 시므온, 잇사갈, 스불론, 갓)이 있다. 중앙의 '예물로 드리는 땅'[14]에는 세 가지 예물로 드리는 땅이 있다. '예물로 드리는 첫 번째 땅'은 '성소' 곧 성전[15]을 중심에 둔 '제사장의 땅'이다. '예물로 드리는 두 번째 땅'은 성소를 품은 제사장의 땅과, 이 땅과 같은 크기의 레위인의 땅, 그 절반 크기(폭이 절반)의 여호와삼마 땅, 이 세 땅이다.

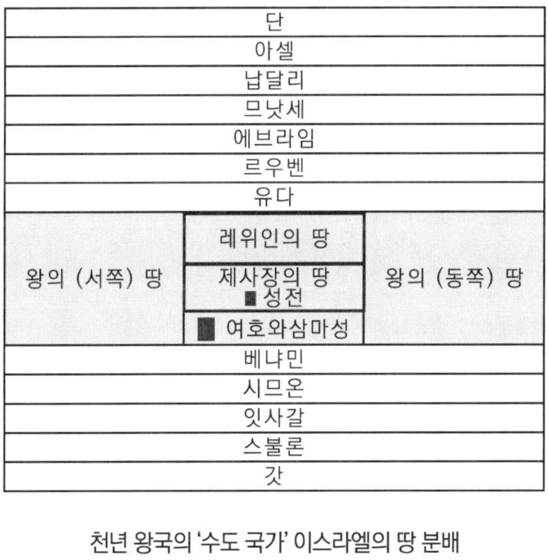

천년 왕국의 '수도 국가' 이스라엘의 땅 분배

14 겔 45:1-8

15 겔 40:2

'여호와삼마'란 '여호와께서 거기 계시다'라는 뜻이다. 이전의 예루살렘 성은 평화의 왕이신 하나님을 버리고 우상을 숭배하여 하나님의 영광이 떠나감으로[16] 평화를 얻지 못하였으나 여호와삼마성은 여호와를 경외하므로 하나님께서 항상 거기 계시는 평화의 성, 임마누엘의 성이 될 것이다. '예물로 드리는 세 번째 땅'은 이 세 땅과, 이 세 땅과 같은 크기의 왕의 두 땅(왕의 동쪽 영지와 서쪽 영지)을 더한 '다섯 땅'이다. 이전의 이스라엘 왕들은 땅이 없어 백성을 압제하였으나[17] 천년 왕국 때는 왕의 영지가 있어 그런 일이 없을 것이다. 성전을 둘러싼 다섯 땅 전부가 '예물로 드릴 땅'으로 이스라엘과 천년 왕국의 '수도'이다. 세 가지 예물로 드리는 땅은 각각 대통령집무실, 대통령실 청사, 수도 서울에 비유할 수 있다.

예물로 드릴 다섯 땅 전부는 한 지파 크기의 땅이다. 다른 지파의 땅과 같이 동쪽 끝에서 서쪽 끝까지다. 천년왕국의 수도(예물로 드릴 땅)는 이전의 수도 예루살렘보다 광대하고, 네모지게 잘 구획되었다. 이전의 예루살렘은 '한 도시' 크기였으나 천년 왕국의 수도 예루살렘은 '한 지파' 크기로 넓어졌고, 이전의 예루살렘성 안에는 성전, 왕궁, 예루살렘 주민들의 땅이 함께 있었으나 천년왕국 때는 예루살렘 성 밖에 각각의 땅이 독립적으로 세워지고, 들쑥날쑥한 땅이 정방형의 정리된 땅이 되고, 이전에는 제사장과 레위인의 거주지가 이스라엘 온 땅에 흩어져 있었으나 천년 왕국 때는 성전 중심으로 모여들게 된다. 흩어진 성도의 집들이 교회당 주변으로 모여드는 것처럼.

---

16 호 10:5; 겔 11:23

17 겔 45:8-9

천년 왕국의 수도인 '예물로 드릴 땅'은 '성전'을 둘러싼 '제사장'의 땅이 중심이 되고, 이 땅을 '남북'으로는 레위인의 땅과 여호와삼마성의 땅 둘이 '비서실'처럼 '보좌'하고, '동서'로는 왕의 두 땅이 '경호실'처럼 '호위'하며, 그 바깥으로 이스라엘 열두 지파의 땅이 둘러싸고 있는 형태다. 이것은 성막 사방을 레위 진영이 둘러싸고, 그 사방 바깥을 이스라엘 열두 지파가 둘러싸던 광야 진영을 닮았다. 성전(천년 왕국의 수도 중의 수도)을 품은 제사장의 땅이 중심이 되고, 그 땅을 섬기는 자들의 땅이 보좌하고 호위하며, 섬기는 자들의 땅 바깥을 이스라엘 열두 지파가 둘러싸고 있는 모습은, 천년 왕국이 그 주인 하나님과 그리스도를 가장 가까이에서 섬기는 '제사장 나라'임을 보여 준다. 하나님께서는 이스라엘 백성들에게 하나님의 언약을 지키면 '제사장 나라'가 되리라고 약속했다.[18] 천년 왕국은 이스라엘 백성들이 이루지 못한 그 하나님의 언약, 하나님의 꿈이 새 언약의 중보자 예수 그리스도를 통해 성취된 제사장 나라다. 마귀 사탄이 지배하는 세상 나라에서 멸시와 천대와 고난과 죽임까지 당하며 인정받지 못한 신실한 하나님의 백성들이 존경받고 상 받고 존귀히 여김 받는 나라다.

세상 나라가 '죄와 죽음과 사탄'이 왕 노릇하는 나라라면, 천년 왕국은 '의와 생명과 예수님'이 왕 노릇하는 '의와 생명의 나라'다. "너희는 문들을 열고 신을 지키는 의로운 나라로 들어오게 할찌어다"[19]라고 했다. 천년 왕국은 공의로우신 하나님[20]과 그리스도의 의로운 통치로 신의를 지키는 의로운 나라다. 하나님 나라의 재판관들은 재판할 때에 불의를 행치 않고 가

18 출 19:6

19 사 26:2

20 신 32:4; 사 30:18

난한 자라고 편들거나 세력 있는 자라고 두둔하지 아니하며 공의로 사람을 재판하여 '공의로운 큰 나라'라는 칭송을 들어야 함에도 불구하고,[21] 구약 교회 이스라엘은 그렇지 못했다. 왕들은 불의와 불공정으로 통치했고, 예루살렘이 멸망할 때 그 넓은 거리에서 공의를 행하며 진리를 구하는 자를 한 사람도 찾을 수 없을 만큼 불의가 만연했다.[22] 그러나 천년 왕국을 통치하시는 만왕의 왕 만주의 주 예수 그리스도는 사람을 공의로 다스리는 자, 하나님을 경외함으로 다스리는 자요, 공의로 가난한 자를 심판하며 정직으로 세상의 겸손한 자를 판단하고, 그의 입의 막대기로 세상을 치며 그의 입술의 기운으로 악인을 죽이시는 분이다.[23] 공의로 허리띠를 삼고 성실로 몸의 띠를 삼으시며, 공의만 세우시는 것이 아니라 상한 갈대를 꺾지 아니하며 꺼져 가는 등불을 끄지 않는 자비로운 분이다.[24]

그러나 천년 왕국이 의와 생명의 나라요 마귀 사탄도 무저갱에 갇혀 있지만, 불순종과 죄로 인한 저주와 죽음은 여전히 존재한다.[25] 이는 사람의 자유 의지 때문이다. 이것이 죄와 저주와 죽음이 없는 새 예루살렘성과 다른 점이다.[26] 그러나 비록 죄와 저주와 죽음은 여전히 존재하지만, 그 세력은 날이 갈수록 약화되고 의와 복과 생명의 힘은 갈수록 강화될 것이다. 세상 나라와 정반대로. 모든 자녀가 '여호와의 교훈'을 받고 순종하여 크게

---

21 레 19:15; 신 4:8; 16:18

22 렘 5:1

23 삼하 23:3; 왕상 3:6; 사 11:4

24 사 11:5; 42:3

25 사 65:20

26 계 21:4; 22:3

평강할 것이며 평강이 강같이, 바다 물결같이 흘러넘칠 것이다.[27] 만물은 질서를 지키며 공존 공생할 것이다. 암소와 곰이 함께 먹고, 사자가 소처럼 풀을 먹으며, 독사는 독을 품지 않을 것이다. 착취와 억압과 강포는 사라지고, 미움과 다툼이 그치며, 사랑과 온유로 충만할 것이다. 광야와 메마른 땅이 기뻐하며 사막이 백합화 같이 피어 즐거워하고 뜨거운 사막이 변하여 못이 되며 메마른 땅이 변하여 원천이 될 것이다.[28] 저주가 변하여 복이 될 것이다. 천년 왕국 백성들의 수명은 나무의 수명같이 되어 장수할 것이다.[29] 여호와를 경외하면 장수하고, 악인의 연세는 짧아진다고 했다.[30] 물론 의학 기술의 발전도 있겠지만 하나님의 말씀에 순종함으로 장수하게 될 것이다. 에녹처럼 하나님과 동행하여 죽음을 보지 않고 산 채로 하늘나라로 옮기는 자들이 많이 생길 수도 있을 것이다.[31]

그러나 천년 왕국 때도 구원은 자신의 의로움으로 받는 것이 아니라 오직 어린 양 예수 그리스도의 십자가 공로로 받는다는 것을 알아야 한다. 아무리 주님의 말씀을 지킨다 해도, 자신의 공로로 의롭게 될 자가 아무도 없기 때문이다. 이것은 '여호와의 모든 교훈' 가운데 가장 중요한 구원의 진리라 할 수 있다. 구약 때나, 신약 때나, 대환난 때나, 천년 왕국 때나 구원의 길은 오직 하나, 하나님의 어린 양 예수 그리스도의 십자가 공로뿐이다. 천년 왕국은 그 누구도 흔들거나 넘어뜨릴 수 없는 진동치 못할 나

---

27 사 48:18; 54:13
28 사 35:1, 7
29 사 65:22
30 잠 10:27
31 창 5:24

라요 결코 망하거나 국권이 넘어가는 일이 없는 영원한 나라요 그 권세는 영원한 권세며 성도들의 누림은 영원하고 영원하고 영원할 것이다.[32] 천년왕국 마지막 때 마귀 사탄이 잠시 미혹하며 흔들어도 결코 진동치 않는 나라임을 증명해 줄 뿐이다.

32 히 12:28; 단 2:44; 4:34; 7:14, 18

2. 곡과 마곡의 미혹(계 20:7-10)

"천 년이 차매 사단이 그 옥에서 놓여 나와서 땅의 사방 백성 곧 곡과 마곡을 미혹하고 모아 싸움을 붙이리니 그 수가 바다 모래 같으리라 저희가 지면에 널리 퍼져 성도들의 진과 사랑하시는 성을 두르매 하늘에서 불이 내려와 저희를 소멸하고 또 저희를 미혹하는 마귀가 불과 유황 못에 던지우니 거기는 그 짐승과 거짓 선지자들도 있어 세세토록 밤낮 괴로움을 받으리라"(계 20:7-10)

창조의 시초에 뱀이 하와를 미혹한 것처럼 천년 왕국 끝날에 사탄이 세상을 미혹할 것이다. 누구를 미혹하는가? '땅의 사방 백성 곧 곡과 마곡'[1]이다. 곡과 마곡이 누구인가? "마곡 땅에 있는 로스와 메섹과 두발 왕 곧 곡"[2]이라고 했다. 마곡 땅은 러시아 땅으로 보이는 '극한 북방 땅'이요 그 최고 통치자가 곡이다. 그래서 최고 통치자의 이름을 따서 곡의 나라라 부르고, 땅 이름을 따서 마곡의 나라라 부르는 것이다. 그들은 천년 왕국 이전의 대환난 때 이스라엘을 대적하여 싸우던 자들이다.[3] 그들을 이해하기 위해서는 에스겔 38장과 39장을 통해 예수님 재림 전에 있을 곡과 이스라엘의 1차 전쟁에 대해 알아야 한다.

에스겔 38장과 39장은 곡과 마곡이 이스라엘을 침략할 때 온 땅에 흩어진 이스라엘이 본국으로 돌아와 평안히 거주하고 있을 것을 말해 준다.

---

1 계 20:8

2 겔 38:2

3 겔 38:16

이천 년 동안 온 세상에 흩어져 나라를 잃고 방황하던 이스라엘이 1948년에 독립한 기적적인 역사는 하나님의 분명한 섭리 가운데 일어난 사건이다. 이처럼 온 세상에 흩어진 이스라엘 백성들이 본국으로 돌아와 평안히 거주하고 있을 때 곡이 아랍 동맹군들을 이끌고 침략하게 되는 것이다. 에스겔 40장 이후의 말씀은 천년 왕국에서 회복될 이스라엘에 대한 예언이다. 따라서 곡과 마곡의 이스라엘 침략 전쟁은 천년 왕국 이전에 일어날 전쟁으로 나팔 재앙 때 있을 3차 세계 대전 중에 일어날 전쟁으로 보인다.[4]

이스라엘을 침략할 동맹군의 대장은 '마곡 땅에 있는 로스와 메섹과 두발 왕'[5] 곡이요, 곡과 함께 이스라엘을 침략할 동맹군은 바사, 구스, 붓, 고멜, 도갈마 족속이다.[6] 마곡, 두발, 메섹, 고멜은 모두 야벳의 아들들이다.[7] 노아의 세 아들 중 야벳의 후손들이 흩어진 땅은 '바닷가의 땅'[8]으로 로스는 러시아의 발원지인 지금의 우크라이나 지방이요, 메섹과 두발은 흑해 남동쪽에 살다가 러시아 땅으로 이주한 민족이다. 따라서 로스와 메섹과 두발을 통칭한 마곡 땅은 "네 고국 땅 북쪽 끝"[9]이라고 말씀한 대로 이스라엘의 북쪽 '흑해 연안의 러시아 땅'으로 보인다. 따라서 마곡 땅은 흑해 연안의 러시아 땅을 가리키며 곡은 러시아의 최고 통치자로 생각된다. 그의 동맹군 바사 곧 페르시아는 이란, 구스는 에디오피아, 붓은 리비아, 게르만의 어원이 되는 고멜과 도갈마는 튀르키예로 보인다.

---

4 요한계시록 9장

5 겔 38:2

6 겔 38:5-6

7 창 10:2

8 창 10:5

9 겔 38:15

이들의 공통점은 '이스라엘을 둘러싸고 있는 이슬람 국가들'이라는 점이다. 러시아 정교가 다수를 차지하는 러시아에는 이슬람도 상당수를 차지하고 있고, 곡의 전쟁에 참여하는 대부분의 이슬람 국가들이 이스라엘을 심히 미워하는 나라들이다. 곡의 전쟁은 이스라엘을 둘러싸고 있는 이슬람 세력과 이에 동조한 러시아가 연합하여 이스라엘을 침략하는 전쟁이라 할 수 있다. 이들 중 이슬람의 시아파 종주국인 이란의 대통령은 온 이슬람 국가들이 연합하여 이스라엘을 지도 속에서 사라지게 해야 한다고 공공연히 주장하며 핵무기를 개발하고 있다. 비공식 핵보유국인 이스라엘은 자신들의 생존을 위해 이를 결코 용납하지 않는다. 일루미나티의 수장으로 있던 사탄 숭배자 알버트 파이크(Albert Pike, 1809-1891, 미국의 변호사, 작가)라는 사람이 1871년 8월 15일에 그의 친구 주세페 마치니에게 보낸 편지 속에는, 놀랍게도 1차, 2차, 3차 세계 대전을 일으켜 온 세계를 사탄의 발 앞에 굴복시키려는 일루미나티의 계획이 담겨 있었다. 편지에 쓴 1차, 2차 세계 대전에 대한 계획은 이미 그대로 성취되었고, 3차 세계 대전에 대해서는 이렇게 편지하고 있다. '제3차 세계 대전은 시오니스트들(유대인들)과 이슬람 세력 간의 반목을 이용해서 일으켜야 한다. 이 전쟁은 시오니스트들과 이슬람 세력 상호 간에 무자비한 무력을 행사하도록 유도하고, 서로 공멸시켜야 한다. 이 전쟁 과정에서 시오니스트 지원 세력과 아랍 이슬람 지원 세력을 개입시켜 멸망시키고, 세계 인류를 정신적, 육체적, 경제적으로 황폐화시켜 염세주의와 무신론에 빠지게 유도해야 한다. 이렇게 3차 세계 대전으로 혼란과 공포에 빠진 사람들이 이 고통을 벗어나게 할 절대적인 존재의 구원을 필요로 할 때 인류를 구원해 줄 한 줄기 빛이 루시퍼[10]임을 공개적으로 천명하면서, 일루미나티가 전면에 나타나서 세상을 지배하게 된다.' 현재 이스라엘과 이슬람 간의 갈등 상황과 일치하고 있는 모습을 보면 충격적이다.

곡의 동맹국 중 튀르키예는 유럽 연합 가입을 위해 친서방 국가로 지내오고 있어 러시아와 등지고 있는 것처럼 보이지만 둘은 에너지, 무역, 군사, 조선 등에서 서로를 큰 동반자로 인식하고 있다. 튀르키예는 당장 러시아가 없으면 큰 타격을 입게 되고, 러시아는 튀르키예가 지정학적으로 흑해에서 지중해로 나오는 관문이요 유럽에 가스를 공급할 수 있는 통로이기 때문에 자기편으로 끌어들여야 한다.

어쨌든 마곡 땅(러시아 땅)의 통치자 곡은 이슬람 동맹국들과 함께 이스라엘을 침략할 것이다. 곡이 이스라엘을 침략하는 시기는 이스라엘이 오래 황폐한 땅으로 모여들어 와서 평안히 거주할 때다.[11] 그런데 한 이스라엘 장군의 참모장은 "이스라엘은 근대 역사에 있어 가장 평안한 시절을 보내고 있다. 오늘날의 이스라엘은 이스라엘이 건국된 이래 전략적으로 더 평안한 시대, 안전한 시대를 살고 있다."라고 했다. 곡과의 전쟁의 때가 무르익고 있음을 알 수 있다. 결국 곡은 보기만 해도 기가 질릴 정도의 어마어마하게 많은 군대와 함께 전차와 탱크를 이끌고 광풍같이, 땅을 덮는 구름같이 침략한다.[12] 우리나라 경상남북도 크기밖에 되지 않는 작은 이스라엘과 싸우려고 그 많은 군대로 침략하는 것이다.

곡이 이처럼 큰 군대로 작은 땅 이스라엘을 침략하는 이유는 도대체 무

10 루시퍼는 사탄 마귀의 이름이다.

11 겔 38:8

12 겔 38:6, 9, 15-16

엇인가? 첫째는 하나님의 섭리 때문이다. 세 번이나 '끌어낸다'라고 했다.[13] 하나님께서 물고기의 아가리를 갈고리로 꿰고 끌어내듯 대장 곡과 그 동맹군들을 끌어내어 이스라엘을 침략하게 한다는 것이다. 동맹군의 대장 곡은 하나님의 섭리에 의해 어쩔 수 없는 상황에 몰려 전쟁터에 끌려나올 것이다. 만일 이란이 주축이 된 이슬람 세력과 이스라엘이 전쟁을 벌인다면, 이란과 군사 동맹을 맺은 러시아는 어쩔 수 없이 전쟁에 개입하게 될 것이다.

둘째는 약탈을 위해서다. "물건을 겁탈하며 노략하리라" "짐승과 재물을 얻고"[14]라고 했다. 곡의 침략에 대하여 스바와 드단과 다시스의 상인과 그 부자들 곧 이스라엘과 육로로 무역하던 사우디아라비아(스바와 드단)와 해상으로 무역하던 서구 국가들(유대인 백과사전은 '다시스'를 '땅끝에 있는 해양 무역 국가'라고 말한다)이 "네가 탈취하러 왔느냐, 노략하고자 하느냐, 빼앗으며, 크게 약탈하여 가고자 하느냐"[15]라고 곡(러시아의 통치자)의 침략 의도를 신랄하게 비난한다고 했다. 이스라엘의 서쪽 지중해 앞바다에는 사우디아라비아에 버금갈 정도의 많은 석유와 천연가스가 매장되어 있고, 사해 바다에도 엄청난 자원이 매장되어 있다. 그 막대한 자원을 약탈해 가려고 곡이 큰 군대를 이끌고 작은 나라 이스라엘을 침략하러 온 것을 비난하는 것이다.

셋째는 이스라엘의 지정학적 위치 때문이다. 이스라엘을 '세상 중앙에

---

13 겔 38:4, 6, 16

14 겔 38:12

15 겔 38:13

거주하는 백성'[16]이라고 했다. 이스라엘은 지리적으로 유럽, 아시아, 아프리카의 세 대륙을 잇는 지리적 중심에 위치하고 있다. 종교적으로도 세계 3대 종교인 유대교, 이슬람교, 기독교가 위치한 종교적 영적 중심에 발원한 나라다. 곡이 이 사실을 어찌 알지 못하겠는가? 세상 중앙에 위치한 이스라엘을 차지하면 온 세계를 차지할 수 있다고 생각할 것이다.

그렇다면 과연 이스라엘은 광풍처럼, 구름 떼처럼 몰려오는 러시아와 그 동맹 이슬람(아랍) 군대들을 이겨 낼 수 있을까? 처음에는 고전을 면치 못한다. 그러나 결국 이스라엘의 승리로 끝난다. 이스라엘의 힘으로 이기는 것이 아니라 하나님의 개입 때문이다. 이 전쟁이 표면적으로는 곡과 이스라엘의 전쟁처럼 보이지만, 하나님께서 곡을 끌어들여 이스라엘로 하나님을 알게 하고 온 세상에 하나님의 영광을 드러내려 하시는 목적이 있다.[17] 그렇다면 곡의 전쟁에서 하나님의 영광이 어떻게 나타나는가? 곡이 이스라엘 땅을 치러 오는 그날에 하나님의 진노가 하나님의 얼굴에 나타나 이스라엘 땅에 '큰 지진'이 일어난다.[18] 얼마나 큰 지진인가? 이 지진으로 인하여 바다와 공중과 땅의 모든 생물과 모든 사람이 두려워 떨고, 모든 산과 모든 성벽이 무너지고 절벽이 떨어질 정도의 큰 지진이다.[19] "내가 내 모든 산 중에서 그를 칠 칼을 부르리니 각 사람의 칼이 그 형제를 칠 것"[20]이라고 했다. 하나님께서 곡과 싸울 이스라엘 연합군들을 부르시고,

---

16 계 20:12
17 겔 38:16, 23; 39:6-7, 21-23
18 겔 38:18-19
19 겔 38:20
20 겔 38:21

곡의 동맹군들 사이에 내분이 일어나 자기들끼리 죽이게 하실 것이다. 기드온과 미디안의 전쟁 때 "여호와께서 그 온 진영에서 친구끼리 칼로 치게"[21] 하신 것처럼. 하나님께서 전염병과 피와 쏟아지는 폭우와 큰 우박과 불과 유황으로 그들의 군대를 심판하실 것이다.[22] 언제인가? 곡의 동맹군들이 이스라엘 산 위에 이르렀을 때다. 그때 그들의 무기를 떨어뜨리고 그들을 이스라엘 산 위에 엎어지게 하여 새와 들짐승의 밥이 되게 할 것이다.[23] 그날은 새와 짐승들의 잔칫날이 될 것이다.[24] 또 하나님께서 불을 곡이 사는 마곡 땅과 섬에 평안히 거하는 자에게 내릴 것이다.[25] 침략자들의 본토를 불바다로 만드는 것이다. '불과 유황'은 핵무기를 의미하는 것으로 곡과 동맹군들은 핵전쟁의 참화를 입을 것이다.

이 모든 것은 하나님께서 행하실 일이다. 이스라엘의 힘이 아니라 하나님의 역사로 이스라엘이 이기게 하실 것이다. 이스라엘 백성들은 약탈하려던 자들의 것들을 약탈하고[26] 패전한 곡의 무기들을 불태우고 시체를 매장할 것이다. 그 땅을 정결케 하는 데만 일곱 달이 걸리게 된다.[27] 이스라엘 땅 사해 동쪽 사람이 통행하는 골짜기를 매장지로 삼아 '하몬곡의 골짜기'라 부르고 그 성읍 이름도 '하모나'라 불리게 될 것이다. 매장할 자가

---

21 삿 7:22
22 겔 38:22
23 겔 39:2-5
24 겔 39:17-20
25 겔 39:6-7
26 겔 39:10
27 겔 39:9, 12, 14

얼마나 많은지 통행하던 길이 막힐 정도가 될 것이다.[28] 이 전쟁으로 러시아와 아랍(이슬람) 세력은 붕괴되고 이스라엘은 그토록 염원하던 성전을 재건할 기회를 얻게 될 것이다. 그러나 그와 함께 적그리스도가 나타나 '한 이레의 언약'[29] 곧 칠 년 평화 조약을 맺고 성도와 유대인들을 학대할 것이다.

곡의 전쟁은 천년 왕국 끝날에 있을 곡과 마곡의 전쟁을 예표하는 전쟁이다. 대환난 때 이스라엘을 공격하던 곡과 마곡은 천년 왕국 끝날에 다시 마귀 사탄의 미혹을 받아 천년 왕국 백성들을 공격하는 사탄의 도구로 사용된다. 마귀 사탄은 그들을 모아 천년 왕국의 백성들과 전쟁하고 천년왕국 이전에 이스라엘을 빼앗으려 하던 것처럼 천년 왕국을 빼앗으려 할 것이다. 그때에 바다의 모래와 같이 많은 사람들이 미혹되어 사탄을 따르게 된다. 천년 왕국 때 많은 교훈을 받고 경계를 받아도 마귀 사탄의 꾀를 당할 수 없는 것이 연약한 인간이다. 그래서 성령을 의지해야 한다. 마귀 사탄이 불러 모은 곡과 마곡의 백성들은 지면에 널리 퍼져 성도들의 진과 사랑하시는 성을 에워쌀 것이다. '성도들의 진'(진영)은 성막 사방으로 진을 치고 살던 광야의 진영과 같이, 온 땅에 가득한 천년 왕국의 도시들과 마을들을 의미하며, '사랑하시는 성'은 천년 왕국의 수도(예물로 드릴 땅)를 의미한다.

그러나 하늘에서 불이 내려와 미혹하는 자들을 모두 불태우고 마귀 사탄은 영원한 불못에 던져진다. 이사야 선지자가 예언한 대로다. "그날에 여호와께서 그의 견고하고 크고 강한 칼로 날랜 뱀 리워야단 곧 꼬불꼬불

28 겔 39:11, 16

29 단 9:27

한 뱀 리워야단을 벌하시며 바다에 있는 용을 죽이시리라"[30] "나는 포도원에 대하여 노함이 없나니 질려와 형극이 나를 대적하여 싸운다 하자 내가 그것을 밟고 모아 불사르리라"[31] 하나님께서 지으신 포도원과 같은 하나님 나라를 끊임없이 넘보던 마귀 사탄은 마지막 순간까지 하나님 나라를 흔들어 보지만 그리스도의 천년 왕국은 진동치 못할 나라[32]로 결코 흔들지 못한다. 마귀 사탄은 처음부터 마지막까지 하나님을 대적하고 사람을 파멸시키려는 악한 존재요 천 년을 무저갱에 갇혀도 그 악함이 변하지 않는 영원한 악의 근원임을 잊지 말아야 한다.

천 년 동안 무저갱에 갇힌 사탄이 어떻게 천년 왕국 끝날에 세상으로 나와 온 세상을 미혹하고 하나님과 전쟁을 벌일 수 있을까? 사탄 스스로 힘을 키워 무저갱을 나온 것이 아니라 하나님께서 허락하고 풀어놓으셨기 때문이다.[33] 그렇다면 하나님께서 왜 천년 왕국 말기에 온 땅을 미혹하도록 사탄을 풀어놓으시는가? 하나님의 공평하심 때문이다. 선과 악에 대한 시험과 마귀 사탄의 미혹에 대한 시험을 모두 이겨야 진정 만물을 다스릴 합당한 하나님의 사람이 될 수 있는 것이다. 공평하신 하나님은 천년 왕국의 백성들에게도 천년 왕국 이전의 사람들과 똑같이 선과 악 중에서 어느 것을 택할 것인지, 하나님과 사탄 중에서 누구를 택할 것인지 선택하는 두 가지 시험을 주신다. 어린 양 예수 그리스도의 십자가 공로를 의지하여 죄의 유혹과 사탄의 미혹을 이겨 내고 새 하늘 새 땅과 새 예루살렘성을 유업으로 받는 자가 되어야 한다.

---

30 사 27:1

31 사 27:4

32 히 12:28

33 계 20:3, 7

3. 하나님의 최후 심판(계 20:11-15)

> "또 내가 크고 흰 보좌와 그 위에 앉으신 자를 보니 땅과 하늘이 그 앞에서 피하여 간데 없더라 또 내가 보니 죽은 자들이 무론대소하고 그 보좌 앞에 섰는데 책들이 펴 있고 또 다른 책이 펴졌으니 곧 생명책이라 죽은 자들이 자기 행위를 따라 책들에 기록된 대로 심판을 받으니 바다가 그 가운데서 죽은 자들을 내어주고 또 사망과 음부도 그 가운데서 죽은 자들을 내어주매 각 사람이 자기의 행위대로 심판을 받고 사망과 음부도 불못에 던지우니 이것은 둘째 사망 곧 불못이라 누구든지 생명책에 기록되지 못한 자는 불못에 던지우더라"(계 20:11-15)

역사의 시초에 에덴동산에서 뱀의 미혹으로 하나님의 심판이 찾아온 것처럼, 역사의 마지막 천년 왕국 끝날에 마귀 사탄의 미혹으로 하나님의 최후 심판이 찾아온다. 먼저 곡과 마곡을 미혹하던 사탄 마귀가 하나님의 심판을 받아 유황 불못에 던져진다. 그곳은 두 짐승 적그리스도와 거짓 선지자가 산채로 던져져 세세토록 밤낮 고통을 받는 곳이다.[1] 그 다음에 '죽은 자들'이 심판을 받는다.[2] 이들은 천년 왕국 때 죽은 자들과 천년 왕국 이전에 죽은 불신자들의 육체를 가리킨다. 천년 왕국 이전에 죽은 성도들의 몸은 부활하여 영생을 누리지만 불신자들의 몸은 그들의 영혼이 지옥에서

1 계 20:9-10
2 계 20:12

고통받는 동안 최후 심판 날의 형벌을 기다리게 된다.[3]

죽은 자를 '내어 준다'[4]라는 것은 육체의 부활을 의미한다. 천년 왕국 이전에 죽은 악인들의 육체와 천년 왕국 때 죽은 의인과 악인들의 육체가 모두 살아서 하나님의 심판을 받게 된다. 예수님의 피로 의롭게 된 자들의 육체(몸)는 예수님 재림 때 부활한 성도들의 몸과 같이 부활하여 영생을 누리고, 불신자들의 몸은 그 영혼과 함께 영원한 불못에 던져져 고통받게 된다.

성경은 세 번의 부활이 있다고 말한다. "아담 안에서 모든 사람이 죽은 것 같이 그리스도 안에서 모든 사람이 삶을 얻으리라 그러나 각각 자기 차례대로 되리니 먼저는 첫 열매인 그리스도요 다음에는 그리스도 강림하실 때에 그에게 붙은 자요 그 후에는 나중이니 저가 모든 정사와 모든 권세와 능력을 멸하시고 나라를 아버지 하나님께 바칠 때라 저가 모든 원수를 그 발아래 둘 때까지 불가불 왕 노릇 하시리니 맨 나중에 멸망 받을 원수는 사망이니라"[5] 첫 번째 부활은 부활의 첫 열매 예수 그리스도의 부활이다. 두 번째 부활은 예수님 재림하실 때 성도의 부활이다.[6] 그런데 이 두 번째 부활을 첫 번째 부활이라고도 했다.[7] 그것은 하나님의 아들 예수님의 부활을 빼고, 사람 가운데 첫 번째 부활이라는 뜻이다.[8]

---

3 사 24:22
4 계 20:13
5 고전 15:22-26
6 계 20:4; 살전 4:16
7 계 20:5-6
8 계 14:4

세 번째 부활은 예수님이 '모든 정사와 모든 권세와 능력[9]을 멸하시고 나라를 아버지 하나님께 바칠 때'이다. 그때가 언제인가? 천년 왕국 끝날 최후 심판 때다. "저가 모든 원수를 그 발아래에 둘 때까지 불가불 왕노릇 하시리니 맨 나중에 멸망 받을 원수는 사망"이라고 하신 말씀대로, 예수님은 그때가 이르기 전에 천년 왕국에서 반드시 왕 노릇하시다가 천년 왕국 끝날의 최후 심판 때 죽은 자와 마귀 사탄과 모든 악한 영들(모든 통치와 권세와 능력)을 불못에 던지시고 최후로 사망과 음부도 불못에 던지신다.[10] 따라서 세 번째 부활은 천년 왕국 끝날 최후 심판 때 있을 의인과 악인의 부활을 가리킨다. 의인의 부활은 순서상 세 번째 부활이지만, 예수님의 부활을 빼면 '두 번째 부활'이다. 그러나 악인의 부활은 영원한 형벌을 위한 부활이므로 두 번째 부활이라 하지 않고 '둘째 사망'이라 부른다.[11]

죽은 자들의 심판은 '두 가지 책'에 의해 이루어진다. 첫 번째 책은 '생명책'이다.[12] 생명책은 '어린 양의 생명책'[13]으로, 어린 양 예수님의 피로 죄 사함 받은 성도들의 이름이 기록된 하늘나라 호적부(戶籍簿)다. 이 어린 양의 생명책에 이름이 기록된 자들은 예수님의 피로 죄 사함 받고 의롭다 함을 받은 자들이기에 심판을 면하고 구원을 받게 된다. 또 하나의 책은 사람들의 '행위'를 기록한 여러 책들, 곧 '행위록'이다.[14] 생명책에 그 이름

9 엡 1:21; 6:12
10 계 20:7-15
11 계 20:14
12 계 3:5; 13:8; 20:12
13 계 13:8; 21:27
14 계 20:12

이 기록되지 않은 자들은 행위록에 기록된 자기 행위를 따라 책들에 기록된 대로 심판을 받는다.[15] 자기 행위에 근거하여 심판을 받는다는 말씀이 두 번 반복되고 있다.[16] 이들은 모두 불못에 떨어진다.[17] 왜 행위록에 기록된 자들은 자기 행위 때문에 불못에 떨어지는가? 자기 행위로 하나님 앞에 의롭다함을 얻을 육체가 없기 때문이다.[18] 그래서 어린 양 예수님의 피가 필요한 것이다. 죄 사함의 유일한 길, 죄 사함을 위하여 흘리신 어린 양 예수님의 십자가 피를 거절하고 자기 행위(자기 의)를 의지하여 의롭다 함을 받으려 하였으나 의롭다함을 받지 못하고 심판을 받게 되는 것이다. 하나님의 의를 모르고 자기 의를 세우려고 힘써 하나님의 의를 복종치 아니한 유대인들처럼[19] 결국 심판을 피할 수 없게 되는 것이다. 반면, 어린 양의 생명책에 그 이름이 기록된 자는 자기 행위를 의지하지 아니하고 영원한 생명이신[20] 어린 양 예수님을 믿고 의지함으로써 어린 양의 생명책에 그 이름이 기록되었고, 어린 양의 영원한 생명을 의지한 대로 영생을 얻게 되는 것이다.

'책들에 기록된 대로' 심판이 이루어진다는 것[21]은 하나님의 심판이 감정이나 직감이나 편견에 따른 심판이 아닌 지극히 의롭고 공정한 심판임

---

15 계 20:12
16 계 20:13, 15
17 계 20:15
18 행 13:39; 롬 3:20
19 롬 10:3
20 요일 5:20
21 계 20:12

을 의미한다. 한 사람도 하나님의 심판에 이의를 제기할 자가 없을 것이다. 자기 죄를 모른다고 부인할 자도 없다. 책에 기록된 대로 심판할 뿐 아니라 스스로 자기 죄를 직고할 것이기 때문이다.[22]

"맨 나중에 멸망 받을 원수는 사망"[23]이라고 말씀한 대로 심판의 마지막 대상은 '사망과 음부'이다. '사망'은 산 자들로부터 영원히 분리되는 것이며 '음부'는 사망한 자들이 가는 곳이다. 사망과 음부도 죽은 자와 마귀를 비롯한 악한 영들의 뒤를 따라 불못에 던져진다.[24] 이것은 이제 더 이상 인류에게 죄와 죽음이 찾아오지 않는다는 것을 뜻한다. 이것은 죄와 저주와 죽음을 가져온 선악과가 사라지고 다시는 나타나지 않는다는 것을 의미한다.[25] 요한계시록 21, 22장에서 새 예루살렘성 어디를 둘러보아도 생명나무는 있으나 선악과를 찾아볼 수 없다. 죄와 저주와 죽음을 불러온 선악과가 영원히 사라졌기 때문이다. 그것은 사망과 음부와 함께 영원히 지하 어두운 구덩이인 불못으로 내려갔다.[26] 사망뿐 아니라 사망의 처소인 음부까지 불못에 던져지고 사라졌으니 더 이상 사망이 거할 곳이 없다. 사망의 '가능성'은 영원히 사라졌다. 새 예루살렘성에 거하는 성도들에게는 선의 의지만 영원히 살아 있어서 '하나님 안에서' 영원한 자유를 누리며 살게 된다. 악의 의지는 인류 역사를 통해 충분히 시험받았고, 십자가에서

---

22 롬 14:12
23 고전 15:26
24 계 20:14
25 겔 31:18
26 겔 31:14

심판받았으며, 최후 심판으로 불못에 던져졌다. 생존 세상에서 사람을 두렵게 하던 악의 의지와 그 열매인 사망과 저주와 고통은 영원히 불못으로 들어가 다시는 생존 세상을 두렵게 하지 못하고 영원히 자취를 감출 것이다.[27] 이제 아담의 죄로 찾아온 사망과 음부까지 최후 심판을 받아 그의 영원한 거처인 불못에 들어갔다. 죄로 인해 찾아온 모든 것들이 정리되고 사라졌다.

불못(불의 연못)은 영원토록 불이 꺼지지 않는 곳이다.[28] 불못은 둘째 사망 곧 영원한 사망의 장소[29]로 삼위 하나님과 구원받은 백성과 만물과 영원히 분리되고 단절된 곳이다. 다시는 만날 수 없고 끝없는 고통만 계속될 뿐이다. 인류를 속이고 미혹하는 마귀 사탄에게 속아서 그곳에 가는 사람은 하나도 없어야 한다.

---

27 겔 32:23
28 막 9:48-49
29 계 20:14

제13장 새 하늘 새 땅과 새 예루살렘(21-22장)

역사는 하나님의 천지 창조와 에덴동산 창설로부터 시작되고 새 하늘 새 땅의 창조와 새 예루살렘의 도래로 끝난다. 그러나 끝은 새로운 시작이다. 예수님 안에 구원받은 자들은 거기서 영생복락을 누리게 된다.

1. 새 하늘 새 땅의 창조(계 21:1)

> "또 내가 새 하늘과 새 땅을 보니 처음 하늘과 처음 땅이 없어졌고 바다도 다시 있지 않더라"(계 21:1)

태초에 천지를 창조하신 하나님[1]은 천년 왕국 끝날 최후 심판 후에 새 하늘과 새 땅을 창조한다. 예수님께서 친히 "천지는 없어지겠으나"[2]라고 말씀하신 대로 최후 심판 때 지금의 하늘과 땅은 없어지고[3] 새 하늘과 새 땅이 창조된다.[4] 천지가 사라지고 새 하늘 새 땅이 창조되는 이유는 무엇인가?

먼저, 이전의 천지가 옷같이 낡아져서 더 이상 사용할 수 없기 때문이

1 창 1:1
2 막 13:31
3 계 20:11
4 계 21:1

다. “하늘이 연기 같이 사라지고 땅이 옷 같이 해어지며 거기 거한 자들이 하루살이 같이 죽으려니와”[5] “천지는 없어지려니와 주는 영존하시겠고 그 것들은 다 옷 같이 낡으리니 의복 같이 바꾸시면 바뀌려니와”[6]라고 했다. 옷이 낡아지면 기워 쓰다가[7] 더 이상 쓸 수 없을 때 헌 옷(옛 옷)을 버리고 새 옷을 사서 갈아입는 것처럼, 천지도 낡고 수명이 다하여 새로 창조되는 것이다. 다음으로, 천지가 낡아서 사용할 수 없는 이유는 사람의 죄 때문이다. 죄 때문에 사람이 늙고 쇠하여지다가 마침내 죽음으로 돌아가는 것처럼, 천지도 낡고 수명이 다하여 없어지게 되는 것이다. 만일 사람이 죄를 짓지 않았다면 사람의 몸도 부활의 몸과 같은 영생의 몸으로 변화되었을 것이요, 천지도 낡고 쇠하지 않는 영존하는 땅과 하늘로 변화되었을 것이다. 또한, 더 이상 영존하지 못할 것들을 바라보지 말고 영존하시는 하나님만 바라보게 하기 위함이다. “천지는 없어지려니와 주는 영존하시겠고”[8]라고 했다. 천지가 아무리 아름답고 위대해 보일지라도 그것들은 하나님의 창조물에 불과하며 창조주 하나님에 결코 비할 수 없다. 그런데 어리석은 유다 백성들은 하나님의 창조물인 해와 달과 별들을 우상으로 숭배하고 그것들을 바라보았다. 선물을 주신 분은 잊어버리고 선물만 바라본 것이다. 천지가 떠나가는 것을 보면서 더 이상 창조물을 바라보지 아니하고 그 모든 것을 창조하신 영존하시는 하나님만 바라보게 될 것이다.

새 하늘 새 땅의 창조는 태초의 천지 창조와 같은 완전히 ‘새로운 창조’

---

5 사 51:6
6 시 102:26
7 수 9:5
8 시 102:26

다. "보좌에 앉으신 이가 가라사대 보라 내가 만물을 새롭게 하노라"[9]라고 했다. 여기의 '새롭게'는 새 가죽 부대, 새것, 새 무덤, 새 옷에 사용된 단어로,[10] 고치고 수선하는 것이 아니라 '완전히 새로 만든 새것'을 의미한다. 옛집을 고치는 것 같은 '재창조'(리모델링)가 아니라 옛집을 허물고 완전히 새로 짓는 '새 창조'(신축)다. 사울이 변하여 새사람이 되고 성령으로 말미암아 옛사람이 변하여 새사람이 되는 것처럼[11] '속사람'이 변하는 것을 '재창조'(거듭남)라고 한다면, '새 창조'는 부활의 날 성도들이 썩지 않고 쇠하지 않는 신령한 새 몸으로 변화되는 것처럼[12] 속사람뿐 아니라 '겉 사람'까지 전부가 완전히 새롭게 변하는 것이다. 사람이 철거 작업을 하고 새집을 짓는 데는 상당한 시간이 소요된다. 그렇다면 새 하늘 새 땅을 창조하는 데는 얼마의 시간이 필요할까? 태초에 하나님께서 천지를 창조하는 데 단 6일이 걸렸다.[13] 그와 같이 새 하늘과 새 땅을 창조하는 데도 긴 시간이 걸리지 않을 것이다. 하나님은 천지를 없는 것같이, 빈 것같이 여기시는 분이다.[14] 하나님 앞에서는 광활한 천지(우주)도 먼지 같은 존재에 불과하다. 하나님께서 부르시면 천지는 일제히 선다.[15] 전능하신 하나님의 말씀으로 말미암아 천지는 짧은 시간에 새로 창조될 것이다.

새 옷이 낡은 옷보다 낫고 새집이 낡은 집보다 나은 것처럼, 새 하늘 새

9 계 21:5
10 마 9:17; 13:52; 27:60; 요 19:41; 눅 5:36
11 삼상 10:6; 고후 5:17
12 고전 15:52
13 창 1:31-2:2
14 사 40:17
15 사 48:13

땅의 창조는 옛 창조보다 '더 나은 창조'다. 이사야 선지자는 "보라 내가 새 하늘과 새 땅을 창조하나니 이전 것은 기억되거나 마음에 생각나지 아니할 것이라 너희는 내가 창조하는 것으로 말미암아 영원히 기뻐하며 즐거워할지니라"[16]라고 했다. 새 하늘 새 땅의 창조는 이전 것(옛 하늘과 옛 땅)이 생각나지 않을 만큼 영원한 기쁨과 즐거움을 주는, 이전의 창조보다 더 나은 창조다. 사람들은 때로 화려한 물질문명 속에 사는 지금보다 옛날이 더 낫다고 생각할 때가 있다. 심리적, 정신적, 영적인 면에서 더 낫다고 생각하기 때문이다. 그러나 새 하늘 새 땅은 물질적, 정신적, 심리적, 영적인 모든 면에서 이전 것과 비교할 수 없을 정도로, 이전 것이 조금도 생각나지 않을 만큼 아름답고 황홀할 것이다. 하나님이 주시는 새것은 항상 이전 것보다 더 나은 것들이다. 하나님은 더 나은 언약, 더 나은 직분, 더 나은 제사, 더 나은 본향을 주시는 분이다.[17] 하나님은 우리를 위하여 더 나은 것을 예비하는 분이시다.[18]

새 하늘 새 땅의 창조는 '영원한 창조'다. 이사야 선지자는 "나의 지을 새 하늘과 새 땅이 내 앞에 항상 있을 것 같이 너희 자손과 너희 이름이 항상 있으리라"[19]라고 했다. 사람이 영생하는 것처럼 새 하늘과 새 땅도 영존할 것을 예언했다. 이전의 하늘과 땅은 영존하지 못하나 새 하늘과 새 땅이 영존하는 이유는 무엇인가? 그곳은 죄와 불순종과 저주와 죽음이 없

---

16 사 65:17-18
17 고후 3:8; 히 7:22; 8:6; 11:4, 16
18 히 11:40
19 사 66:22

고 의만 거하는 곳이기 때문이다.[20] 새 하늘 새 땅에 바다가 없는 것[21]은 그 곳이 바다가 상징하는 저주와 죽음이 없는 영존하는 곳임을 의미한다. 바다는 인간의 삶에 많은 유익과 풍요를 준다. 그러나 바다는 '하나님을 떠난 이 세상'을 상징한다. 바다는 창조 이후 육지에 사는 사람과 땅의 생명들을 위협하며[22] 공포와 저주, 죽음을 불러왔다.[23] 바다는 땅과 땅을 고립시키는 분리의 장소요, 땅에 사는 생명들의 거주지를 축소시키는 존재다. 바다가 사라진 땅은 삶의 지경이 넓어지고 온 땅이 하나 되며 서로 만나고 연결될 것이다. 무엇보다 바다는 온갖 더러운 것들이 모이는 곳으로, 멸망할 바벨론성과 같은 곳이다.[24] 육지가 4생물들의 거주지인 교회를 상징한다면, 바다는 세상의 시작부터 종말까지 하나님을 대적하고 교회를 위협하는 '사탄의 회'[25]를 상징한다. "바닷물이 태에서 나옴 같이 넘쳐 흐를 때에 문으로 그것을 막은 자가 누구냐"[26] "네가 여기까지 오고 넘어가지 못하리니 네 교만한 물결이 여기 그칠지니라"[27]라고 했다. 바다와 그 세력(파도)은 땅을 침범하고 땅 위의 생명을 해치는 위험한 세력으로서 하나님께서 이 세력이 땅을 위협하지 못하도록 모래를 두어 해안선이라는 경계선을 만드셨다. 마치 경건의 비밀 그리스도[28]를 대적하는 불법의 비밀 적그

20 계 21:4; 벧후 3:13
21 계 21:1
22 시 69:2; 93:3; 욘 2:3
23 출 15:5
24 계 18:2
25 계 2:9; 3:9
26 욥 38:8
27 욥 38:11
28 딤전 3:16

리스도가 온 교회를 위협하지 못하도록 '막는 자'를 두신 것과 같다.[29] 그러나 마지막 때에 막는 자가 떠나면 적그리스도가 나타나 그의 지경인 바다를 넘어 육지까지 들어와 온 세상을 멸망의 수렁으로 몰아넣을 것이다. 이 적그리스도에게 권세를 주어 온 교회와 성도를 삼키려 하는 사탄(용)이 하늘에서 추방되어 첫발을 디딘 곳이 '바다 모래 위'다.[30] 사탄(용)이 바다 모래 위에 선 것은, 경계선을 넘지 말라 하신 하나님의 명을 어기고 바다의 경계선(해안선)을 넘어 땅을 침범하기 위한 것이다. 이 사탄의 사주를 받아 온 세상을 멸망시킬 적그리스도(한 짐승)가 출현하는 곳도 바다다.[31] 그의 출처인 바다는 무저갱을 상징하는 곳이다.[32] 따라서 바다가 사라지는 것은 인류의 생명과 행복을 위협하던 모든 것(죄와 저주와 죽음과 사탄의 세력)이 새 하늘 새 땅에서 더 이상 생각조차 나지 않도록 아예 존재하지 않는 것을 의미한다. 새 예루살렘성은 죄로 인해 찾아온 가시와 엉겅퀴[33]와 같은 것들이 다시 존재하지 않는 영존하는 곳이다.

새 하늘 새 땅은 새 예루살렘성처럼 변모해 갈 것이다. 새 예루살렘의 영광은 하나님께서 새롭게 창조하신 새 하늘과 새 땅, 곧 새로운 우주 전역에 널리 퍼질 것이다. 세상은 난리와 난리의 소문이 그칠 날이 없고, 마침내 불타고 낡고 쇠하며 사라질 것이다. 이 세상이나 세상에 있는 것들을 사랑하지 말고 주님의 약속대로 죄와 죽음과 사탄의 권세가 없는 영원한 의의 처소 새 하늘 새 땅을 바라보며 소망 가운데 살아야 한다.[34]

29 살후 2:7
30 계 12:17
31 계 13:1
32 계 11:7
33 창 3:18
34 요일 2:15; 벧후 3:13

2. 새 예루살렘성의 도래(계 21:2-22:5)

“또 내가 보매 거룩한 성 새 예루살렘이 하나님께로부터 하늘에서 내려오니 그 예비한 것이 신부가 남편을 위하여 단장한 것 같더라 내가 들으니 보좌에서 큰 음성이 나서 가로되 보라 하나님의 장막이 사람들과 함께 있으매 하나님이 저희와 함께 거하시리니 저희는 하나님의 백성이 되고 하나님은 친히 저희와 함께 계셔서 모든 눈물을 그 눈에서 씻기시매 다시 사망이 없고 애통하는 것이나 곡하는 것이나 아픈 것이 다시 있지 아니하리니 처음 것들이 다 지나갔음이러라 보좌에 앉으신 이가 가라사대 보라 내가 만물을 새롭게 하노라 하시고 또 가라사대 이 말은 신실하고 참되니 기록하라 하시고 또 내게 말씀하시되 이루었도다 나는 알파와 오메가요 처음과 나중이라 내가 생명수 샘물로 목마른 자에게 값없이 주리니 이기는 자는 이것들을 유업으로 얻으리라 나는 저의 하나님이 되고 그는 내 아들이 되리라 그러나 두려워하는 자들과 믿지 아니하는 자들과 흉악한 자들과 살인자들과 행음자들과 술객들과 우상 숭배자들과 모든 거짓말하는 자들은 불과 유황으로 타는 못에 참예하리니 이것이 둘째 사망이라 일곱 대접을 가지고 마지막 일곱 재앙을 담은 일곱 천사 중 하나가 나아와서 내게 말하여 가로되 이리 오라 내가 신부 곧 어린 양의 아내를 네게 보이리라 하고 성령으로 나를 데리고 크고 높은 산으로 올라가 하나님께로부터 하늘에서 내려오는 거룩한 성 예루살렘을 보이니 하나님의 영광이 있으매 그 성의 빛이 지극히 귀한 보석 같고 벽옥과 수정 같이 맑더라 크고 높은 성곽이 있고 열두 문이 있는데 문에 열두 천사가 있고 그 문들 위에 이름을 썼으니 이스라엘 자손 열두 지파의 이름들이라 동편에 세 문, 북편에 세 문, 남편에 세 문, 서편에 세 문이니 그 성에 성곽은 열두 기초석이 있고 그 위에 어린 양의 십이 사도의 열두 이름이 있더라 내게 말하는 자가 그 성과 그 문들과 성곽을 척량하려고 금 갈대를 가졌더라 그 성은 네모가 반듯하여 장광이 같은지라 그 갈대로 그 성을 척량하니 일만 이천 스타디온이요 장과 광과 고가 같더라 그 성곽을 척량하매 일백사십사 규빗이니 사람의 척량 곧 천사의 척량이라 그 성곽은 벽옥으로 쌓였고 그 성은 정금인데 맑은 유리 같더라 그 성의 성곽의 기초석은 각색 보석으로 꾸몄는데 첫째 기초석은 벽옥이요 둘째는 남보석이요 셋째는 옥수요 넷째는 녹보석이요 다섯째는 홍마노요 여섯째는 홍보석이요 일곱째는 황옥이요 여덟째는 녹옥이요 아홉째는 담황옥이요 열째는 비취옥이요 열한째는 청옥이요 열두째는 자정이라 그 열두 문은 열두 진주니 문마다 한 진주요 성의 길은 맑은 유리 같은 정금이더라 성 안에 성전을 내가 보지 못하였으니 이는 주 하나님 곧 전능하신 이와 및 어린 양이 그 성전이심이라 그 성은 해나 달의 비췸이 쓸 데 없으니 이는 하나님의 영광이 비취고 어린 양이 그 등이 되심이라 만국이 그 빛 가운데로 다니고 땅의 왕들이 자기 영광을 가지고 그리로 들어오리라 성문들을 낮에 도무지 닫지 아니하리니 거기는 밤이 없음이라 사람들이 만국의 영광과 존귀를 가지고 그리로 들어오겠고 무엇이든지 속된 것이나 가증한 일 또는 거짓말하는 자는 결코 그리로 들어오지 못하되 오직 어린 양의 생명책에 기록된 자들뿐이라 또 저가 수정 같이 맑은 생명수의 강을 내게 보이니 하나님과 및 어린 양의 보좌로부터 나서 길 가운데로 흐르더라 강 좌우에 생명나무가 있어 열두 가지 실과를 맺히되 달마다 그 실과를 맺히고 그 나무 잎사귀들은 만국을 소성하기 위하여 있더라 다시 저주가 없으며 하나님과 그 어린 양의 보좌가 그 가운데 있으리니 그의 종들이 그를 섬기며 그의 얼굴을 볼 터이요 그의 이름도 저희 이마에 있으리라 다시 밤이 없겠고 등불과 햇빛이 쓸데 없으니 이는 주 하나님이 저희에게 비취심이라 저희가 세세토록 왕 노릇 하리로다"(계 21:2-22:5)

천년 왕국이 끝난 후 새 예루살렘성이 새 하늘 새 땅으로 내려온다. 천년 왕국이 시작된 후 내려오는 것이 아니라 천년 왕국이 끝난 후 내려온다. 새 예루살렘성이 천년 왕국의 수도, '예물로 드릴 다섯 땅(땅의 예루살렘)과 다른 점은 무엇인가? 천년 왕국의 수도 예루살렘은 성전이 있으나 하늘의 새 예루살렘성은 성전을 볼 수 없고,[1] 땅(천년 왕국)의 예루살렘은 생명수의 강이 성전에서 흘러나오나 하늘의 새 예루살렘성은 하나님과 어린 양의 보좌로부터 흘러나온다.[2] 땅의 예루살렘에는 저주와 죽음이 있으나 하늘의 새 예루살렘성에는 저주와 죽음이 없다.[3] 땅의 예루살렘은

1 겔 43:4; 계 21:22
2 겔 47:1; 계 22:1
3 사 65:20; 계 21:4; 22:3

'천년'이라는 시한부 왕국이나 새 예루살렘은 영원한 왕국이다.[4]

그렇다면 새 예루살렘성은 어떤 도성인가?

첫째, 새 예루살렘성은 '하나님'의 도성이다. 새 예루살렘성은 새 하늘 새 땅의 성전 역할을 하는 도성이다. 거룩한 성 새 예루살렘이 하나님께로부터 하늘에서 내려올 때 보좌에서 큰 음성으로 "보라 하나님의 장막이 사람들과 함께 있으매 하나님이 그들과 함께 계시리니 그들은 하나님의 백성이 되고 하나님은 친히 그들과 함께 계셔서"[5]라는 말이 들렸다. 새예루살렘성을 '하나님의 장막'(성전)이라고 했다. 그것이 하늘에서 내려오는 이유는 사람들의 장막(새 하늘과 새 땅)과 함께 거하기 위한 것이다.[6] 새 예루살렘성은 창조 이후 성도들의 믿음으로 건축되고[7] 완성되어 새 하늘 새 땅이 창조될 때 내려오는,[8] 하나님의 장막 성전(성막)과 같은 하나님의 도성이다. 이것은 하나님의 장막인 '성막'이 사람들의 장막인 레위 진영과 이스라엘 열두 지파의 진영 가운데 거하던 것과 같다.[9]

---

4 계 20:6; 22:5 단 2:44; 7:18

5 계 21:2-3

6 계 7:15

7 유 1:20

8 계 21:2, 10

9 민 2:2

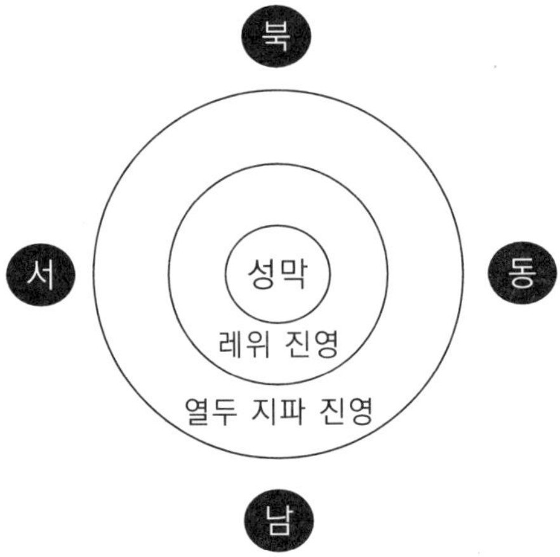

광야의 이스라엘 진영

이것은 장막절(초막절) 절기 때 성전 사방에 지은 이스라엘의 초막들 가운데 성전이 있던 것과 같다. 이것은 하나님의 말씀이신 하나님의 아들 예수님이 육신의 몸을 입고 하늘에서 이 땅으로 내려와 우리 가운데 거하신 것과 같다.[10] 이것은 천년 왕국 때 성전이 그 사방의 '예물로 드릴 다섯 땅'(제사장의 땅, 레위인의 땅, 여호와삼마성의 땅, 왕의 두 땅)과 그 바깥 이스라엘 열두 지파의 땅 가운데 있던 것과 같다.[11]

---

10 요 1:1, 14; 3:13; 6:38, 58

11 겔 45:1-8

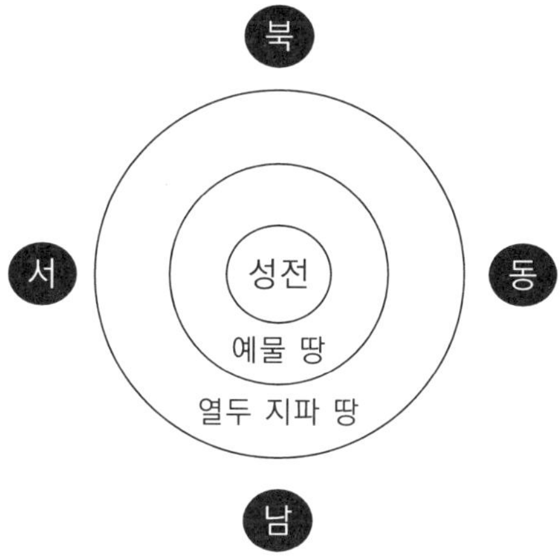

천년 왕국 때 이스라엘

새 예루살렘성은 사람들의 장막(레위 진영과 열두 지파의 진영) 가운데 있던 하나님의 장막 '성전'(성막)과 같다.[12] 성전은 지성소, 성소, 뜰로 구성되어 있고, 지성소에는 언약궤와 속죄소와 두 그룹, 성소에는 일곱 등잔을 가진 등대와 떡상과 향단, 뜰에는 제단이 있다. 그런데 새 예루살렘성에도 똑같이 언약궤가 있고[13] 그것이 상징하는 하나님의 보좌와, 속죄소가 상징하는 어린 양 예수님과, 두 그룹이 상징하는 네 생물, 일곱 등잔이 상징하는 하나님의 일곱 영과, 금향단[14]과 제단[15]이 있다. 이것은 새 예루살렘성이 사람의 장막인 새 하늘과 새 땅의 '성전' 역할을 하는 곳임을 보여 주는 것이다.

12 계 21:2
13 계 11:19
14 계 8:3
15 계 6:9; 8:3; 14:18; 16:7

또 새 예루살렘성은 성전의 '지성소'와 같다. 새 하늘 새 땅의 '지성소' 역할을 하는 도성이다. 특징은 길이와 너비와 높이가 똑같다는 것이다. 성막의 지성소는 셋이 똑같이 십 규빗씩이요, 성전의 지성소(내전)는 똑같이 이십 규빗씩이다.

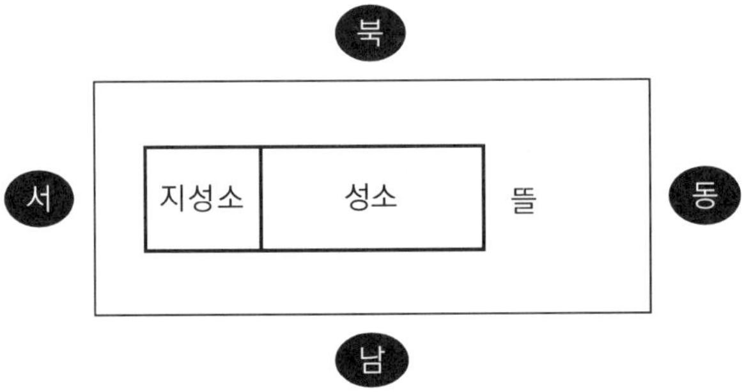

성전(성막)의 구성

왕궁이나 예루살렘성은 길이와 너비와 높이가 똑같지 않다. 그런데 새 예루살렘성은 길이와 너비와 높이가 모두 똑같이 만 이천 스타디온인 정육면체 도성이다.[16] 이것은 새 예루살렘성이 성전 중에서도 하나님의 방인 지성소와 같은 곳임을 의미한다. 새 땅은 사람의 방 중에 제사장의 방인 성소와 같고, 새 하늘은 백성의 뜰과 같다.

지성소를 성소가 싸고 성소를 뜰이 싸고 있는 '성막'의 모습이나, 성막을 레위 진영이 둘러싸고 그 사방을 열두 지파 진영이 둘러싸고 있는 '광야 진영'의 모습이나, 성전 사방을 천년 왕국의 수도 예루살렘(예물로 드릴

---

16 계 21:16

다섯 땅)이 둘러싸고, 그 바깥을 열두 지파의 땅이 둘러싸고 있는 '천년 왕국'의 모습이나, 하나님의 보좌를 네 생물과 이십사 장로(교회를 상징)가 둘러서고, 그 바깥을 천사들과 모든 피조물이 둘러선 '새 예루살렘성'의 모습이나, 지성소와 같은 새 예루살렘 곁에 성소와 같은 새 땅이 있고 성전의 뜰과 같은 새 하늘이 둘러 있는 새 창조 세계의 모습이 똑같다.

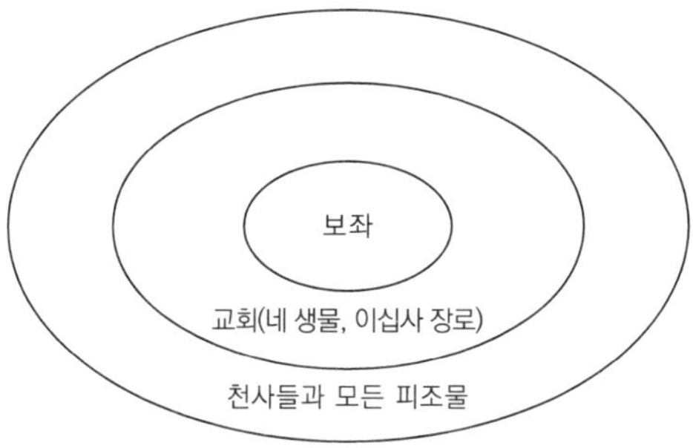

새 예루살렘성

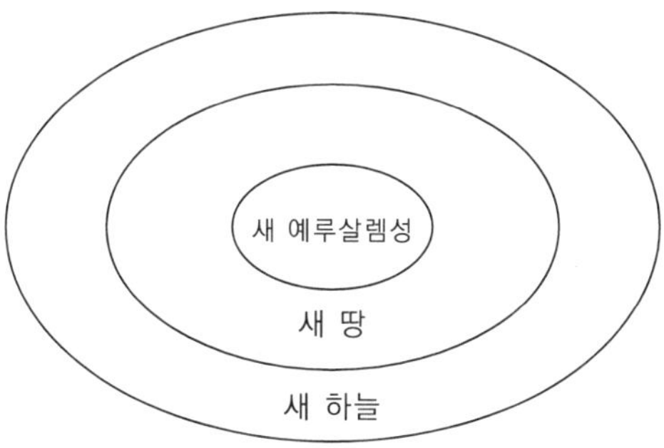

새 창조 세계

새 예루살렘성은 하나님의 장막 성전(성막)과 같고, 성전의 지성소(내전)와 같은 하나님의 도성이다. 하나님과 어린 양의 보좌가 그 가운데 계시고[17] 하나님의 일곱 영 성령이 늘 함께 계셔서[18] 새 예루살렘성(지성소 역할)과 새 땅(성소 역할)과 새 하늘(뜰 역할)을 통치하는 삼위일체 하나님의 도성이다. 새 창조 세계의 본부요 심장과 같은 도성이다.

둘째, 새 예루살렘성은 '성도'의 도성이다. "하늘은 나의 보좌요 땅은 나의 발등상이니 너희가 나를 위하여 무슨 집을 지을꼬 나의 안식할 처소가 어디랴"[19]라고 했다. 만유를 창조하신 하나님께는 장막(성전)이 필요하지 않다. 천지 만물도 하나님을 담을 수 없거든 만물보다 크신 분의 집을 어떻게 지을 수 있으랴? 하나님의 집 새 예루살렘성은 하나님을 섬기는 어린 양의 아내요 신부인 성도(교회)의 도성이다. 하나님께서 '성도(교회)와 함께 살기 위하여' 그의 아들 예수 그리스도를 통해 창세로부터 예비하신 새집이다.[20] 성막에는 하나님의 방 지성소만 있는 것이 아니라, 그 하나님을 섬길 제사장들의 방인 성소도 있고 하나님의 백성들이 하나님을 예배하며 거하는 뜰도 있다. 이것은 하나님의 집 성전(성막)이 하나님의 집인 동시에 성도의 집이라는 것을 의미한다. 새 예루살렘성도 그와 같다. 하나님의 집이면서 하나님을 섬기는 성도의 집이다. 이 집에는 삼위 하나님만 계신 것이 아니라 하나님을 섬기는 성도와 돕는 천사들이 있고 만물이 있다. 이들은 모두 하나님의 백성들이다. 이 모든 하나님 백성들의 대표는

---

17 계 7:10; 22:1, 3

18 계 3:1; 4:5; 5:6; 22:17

19 사 66:1

20 마 25:34

성도(교회)이다.[21] 그래서 이 성은 하나님의 도성이면서 동시에 성도의 도성이라 할 수 있다. 2절과 9절은 하나님께로부터 하늘에서 내려오는 거룩한 성 새 예루살렘을 '어린 양의 신부요 아내'라고 하여 성도(교회)의 도성임을 분명히 말씀하고 있다.[22] 큰 성 바벨론이 큰 음녀로서 사탄을 위해 단장된 사탄의 신부요 아내 된 '사탄의 회'의 도성이라면,[23] 새 예루살렘성은 어린 양 예수님을 위해 단장된 어린 양의 신부요 아내된 '교회'(성도)의 도성이다.

성도의 도성 새 예루살렘성은 티나 주름 잡힌 것 없는 '흠 없고 영광스러운 교회'를 상징한다.[24] 현재의 지상 교회는 '고난 중'인 교회요 '공사 중'이요 '미완성'인 교회[25]로서 흠이 있고 부족하며 고난이 많으나, 장래의 완성된 교회는 새 예루살렘성처럼 맑고 밝고 찬란한 모습의 흠 없고 영광스러운 모습이다. 그것은 예수님의 재림 때 변화될 영광스러운 새 몸과 같다.

셋째, 새 예루살렘성은 하나님의 영광과 성도들의 영광이 빛나는 '영광'의 도성이다. 그곳은 성전 되신 주 하나님의 영광이 빛나고 어린 양이 등불이 되신 곳이다.[26] 그래서 해나 달이 필요 없고 등불과 햇빛이 쓸데없고 밤이 없는 곳이다.[27] 그 성은 지극히 귀한 보석같이 빛나고, 벽옥과 수정같

21 히 1:14
22 계 21:2, 9-10
23 계 2:9; 3:9; 16:17-18:24
24 엡 5:27
25 엡 2:2
26 계 21:22-23
27 계 21:23, 25; 22:5

이 맑은[28] '삼위일체 하나님의 영광'이 빛나는 도성이다. 그 성과 성의 길이 성이 맑은 유리 같은 정금으로 빛나는 '정금성'이다.[29] '정금'은 '성부 하나님의 영광'을 상징한다. 그 성은 동서남북 사방에 세 개씩 열두 개의 진주 문이 '문마다 한 진주'로 된 '진주 성'이다.[30] 그 열두 진주 문에는 열두 천사가 있고 문 위에 이스라엘 열두 지파의 이름들이 기록되어 있다. 진주는 조개의 희생으로 태어난 보석으로 우리를 구원하기 위해 십자가에서 자기 몸을 희생하신 구원의 유일한 문[31] 되신 '어린 양 예수님의 영광'을 상징한다. 그 성은 벽옥(푸른 보석)으로 쌓인[32] 백사십사 규빗(약 72m 정도) 크기의 크고 높은 성곽이 있고[33] 그 '성곽의 기초석'이 '열두 가지 보석'으로 꾸며진 '보석 성'이다. 성곽의 '벽옥'과 '보석들'은 성도를 보호하고 빛으시는 '성령의 영광'을 상징한다. 또한 그 열두 가지 보석들은 보혜사 성령의 역사로 다듬어진 '교회(열두 지파)의 영광'을 상징한다. "만국이 그 빛 가운데로 다니고 땅의 왕들이 자기 영광을 가지고 그리로 들어가리라 낮에 성문들을 도무지 닫지 아니하리니 거기에는 밤이 없음이라 사람들이 만국의 영광과 존귀를 가지고 그리로 들어가겠고"[34]라고 했다. 이 구절의 '자기 영광', '만국의 영광'은 각 성도의 영광 즉 교회의 영광을 의미한다. 따라서 새 예루살렘성은 정금, 진주, 보석이 상징하는 성부 성자 성령 삼

28 계 21:11
29 계 21:18, 21
30 계 21:12, 21
31 요 10:7
32 계 21:17-18
33 계 21:12
34 계 21:24-26

위 하나님의 영광이 빛나고, 열두 보석들이 상징하는 성령의 역사로 빚어진 교회의 영광이 빛나는 곳이다. 해와 달과 별이 상징하는 성부, 성자, 성령의 영광과, 별과 별의 영광이 상징하는 교회의 영광이 빛나는 곳이다.[35] 영광에 영광이 더한 영광의 도성이다. 현재의 고난은 장차 나타날 영광과 족히 비교할 수 없다.[36] 이 영광의 도성에 들어가기 위해서는 불이 섞인 유리 바다[37]와 같은 환난을 지나야 한다. 그래야 수정과 같이 맑은 유리 바다[38] 광장에 서서 하나님과 어린 양을 예배할 수 있다.[39]

넷째, 새 예루살렘 성은 길이와 너비와 높이가 각각 12,000 스타디온인 '광대'한 도성이다.[40] 일 스타디온이 약 190m이므로 만 이천 스타디온은 2,280km이다. 달의 지름이 3,472km의 구형(球形)이므로 달보다는 조금 작으나 길이와 너비와 높이가 똑같은 정육면체(입방체)의 광대한 도시이며 면적만 약 520만km^2로 한반도 면적의 23배가 넘는다. 이 성이 이처럼 광대한 것은 모든 민족 가운데 어린 양의 피로 구원받은 성도들이 많기 때문이다.[41] 성은 컸으나 사람이 적었던 옛 예루살렘성과 같지 않다.[42] 모든 민족 가운데 어린 양의 피로 구원받은 큰 무리의 교회는, 창세

35 고전 15:41
36 롬 8:18
37 계 15:2
38 계 4:6
39 계 7:9
40 계 21:16
41 계 7:9
42 느 7:4

로부터 성도를 위해 예비된[43] 새집에서, 하나님의 장막 사방에 장막을 치고, 하나님 우편 보좌에 계신 어린 양 예수님과 함께, 위로는 하나님 아버지를 모시고 아래로 만물을 다스리며 세세토록 왕 노릇할 것이다.[44]

다섯째, 새 예루살렘성은 다시는 주리지도 아니하고 목마르지도 아니하고 상하지도 아니하고 사망이 없고 애통하는 것이나 곡하는 것이나 아픈 것이 없는 '영생'의 도성이다.[45] 죄로 인해 찾아온 처음 것들 곧 사망과 저주는 다 지나갔다.[46] 이것이 수백 년을 살아도 사망과 저주가 존재하는[47] 천년 왕국과 다른 점이다. "이루었도다 나는 알파와 오메가요 처음과 마지막이라 내가 생명수 샘물을 목마른 자에게 값없이 주리니"[48]라고 했다. 새 예루살렘성은 만유의 처음과 마지막이 되시는 만유의 창조자요 통치자요 구원자요 심판자이신 하나님께서 '생명수 샘물'을 목마른 자에게 값없이 주시는 곳이다. 보좌 가운데 계신 어린 양 예수님이 선한 목자가 되셔서 '생명수 샘'으로 성도를 인도하실 것이다.[49] '생명수 샘'은 '생명나무'를 자라게 하는 '생명수 강'의 원천으로서, 생명수가 흘러나오는 하나님과 어린 양의 보좌[50] 있는 곳에 있을 것이다. 하나님과 어린 양 예수님을 믿는

43 마 25:31; 요 14:2-3
44 계 22:5
45 계 7:16; 21:4
46 고후 5:17
47 사 65:20
48 계 21:6
49 요 10:11; 계 7:17
50 계 22:1-3

자는 영원히 목마르지 아니하고 주리지 않을 것이다.[51] 새 예루살렘성에 있는 생명수 샘물, 생명수의 강, 생명나무 열매는 모두 '영생'을 상징하는 것들로 새 예루살렘성은 영생의 도성이다.

새 예루살렘성은 '새 에덴동산'이라 할 수 있다. 천지 창조 후 하나님께서 사람에게 주신 낙원 에덴동산과 새 예루살렘성은, 먹고 마실 것이 있고, 입을 것(에덴동산은 옷이 필요 없고 새 예루살렘성에는 흰 옷이 있다)과 거할 곳이 있고, 정금과 진주와 보석이 있고, 온 세계를 다스릴 가정(아담과 하와, 어린 양과 신부)과 생명나무가 있고 하나님이 계신 점이 모두 똑같다. 새 예루살렘성이 에덴동산보다 더 아름답고 찬란한 도성으로 변모한 점을 빼면 똑같다. 그런데 단 한 가지 다른 점이 있다. 그것은 에덴동산에는 선악을 알게 하는 나무(사망의 나무)가 있지만, 새 예루살렘성에는 그것이 없다는 점이다. 이것은 에덴동산이 생명과 복을 주는 생명나무를 택할 것인지, 사망과 저주를 주는 선악의 나무를 택할 것인지를 선택하는 시험을 거쳐야 하는 '아직 구원받지 못한' 동산이라면, 새 예루살렘성은 생명과 복을 선택한 자들이 영원히 거주하는 곳 곧 사망과 저주가 없는 영생의 도성임을 의미하는 것이다. 예수님의 십자가로 말미암아 저주와 죽음을 가져온 선악의 나무는 영원히 지하 깊은 불못으로 들어갔다.[52] 예수 그리스도 안에 있는 자에게는 저주와 죽음이 영원히 사라졌다. 예수님께서 친히 저주를 담당하셨기 때문이다.[53] 선악의 나무가 상징하는 사망과 음부

51 요 6:35
52 겔 31:16; 계 20:14
53 갈 3:13

는 불못에 던져져서 다시는 나올 수 없다. 새 예루살렘성에는 다시 저주와 죽음이 없다. 오직 영생만 있을 뿐이다. 영생은 유일하신 참하나님과 그의 보내신 자 예수 그리스도를 아는 것이다.[54] 새 예루살렘성의 모든 성도들은 어린 양 예수님의 신부요 제자로서 영원토록 삼위일체 하나님의 깊이와 높이와 넓이를 알아 갈 것이다.

이 찬란하고 광대한 하나님과 사람(교회)의 도성, 영광과 영생의 도성에 들어갈 자는 누구인가? 믿음의 선한 싸움에서 '이긴 자들' 곧 믿음을 지킨 자들이다. "이기는 자는 이것들을 유업으로 얻으리라 나는 저의 하나님이 되고 그는 내 아들이 되리라"[55]라고 했다.

이기는 자가 상속받는 것은 무엇인가?

첫째는 '나라와 제사장'이 되는 것이다.[56] '나라'가 된다는 것은 하나님 나라의 백성이 된다는 것이다. 그래서 그들이 하나님의 보좌 앞에 있고 하나님의 성전에서 밤낮 하나님을 섬기는 '제사장'으로서 흰 옷을 입고 하나님을 예배하는 것이다.[57] 흰 옷은 구약의 제사장들이 하나님을 섬길 때 입던, 허리에서 넓적다리까지 하체를 완전히 가린 하얀 세마포 옷과 같은 옷이다.[58] 제사장들은 세마포 두건, 세마포 관, 세마포 고의, 세마포 속옷, 세마포 겉옷, 세마포 띠까지[59] 위에서 아래, 안에서 바깥까지 모두 하얀 세마포 즉 흰 옷을 입고 하나님을 섬겼다. 따라서 흰 옷을 입고 하나님의 보좌와

54 요 17:3
55 계 21:7
56 계 1:6; 5:10
57 계 21:15
58 출 28:42
59 출 39:28; 레 6:10

어린 양 앞에 선 큰 무리는, 성전에서 밤낮 하나님을 섬기던 제사장의 무리와 같은 자들임을 의미하는 것이다.

둘째는, 하나님의 보좌 사방에 집(장막)을 짓고 살게 하신다. "보좌에 앉으신 이가 그들 위에 장막을 치시리니"[60]라고 했다. 애굽에서 나온 이스라엘 백성들이 시내산과 광야에서 성막 사방으로 장막을 치고 살던 것처럼 하나님 보좌 사방으로 천국 집을 짓고 영원히 살게 되는 것이다.

셋째는 다시는 죽음과 저주가 없는 곳에서 영생 복락을 누리며 사는 것이다. "그들이 다시는 주리지도 아니하며 목마르지도 아니하고 해나 아무 뜨거운 기운에 상하지도 아니하리니"[61]라고 했다. 이것은 그들이 복음 때문에, 믿음 때문에 주리고 목마르고 해나 뜨거운 기운에 상했다는 것을 의미한다. 그러나 다시는 그런 일이 없을 것이다. 더 이상의 환난도 죽음도 없기 때문이다. "이는 보좌 가운데에 계신 어린 양이 그들의 목자가 되사 생명수 샘으로 인도하시고 하나님께서 그들의 눈에서 모든 눈물을 씻어 주실 것"[62]이라고 했다. 앞서 '생명수 샘'과 여기서 흘러나오는 생명수의 강, 거기서 맺히는 생명 열매는 모두 '영생'을 상징하는 것들이라고 했다. 성도는 거기서 영생을 누릴 것이다. 이 땅에서 무리를 먹이시던 선한 목자 예수님이 보좌 가운데 계셔서[63] 흰 옷 입은 큰 무리의 양 떼들을 항상 푸른 풀밭과 생명수 샘으로 인도하실 것이다. 하나님 아버지께서는 믿음 때문에 복음 때문에 환난 중에 흘린 성도의 모든 눈물을 씻어 주시고 영원한

---

60 계 21:15
61 계 21:16
62 계 21:17
63 계 5:6

위로를 주실 것이다.

두려워하는 자들, 믿지 아니하는 자들, 흉악한 자들, 살인자들, 음행하는 자들, 점술가들, 우상 숭배자들, 거짓말하는 모든 자들, 지어내는 자들, 개들[64]과 같은 행악자들과 믿음을 버린 자들은 결코 새 예루살렘성에 들어가지 못한다.

새 예루살렘성의 길이와 넓이와 높이가 같은 것처럼, 말씀과 믿음과 행실이 하나 되고, 믿음과 소망과 사랑이 조화를 이루어야 한다. 지금 우리는 영과 육이 하나 되지 못하고 하나님의 뜻을 온전히 따르지 못하는 자신을 보고 실망할 때가 많다. "회개하라 천국이 가까웠느니라"[65]라고 하셨다. 회개할 때 우리 영은 하나님께로 점점 더 가까워질 것이다.

천년 왕국이 깊어지는 만큼 새 예루살렘성과의 거리도 가까워질 것이다. 그와 같이 날로 믿음이 깊어지고 성숙해져서 하나님과의 영적인 거리, 성도와 성도, 자기 영과 육의 거리도 점점 좁혀야 할 것이다. 바벨론을 떠난 아브라함의 눈에 처음에는 잘 보이지도 않고 희미하던 약속의 땅이 갈수록 또렷해지고 눈 안에 들어오더니 마침내 그 땅에 들어간 것처럼, 천년 왕국 끝날에 새 예루살렘성이 점점 가까이 다가오다가 마침내 새 하늘 새 땅이 창조될 때 눈앞에 내려오는 것을 보게 될 것이다. 그날을 바라보며 성도에게 '단번에 주신 믿음의 도'를 위하여 힘써 믿음의 선한 싸움을 싸우고 여호수아 군대와 다윗의 군대와 같이 이기는 자가 되어야 한다.[66]

---

64 계 21:8; 22:5

65 마 4:17

66 딤전 6:12; 유 1:3; 요일 5:5; 계 2:7, 11, 17, 26; 3:5, 12, 21

제14장 마지막 당부(22:6-21)

"또 그가 내게 말하기를 이 말은 신실하고 참된지라 주 곧 선지자들의 영의 하나님이 그의 종들에게 결코 속히 될 일을 보이시려고 그의 천사를 보내셨도다 보라 내가 속히 오리니 이 책의 예언의 말씀을 지키는 자가 복이 있으리라 하더라 이것들을 보고 들은 자는 나 요한이니 내가 듣고 볼 때에 이 일을 내게 보이던 천사의 발 앞에 경배하려고 엎드렸더니 저가 내게 말하기를 나는 너와 네 형제 선지자들과 또 이 책의 말을 지키는 자들과 함께 된 종이니 그리하지 말고 오직 하나님께 경배하라 하더라 또 내게 말하되 이 책의 예언의 말씀을 인봉하지 말라 때가 가까우니라 불의를 하는 자는 그대로 불의를 하고 더러운 자는 그대로 더럽고 의로운 자는 그대로 의를 행하고 거룩한 자는 그대로 거룩되게 하라 보라 내가 속히 오리니 내가 줄 상이 내게 있어 각 사람에게 그의 일한 대로 갚아 주리라 나는 알파와 오메가요 처음과 나중이요 시작과 끝이라 그 두루마기를 빠는 자들은 복이 있으니 이는 저희가 생명나무에 나아가며 문들을 통하여 성에 들어갈 권세를 얻으려 함이로다 개들과 술객들과 행음자들과 살인자들과 우상 숭배자들과 및 거짓말을 좋아하며 지어내는 자마다 성 밖에 있으리라 나 예수는 교회들을 위하여 내 사자를 보내어 이것들을 너희에게 증거하게 하였노라 나는 다윗의 뿌리요 자손이니 곧 광명한 새벽별이라 하시더라 성령과 신부가 말씀하시기를 오라 하시는도다 듣는 자도 오라 할 것이요 목마른 자도 올 것이요 또 원하는 자는 값없이 생명수를 받으라 하시더라 내가 이 책의 예언의 말씀을 듣는 각인에게 증거하노니 만일 누구든지 이것들 외에 더하면 하나님이 이 책에 기록된 재앙들을 그에게 더하실 터이요 만일 누구든지 이 책의 예언의 말씀에서 제하여 버리면 하나님이 이 책에 기록된 생명나무와 및 거룩한 성에 참예함을 제하여 버리시리라 이것들을 증거하신 이가 가라사대 내가 진실로 속히 오리라 하시거늘 아멘 주 예수여 오시옵소서 주 예수의 은혜가 모든 자들에게 있을찌어다 아멘"(계 22:6-21)

이제 사도 요한은 요한계시록을 마무리하면서 예수님과 성령님과 어린양의 신부 새 예루살렘성의 마지막 당부와 자신의 기원을 기록하고 있다.

1. 마지막 당부

진실로 속히 오리라!

예수님은 세 번이나 속히 오실 것을 강조하고 있다. "보라 내가 속히 오리니 이 책의 예언의 말씀을 지키는 자가 복이 있으리라 하더라"[1] "보라 내가 속히 오리니 내가 줄 상이 내게 있어 각 사람에게 그의 일한 대로 갚아 주리라"[2] "이것들을 증거하신 이가 가라사대 내가 진실로 속히 오리라 하

1 계 22:7
2 계 22:12

시거늘"[3] 성경에서 예수님의 초림은 456번 예언했지만 재림은 1,518번 예언했다. 재림에 대한 예언이 초림보다 3배나 더 많다. 신약 성경에만 재림의 예언이 318번 나온다. 예수님은 제자들에게 처소를 다 예비하면 영접하러 다시 오겠다고 약속했다.[4] 지금은 자다가 깰 때다. 바울은 "또한 너희가 이 시기를 알거니와 자다가 깰 때가 벌써 되었으니"[5]라고 했다. 깨어 일어나 '마음'을 준비하고 '삶'을 준비해야 한다. 예수님이 오실 때 잠든 모습으로 맞이할 수는 없지 않겠는가? 어두운 세상을 밝힐 수 있는 충분한 믿음의 기름을 준비해야 한다. 믿음에는 왕도가 없고 지름길이 없다. 하루아침에 없던 믿음이 갑자기 생기는 것이 아니다. 믿음은 관계 속에서 자라게 된다. 한 계단, 한 계단, 계단을 올라가듯 믿음은 말씀과 순종 가운데 자란다. 그것은 은혜와 시험의 과정을 지난다. 시간이 필요하고 인내가 필요하다. 믿음의 장성한 분량에 이르도록 노력해야 한다. 어떤 환난이 찾아와도 '나는 하나님을 믿습니다'라고 담대히 신앙을 고백할 수 있는 믿음에 이르러야 한다. 모든 사람이 주님을 만나는 것이 아니다. 다섯 처녀는 혼인 잔치 집에 들어갔으나 다섯 처녀는 들어가지 못했다.[6] 두 사람이 밭에 있다가 하나는 데려감을 당하되 하나는 버려둠을 당하고, 두 여자가 맷돌을 갈다가 하나는 데려감을 당하되 하나는 버려둠을 당한다고 했다.[7] 이스라엘 백성들이 다 함께 애굽을 나오고 다 함께 광야의 길을 걸었지만 많은

---

3 계 22:20
4 요 14:3
5 롬 13:11
6 마 25:10
7 마 24:40-41

사람들이 가나안 땅을 밟지 못하고 광야에서 엎드러졌다. 오직 믿음의 사람들만이 가나안 땅에 들어갔다. 준비되어 있지 않으면 주님이 재림하실 때 주님을 만날 수 없다.

밤이 깊었다는 것을 알아야 한다.[8] 이 '밤'은 '어둠'과 동일한 의미를 가진 말씀이다. 밤이나 어둠은 죄악, 환난, 사탄의 권세를 상징한다. 지금은 죄의 밤이 깊어 가고 있는 때다. 주님이 다시 오실 때는 노아의 때와 롯의 때와 같으리라고 했다. 노아의 때, 롯의 때는 죄악의 잔이 흘러넘쳤다. 잔에 물을 가득 부으면 더 담을 수 없어서 결국 흘러넘치게 된다. 그와 같이 더 담을 수 없을 정도로 죄악의 잔이 가득 차면, 그 어떤 윤리나 도덕이나 법으로도 통제할 수 없는 지경에 이르면, 노아 때와 같이 하나님의 심판이 찾아오고 그것을 막을 자가 없다. 이처럼 악한 때에는 노아와 롯처럼 하나님의 뜻을 따르는 사람은 점점 사라지고 죄악의 깊은 어둠을 사랑하여 그리로 가는 자들이 점점 많아진다. 믿음의 길을 따라 사는 소수의 사람들이 점점 외로워지고 마침내 하나님을 대적하는 다수의 불신 세력에 의해 억압받고 고통받게 된다. 바로 그런 때가 어둠의 때다. 어둠이 활동하는 때, 어둠이 자기 세상을 만나 마음껏 활보하고 의로운 심령은 숨죽이며 믿음을 지키는 때다. 이때에 마귀는 자기 때가 얼마 남지 않은 줄 알고 크게 분내어 세상에 내려온다.[9] 지금이 그와 같은 때다. 세상이 점점 악해지고 있다. 불법이 성하고 사랑이 식어지고 있다.[10] 사람들은 자기를 사랑하고 돈을 사랑하고, 자랑하고 교만하며 비방하고 부모를 거역하며 감사하지 아

---

8 롬 13:12

9 계 12:12

10 마 24:12

니하고 거룩하지 아니하며 무정하고 원통함을 풀지 아니하며 모함하고 절제하지 못하며 사납고 선한 것을 좋아하지 아니하며 배신하고 조급하며 자만하고 쾌락에 매여 살아간다.[11] 세계 여러 나라의 매스컴이나 언론을 통해 사탄이 강력하게 역사하고 있다. 교회를 미워하고 대적하는 세력들이 곳곳에서 일어나 성도들이 세상에서 설 자리는 점점 좁아진다. 마침내 로마의 박해 시대와 같은 악한 시대가 올 것이다. 그때 성도들은 악인들로 낙인찍혀 세상의 구경거리가 될 것이다.[12] 어둠의 때는 혹독하다. 견디기 어렵다. 우리 주님도 어둠의 때를 만났을 때 "할 수만 있거든 이때가 내게서 지나가게 해 달라"라고 기도했다.

여호수아가 "오늘날 너희가 섬길 자를 택하라"라고 한 것처럼, 주님을 택하든지 세상과 적그리스도를 택하든지 둘 중 하나를 선택할 때가 이르고 있다. 밤이 깊어질수록 깨어 믿음을 굳게 지켜야 한다. 밤이 깊고 낮이 가까운 이때, 환난의 때가 찾아오고 주님 오실 때가 임박한 이때, 믿음의 사람들은 어두움의 일을 벗어 버려야 한다. '어두움의 일'은 무엇인가? '방탕함과 술 취함과 음란과 호색과 다툼과 시기'와 같은 일들이다.[13] '방탕함과 술 취함과 음란과 호색'은, 세상의 향락과 육신의 쾌락을 추구할 때 찾아오는 것이다. 육신의 쾌락과 세상 향락에 젖지 말아야 한다. '다툼과 시기'는, 세상의 헛된 욕심과 영광을 구할 때 찾아온다. "너희 중에 싸움이 어디로, 다툼이 어디로 좇아 나느뇨 너희 지체 중에서 싸우는 정욕으로 좇아

11 딤후 3:1-4
12 고전 4:9
13 롬 13:13

난 것이 아니냐?"[14]라고 했다. 좀 더 많은 것을 얻고 싶은 욕심에 사람들은 서로 싸우고 다툰다. 그것들은 바람 같은 것들이다. 영원하지 못하다. 많은 사람들이, 가지려 하나 가질 수 없고 쌓으려 하나 쌓을 수 없고 간직하려 하나 불타고 없어질 것들을 사랑하고 붙잡으려 헛되이 수고하며 밤을 지새운다. 바람처럼 사라질 것들을 내려놓을 줄 알아야 한다. 피난민은 생명을 위해 꼭 필요한 것들만 챙기고 가야 한다. 가진 것들이 너무 많아서 내려놓지 못하고 떠나지 못하면 귀한 생명을 잃어버린다. 죄를 버려서 짐을 가볍게 해야 한다. 이 세상도 그 정욕도 다 지나간다고 했다.[15] 우리 '인생'은 나그네요, '이 세상'도 '그 정욕'도 다 나그네와 같다. 다 지나가는 것들이요 바람처럼 사라지는 것들이다. 붙잡으려 하나 붙잡을 수 없다. 주의 날이 도적같이 오면 하늘이 큰소리로 떠나가고 물질이 뜨거운 불에 풀어지고 땅과 그중에 있는 모든 일이 드러나리라고 했다.[16] 불타는 것들은 사라지고 없어질 것들이다. 세상에 있는 모든 것들이 다 그렇다. 새집으로 이사 갈 때 불필요한 것들을 다 버려두고 가져가지 않는 것처럼, 이 세상도 그 정욕도 우리의 영원한 집 천국으로 갈 때 두고 가야 할 것들이다. 세상 것들을 너무 연연해하지 말고 벗어 버려야 한다. 오직 영원하신 하나님의 말씀만 붙잡아야 한다. 그것은 영원히 사라지지 않는 것이기 때문이다. '하나님의 뜻을 행하는 사람'은 영원히 거한다고 했다. 사람이 붙잡고 따라가야 할 것은 '하나님의 뜻'이요 '하나님의 말씀'이다. 큰 지진이 날 때 강한 것들을 잡아야 살 수 있다. 의지하지 못할 약한 것들을 붙잡으면 같이 망

14 약 4:1
15 요일 2:17
16 벧후 3:10

한다. 큰 환난의 날에 우리의 생명을 지킬 수 있는 것은 하나님의 말씀이다. 말씀을 굳게 붙잡아야 한다. 이것이 어둠의 때를 이기고 아침을 기다리는 지혜로운 성도의 삶이다. 어둠의 때를 이기려면 빛의 갑옷을 입어야 한다.[17] 갑옷은 적의 공격을 막아 주는 방탄복 같은 것이다. 어둠의 세력이 성도를 사정없이 공격할 때 빛의 갑옷을 입은 자는 어둠을 이겨 낼 수 있다. 어둠은 '물러가라'라고 해서 물러가지 않는다. 어둠을 물리치는 가장 쉬운 방법은 빛을 비추는 것이다. 빛이 임하면 어둠은 자연적으로 물러간다. 그래서 빛의 갑옷을 입어야 하는 것이다. 그 빛이 어둠을 물리치기 때문이다. 그렇다면 '빛의 갑옷'은 무엇인가? '예수 그리스도'라는 옷이다. 머리부터 발끝까지 예수 그리스도의 언행심사로 무장해야 한다. 그리하면 어둠을 이기고 구원의 노래를 부를 수 있을 것이다.

오직 하나님께 경배하라!

사도 요한이 새 예루살렘성에 이르기까지의 모든 장래 일에 대한 계시를 받은 후, 그 모든 장래 일을 보이던 천사의 발 앞에 경배하려고 엎드리자 천사는 "나는 너와 네 형제 선지자들과 또 이 책의 말을 지키는 자들과 함께 된 종이니 그리하지 말고 오직 하나님께 경배하라"[18]라고 했다. 성도가 오직 경배해야 할 분은 역사의 주관자 하나님뿐이다. 이십사 장로가 면류관을 하나님께 드린 것은 경배받으실 분이 하나님밖에 없기 때문이다.[19] 사람의 제일 되는 목적은 하나의 영광을 드러내는 것이다. "그런즉 너희가

17 롬 13:12

18 계 22:8-9

19 계 4:10

먹든지 마시든지 무엇을 하든지 다 하나님의 영광을 위하여 하라"[20] '영광'이란 히브리어로 '카보드'이다. 이것은 광채, 아름다움, 뛰어남, 명성 등의 뜻을 가지고 있다. 하나님의 영광이란 '빛'과 같이 아름답고 찬란한 하나님의 존귀와 위엄을 말한다. 성경에서 하나님의 영광은 하나님의 이름과 함께 나타난다. "어찌 내 이름을 욕되게 하리요 내 영광을 다른 자에게 주지 아니하리라"[21] 하나님의 이름과 하나님의 영광이 같은 의미로 사용되고 있다. 따라서 하나님의 영광을 위해 사는 것은 '하나님의 이름을 위해' 사는 삶이다. 존귀하신 하나님의 이름을 가진 분, 그분이 바로 "하나님의 영광의 광채시요 그 본체의 형상"[22]이신 예수 그리스도다. 사람은 예수 그리스도를 통해 하나님의 영광을 볼 수 있다. 하나님의 영광을 위해 살기 원한다면 예수 그리스도의 이름과 영광을 위해 살면 된다. 예수 그리스도를 만나 하나님의 영광의 빛을 발해야 한다. 아무 냄새도 없고 향기도 없고 볼품도 없는 질그릇 같은 우리 인생이 백합화 같은 향기를 발할 수 있는 것은 우리 안에 계신 영생의 보배, 예수 그리스도 때문이다.[23]

예수께로 오라!

예수님이 사도 요한에게 천사를 보낸 목적은 교회들을 위하여 반드시 속히 될 일을 보이시려는 것이다.[24] 예수님은 '알파와 오메가요 처음과 나

---

20 고전 10:31
21 사 48:11
22 히 1:3
23 고후 4:7
24 계 22:6, 16

중이요 시작과 끝'[25]으로서 만유의 주인이요 만사의 주관자시며 다윗의 뿌리요 자손이며 광명한 새벽 별'[26]이다. 육신으로는 다윗의 자손으로 다윗의 혈통에서 나셨으나 성결의 영으로는 다윗의 뿌리(근원, 근본)가 되신 창조주 하나님이요 온 세상의 어둠을 밝히는 영생의 빛이시다.[27]

성령과 신부는 '오라'며 초청한다. 이 예언의 말씀을 듣는 자들과 목마른 자들과 원하는 자들은 누구든지 '영생'을 얻기 위하여 '생명수 강'으로 오라는 것이다. 생명수 강의 근원이신[28] 하나님과 어린 양 예수께 오라는 것이다. 그래야 다시 목마르지 아니하고 영생을 누릴 수 있기 때문이다. 사람이나 동물이나 식물이나 생명체는 물 없이 살 수 없다. 양식 없이 40일도 버틸 수 있지만 물 없이는 일주일도 버티기 힘들다. 지구의 70%가 물이요 사람의 70%가 물이다. 그만큼 생명을 가진 자는 물 없이 살 수 없다. 물은 갈증을 그치게 하고 뜨거운 대지를 식혀 주며 더러움을 깨끗하게 씻어 준다. 물은 만물의 근원이신 하나님을 상징한다. 태아가 양수에 둘러싸여 있는 모습은 태초에 지구가 물에 둘러싸여 있는 모습과 비슷하다.[29] 천지 창조 후 지구 모습은 혼돈하고 공허했다. 아무 것도 없이 텅 비어 있었다. 보이는 것도 잡히는 것도 없고 온통 캄캄했다. 단 하나 존재하는 것이 바로 물이었다. 하나님의 영이 수면 위에, 곧 물 위에 있었다. 아무 것도 없는 캄캄한 지구에 온통 물로 가득 차 있었다. 마치 노아 홍수 때 물이 온

25 계 22:13
26 계 22:16
27 요 1:4
28 계 22:1
29 창 1:2

지구를 산꼭대기까지 덮어 버린 것처럼. 땅의 모든 것이 이 물로부터 나왔다. 베드로 사도는 땅이 물에서 나와 물로 성립된 것도 하나님의 말씀 한 마디로 된 것이라고 했다.[30] 땅은 물에서 나와 물로 성립했고 물(홍수)로 인하여 멸망했다.[31] 물에서 땅이 나왔고 물에서 나온 흙(땅)에서 식물이 나왔다.[32] 물에서 나온 흙에서 땅의 동물과 공중의 새들이 나왔고 사람이 나왔다.[33] 따라서 땅 위의 모든 생물이 물에서 나왔다고 할 수 있다. 그래서 땅이 물에서 나와 물로 성립되었다고 말하는 것이다. 지구의 70%가 물이요 사람의 70%가 물인 것이 우연이 아니라 할 수 있다. 물론 이 물 또한 저절로 생긴 것이 아니라 하나님께로부터 나온 것이다.[34]

물은 하나님의 존재와 속성을 가장 잘 드러내 보여 준다. 그래서 성경은 하나님의 말씀을 물에 비유하기도 한다. 물이 만물에 생명을 주고 소성시키듯 하나님의 말씀은 만물에게 생명을 주고 소성시킨다. 물이 어디에나 있고 어디든지 찾아가듯이 하나님은 어디에나 계시며 어디든지 찾아가신다. 물이 빈부귀천 호불호를 가리지 않고 누구에게나 똑같이 공평하듯 하나님은 모든 사람에게 공평하고 공의로우시다. 물이 땅의 빈틈을 채우고 메우며 평평하게 하듯 하나님은 만물의 부족함을 채우고 충만케 하시며 약한 자를 강하게 하시고 평균케 하신다.[35] 물이 낮은 자리로 흐르듯 지극

30 벧후 3:5
31 벧후 3:6
32 창 1:9, 11
33 창 2:7, 19
34 계 22:1
35 고후 8:13

히 높으신 하나님은 스스로 낮추사 온 천지를 살피신다.[36]

이처럼 땅이 물에서 나왔고 물로 이루어졌기 때문에, 땅에 사는 존재는 사람이든 짐승이든 식물이든 물 없이는 살 수 없다. 그래서 사람들은 좀 더 많은 물을 차지하려고 서로 싸운다. 그러나 땅 위의 물은, 잠시 생명을 주고 소성시킬 수 있어도 영원한 생명을 줄 수 없다. 조금 있으면 목마르기에 다시 물을 마셔야 한다. 그러나 영원히 목마르지 않는 생명수가 있다. 바로 예수님이시다. 예수님은 "누구든지 목마르거든 내게로 와서 마시라"[37]라고 하시며 땅 위의 모든 목마른 영혼들을 주님께로 초청하셨다. 예수님은 생수의 근원이시다.[38]

두 종류의 물이 있다. "하나님이 가라사대 물 가운데 궁창이 있어 물과 물로 나뉘게 하리라 하시고 하나님이 궁창을 만드사 궁창 아래의 물과 궁창 위의 물로 나뉘게 하시매 그대로 되니라 하나님이 궁창을 하늘이라 칭하시니라 저녁이 되며 아침이 되니 이는 둘째 날이니라"[39] 하나는 궁창 위의 물로서 하늘의 물이요 다른 하나는 궁창 아래의 물로서 땅의 물이다. 궁창(하늘) 위의 물은 비나 이슬을 말하는 것이며 궁창 아래의 물인 땅의 물은 바닷물을 말하는 것이다. 하나님께서 궁창 아래의 물을 모으시고 바다라 칭하셨기 때문이다.[40] 땅 위에 사는 생명들이 마셔야 할 물은 궁창 위의 물인 하늘의 물이다. 하늘 아래의 물인 바닷물은 마실 수가 없다. 땅 위

---

36 시 113:6; 빌 2:7
37 요 7:37
38 렘 2:13
39 창 1:6-8
40 창 1:9-10

의 모든 생명은 하늘로부터 내리는 비나 이슬을 땅이 흡수하고 땅이 흡수한 그 물을 마셔야 살 수 있다. 그와 같이 하늘로부터 이 땅에 성육신하여 내려오신 하늘의 생명수 되신 예수님을 믿어야 우리 영혼이 살 수 있다.[41] 예수님은 영원한 생명수의 근원이요 생명 열매의 근원이다.[42] 예수님이라는 생명수를 마신 자는 영원히 목마르지 않고 예수님이라는 생명 열매를 먹는 자는 영원히 주리지 않는다.[43] 그러면 어떻게 이 생명수와 생명 열매를 먹고 마시는가? 먹고 마신다는 것은 '마음으로 믿고 받아들이는 것'을 의미한다.[44] 따라서 영원히 목마르지 않는 생수를 마시라는 성령의 신부의 초청은 주 예수 그리스도를 믿음으로 영생 구원을 얻으라는 뜻이다.[45]

예언의 말씀을 지키라!

천사는 이 두루마리의 예언의 말씀(요한계시록)에 대해 세 가지를 당부한다.

첫 번째는 때가 가까웠으니 '인봉하지 말라!'라는 것이다.[46] 모든 사람으로 알게 하라는 것이다. 모든 사람이 요한계시록을 알아야 한다.

두 번째는 '가감하지 말라!'라는 것이다.[47] 이 예언의 말씀에 더하지도 말고 빼지도 말고 말씀 그대로 전하라고 당부한다. 두루마리에 기록된 이 예

41 요 6:54-56
42 계 22:1-2
43 요 6:36, 55
44 요 7:37-38; 롬 10:10
45 행 16:31
46 계 22:10
47 계 22:18-19

언의 말씀에 더하면 재앙들을 더할 것이요, 제하면 새 예루살렘성에 참여함을 제하여 버린다는 무서운 경고를 하고 있다.

세 번째는 이 예언의 말씀을 '지키라!'라는 것이다.[48] 이 예언의 말씀을 지키는 자가 복이 있다고 말한다. 천사는 주님 오실 때가 가까울수록 말씀을 지키는 의롭고 거룩한 자(알곡)와 말씀을 지키지 않는 불의하고 더러운 자(가라지)로 분리될 것을 경고하고 있다.[49] 하나님께서 빛과 어둠을 나누고 궁창 위의 물과 궁창 아래의 물로 나누신 것처럼 나뉘게 되는 것이다. 의롭고 거룩한 자들은 날마다 자기의 두루마기를 빠는 자들이다.[50] 날마다 죄로 더러워진 자신의 옷을 빠는 자, 곧 날마다 회개하여 자신을 깨끗케 하는 자이다. 이런 자들이 복 있는 자들이다.[51] 이런 자들이 새 예루살렘성에 들어가게 된다고 약속하고 있다.[52] 반면 불의하고 더러운 자들은 개들(자기가 토한 것을 도로 먹는 자들, 세상의 죄악과 벗하는 자들, 세상과 간음하는 자들, 믿음을 배반한 종교 지도자들)과 점술가들(점치는 자들)과 음행하는 자들과 살인자들과 우상 숭배자들(짐승의 우상에게 경배하는 자들)과 거짓말을 좋아하며 지어내는 자들(거짓 선지자들, 이단들, 사교)이다.[53] 그들은 새 예루살렘성에 들어가지 못하고 바깥 어둠에 쫓겨나 슬피 울며 이를 갈게 된다.[54]

---

48 계 22:7
49 계 22:11
50 계 22:14
51 계 22:14
52 계 2:5, 16, 22; 3:3, 19; 22:14
53 계 21:8; 22:15
54 계 22:15

말씀을 지키라! 사도 요한은 앞서 요한계시록을 시작하면서 이 예언의 말씀을 읽는 자와 듣는 자와 그 가운데에 기록한 것을 지키는 자가 복이 있다고 했다.[55] 이것은 사도 요한 개인의 생각이 아니라 천사가 전해 준 당부의 말씀을 그대로 전한 것이다. '지키는 자'라는 범주 속에는 말씀을 읽는 자와 듣는 자가 포함되어 있다. 말씀을 읽고 들어야 지킬 수 있기 때문이다. 주님의 말씀을 듣기만 하는 자가 되지 말고 지키는 자가 되어야 한다. 목숨 바쳐 말씀을 지켜야 한다. 목숨을 바쳐 짐승(적그리스도)의 표와 우상 숭배를 거절하라는 주님의 말씀을 지켜야 한다. 그것이 참믿음이다. 주님을 믿는 자란 주님의 말씀을 지키는 자이다. 죽고자 하는 자는 살고, 살고자 하는 자는 죽을 것이다.[56] 죽기를 각오하고 말씀을 지키고 믿음을 지키는 자는 살고, 육신의 목숨을 위해 말씀을 버리고 믿음을 버리는 자는 멸망할 것이다.

성경은 사람들에게 진리와 구원의 길을 가르쳐 주는 하나님의 말씀이다. "먼저 알 것은 경의 모든 예언은 사사로이 풀 것이 아니니 예언은 언제든지 사람의 뜻으로 낸 것이 아니요 오직 성령의 감동하심을 입은 사람들이 하나님께 받아 말한 것"[57]이라고 했다. 성경은 사람의 뜻으로 낸 것이 아니라 성령의 감동하심을 받은 사람들이 하나님께 받아 말한 '하나님의 말씀'이다. 성령의 감동하심을 받아 성경을 기록한 사도들이나 선지자들은 대필자에 불과하고, 성경을 기록한 원저자는 하나님이시다. 어떤 사람이 편지를 대필했다면, 편지를 쓴 사람은 대필자가 아니라 편지를 쓰게 한

---

55 계 1:3

56 마 10:39

57 벧후 1:20-21

사람이다. 그와 같이 성경은 사도들이나 선지자들을 대필자로 사용하여 쓰신 하나님의 편지요 하나님의 말씀이다.

그렇다면 성경이 하나님의 말씀인 것을 어떻게 알 수 있는가? 첫째로, '예언의 성취'를 통해 알 수 있다. 바톤 페인의 《성경예언대백과사전》에 의하면, 성경에 기록된 예언은 총 1,817개로, 구약 성경에는 1,239개, 신약 성경에는 578개의 예언이 있다고 한다. 그런데 크고 작은 그 모든 예언들은 다 성취되고 이제 남은 것은 재림과 관련된 것뿐이다. 예언의 성취는 참선지자와 거짓 선지자를 구분하는 척도다. "네가 혹시 심중에 이르기를 그 말이 여호와의 이르신 말씀인지 우리가 어떻게 알리요 하리라 만일 선지자가 있어서 여호와의 이름으로 말한 일에 증험도 없고 성취함도 없으면 이는 여호와의 말씀하신 것이 아니요 그 선지자가 방자히 한 말이니 너는 그를 두려워 말지니라"[58] 하나님으로부터 온 참선지자의 예언은 틀릴 수 없다. 따라서 성경이 하나님의 말씀임을 알 수 있는 중요한 판단 기준의 하나가 예언의 성취이다. 성경을 믿지 않는 사람들은 성경의 예언이 사건 발생 이후에 기록되었다고 말한다. 그러나 메시아의 죽음이나 이스라엘의 국가 회복에 대한 예언만 봐도 역사적인 사건 훨씬 이전에 예언된 것을 부인할 수 없다. 또 그들은 성경이 실제가 아니라 허구나 전설일 뿐이라고 말한다. 그러나 성경의 문헌학적인 신뢰도는 세상의 어떤 문헌보다 높고, 고고학자들의 발굴을 통해 성경이 얼마나 정확한 역사적 사실인지 계속해서 입증되고 있다. 1,817개의 성경 예언은 예측하기 어려운 인간사일 뿐 아니라 기적을 통해 실현된 것들이요, 이스라엘의 국가 회복에

58 신 18:21-22

대한 예언처럼 수천 년의 시간이 경과된 후에 이루어진 예언도 있다. 이 가운데 구약의 메시아 예언만 해도 모두 191개이다. "여자의 후손이 뱀의 머리를 상하게 할 것"[59]이라는 창세기 예언을 필두로 하여 메시아의 탄생과 사역, 고난과 죽음, 부활, 승천 모두가 한 치의 오차도 없이 그대로 성취되었다. 베들레헴이라는 다윗의 동네에 다윗의 후손으로 처녀의 몸에서 태어나실 것, 갈릴리를 중심으로 사역하실 것, 유대인들에게 배척당하실 것, 나귀 새끼를 타고 예루살렘에 들어가실 것, 가까운 동료에게 배반당하실 것, 은화 삼십에 팔리실 것, 고발자들 앞에서 잠잠하실 것, 메시아의 옷을 놓고 제비뽑기하게 될 것, 메시아의 뼈가 하나도 꺾이지 않을 것, 부자들과 함께 장사되실 것, 죽은 지 삼 일 만에 부활하실 것, 하나님의 보좌 우편에 앉으실 것 등 모든 예언이 하나도 틀림없이 그대로 적중했다. 《과학은 말한다》(무디출판사, 1963년)라는 책에서 예수님의 탄생과 배반, 죽음을 둘러싼 8가지의 예언만 해도 성취될 확률이 10의 17승 분의 1, 곧 10경분의 1이라고 한다. 한 사람에게 16개의 예언이 적중될 확률은 10의 45승 분의 1이요, 48개의 예언은 10의 157승 분의 1이다. 1에 0이 157개 붙은 것이다. 그렇다면 191개의 예언이 예수님 한 분에게 성취될 확률은 도대체 얼마나 되겠는가? 이것이 하나님의 역사 없이 어떻게 가능하겠는가? 성경에는 이 외에도 바벨론, 페르시아, 헬라, 로마로 이어지는 대제국의 등장을 예언한 다니엘의 예언,[60] 150년 전에 예루살렘 중건을 명령한 페르시아의 고레스왕의 출현에 대한 이사야 선지자의 예언[61]과 같은 많

59 창 3:15
60 단 2:37-42
61 사 44:28-45:1

은 예언들이 있고 이것들은 성경이 하나님의 감동으로 기록된 하나님의 말씀임을 분명히 보여 준다.

둘째로, 성경의 '과학성'을 통해 알 수 있다. 지금부터 3,500년 전에 기록된 창세기 22장 17절에 "네 씨가 크게 번성하여 하늘의 별과 같고 바닷가의 모래와 같게 하리니"라는 말씀이 있다. 20세기 초까지만 해도 사람들은 하늘의 별이 수천 개에 불과하다고 하며 성경을 불신했다. 그러나 천체 망원경이 발명된 후 2003년 7월 22일에 영국의 BBC방송은, 호주 천문학자들의 발표를 인용하면서 망원경을 통해 관측할 수 있는 별의 수가 지구 전체의 해변과 사막에 있는 모래알보다 10배나 많다고 보도했다. BBC는 육안으로 볼 수 있는 별은 약 5,000개에 불과하지만, 최첨단 천체 망원경을 이용할 경우 무려 70섹스틸리언의 별을 확인할 수 있다고 했는데 이것은 '7' 뒤에 '0'이 22개 붙은 숫자로, 지구의 사막과 해변의 모래를 전부 센 것보다 많다고 하는 것이다. 3800년 전 예언된 구약 욥기 26장에는 "그는 북편 하늘을 허공에 펴시며 땅을 공간에 다시며 물을 빽빽한 구름에 싸시나 그 밑의 구름이 찢어지지 아니하느니라"[62]라고 했다. '북쪽을 허공에 폈다'라고 했다. 1981년 미국의 3대 천문대의 관측 결과, 북두칠성과 목동자리 뒤 지구에서 4억 광년 되는 거리에, 별이 거의 없는 거대한 빈 공간을 발견했는데 그 지름이 3억 광년이요 2천억 개의 별로 구성된 은하 1천 개나 들어갈 수 있는 공간이라고 한다. 미국 키르픽 천문대의 폴세크터 박사는 "우주에 이런 빈 공간이 있다는 사실은 현재로서는 이해하기 어려운 문제"라고 했다. 땅을 아무 것도 없는 곳에 매달았다고 한 것

62 욥 26:7-8

은 지구가 우주 공간에 놓여 있다는 뜻인데 욥기 당대의 고대인들은 지구가 거대한 거북이 등이나 여신의 허리 위에 얹혀 있다고 생각했다. 그러나 성경은 우주 공간에 떠 있다고 말씀한다. 그런데 16세기에 뉴턴이 지구가 고정된 것이 아니라 허공에 떠 있다는 사실을 밝혀낸 것이다. '물(바다)을 빽빽한 구름에 쌌다'라고 했는데 이것은 지구가 대기권에 둘러싸여 있다는 것이다. 이 외에도 현대 과학이 아니고서는 알 수 없는 비의 순환 과정이나, 지구의 지하가 불로 뒤집는 것 같다는 말씀들이 성경 곳곳에 기록되어 있다. 해양학의 아버지 메튜 머리 박사는 시편 8편 8절에 "공중의 새와 바다의 물고기와 바닷길에 다니는 것"이란 말씀을 보고 세계 최초로 해로를 발견했다. 하나님께서는 아브라함에게 태어난 지 8일 만에 할례를 행하라 하셨는데[63] 혈액의 응고 과정이 과학적으로 밝혀진 후에야 그 이유를 알게 되었다. 사람은 생후 3일째가 되면 혈액 응고의 필수 요소인 프로트롬빈의 양이 성인의 30%에 달하고, 점점 증가해서 생후 8일째 되는 날에는 성인의 110%를 유지하는데 이로 인해 출혈로 인한 위험부담이 최소화된다는 것이요 9일째부터는 이 양이 다시 줄어든다는 것이다. 또 노아의 방주 크기를 "그 길이는 삼백 규빗, 너비는 오십 규빗, 높이는 삼십 규빗"[64]이라고 했는데 1992년 6월부터 12월 말까지 6개월간 해군사관학교에서 50분의 1 크기의 방주 모형과 다른 여러 규격의 배 모형을 만들어 놓고 실험을 했다. 이듬해 1993년 2월 17일에 실험 결과를 일제히 보도했는데 노아의 방주는 30m 이상의 파고에도 안전하고 최고 43m의 파도

---

63 창 17:12

64 창 6:15

가 쳐야 바닷물의 침수가 이루어지는 것으로 측정되었다고 한다. 해사기술연구소의 홍석원 박사팀은 노아의 방주가 "현대 조선 공학으로 제작된 그 어느 선박보다도 뛰어난 안정성을 갖고 있다."라고 했다. 유럽에서 흑사병 환자 시신을 처리할 때 성직자들이 3500년 전에 전염병 환자를 격리 수용할 것을 명령하고 있는 레위기서 말씀을 따라 시행한 결과 흑사병으로부터 사람의 생명을 구할 수 있었고, 1840년대 비엔나의 '알레 게마이네 크라켄 하우스' 병원에서는 시체를 만진 손을 씻고, 옷을 빨며, 기구들을 씻고, 거하는 곳을 정결케 하며, 다른 사람과의 접촉을 금하라고 하는 전염병 예방을 언급한 말씀을 따라 처음 '손 씻는 원리'를 실시했더니 손을 씻기 전과 씻은 후의 발병과 치사율의 현격한 차이를 발견했다고 한다. 또 레위기서에 토끼가 되새김질하는 것으로 되어 있는데, 사람들은 토끼의 되새김질을 믿지 않았고 이것이 19세기에 와서야 과학적으로 밝혀졌다고 한다. 성경에 여리고성은 일곱째 날 이스라엘 군대의 함성에 의해 무너졌다고 기록되어 있다. 사람들은 말도 안 되는 소리라고 했지만, 1831년 영국의 군대가 현수교를 건너던 중 행진하던 군인의 규칙적인 발걸음과 다리의 고유 진동수가 일치하면서 다리가 무너지는 사건이 발생했고, 1940년에는 미국 워싱턴주의 타코마 협교가 가벼운 돌풍으로 인해 상판이 휘어 붕괴한 사건이 발생하면서, 서로 다른 두 물체의 진동수가 일치할 때 진폭이 최대가 된다는 공명 현상의 원리를 현대 과학이 밝혀내게 되었고, 고고학자들의 발굴을 통해 여리고 성벽이 성경 말씀대로 안으로 무너진 것을 밝혀냈다.

셋째로, 성경의 '보존'을 통해 성경이 하나님의 말씀임을 알 수 있다. 성경의 기록은 A.D. 100년에 끝났고 이후 1900년 동안 원본은 사라지고 없지만 발견된 사본들은 내용상의 차이가 거의 없다는 사실이다. 중세 시대에 성경을 접할 수 있는 사람은 극소수였고, 일반인들은 성경을 가질 수 없었을 뿐 아니라 성경을 소지하고 있다는 이유만으로 죽이는 많은 역사적인 사건들이 발생했지만, 지금 성경은 세계의 90%가 넘는 사람들이 자기 언어로 된 성경을 읽을 수 있을 정도로 오늘날까지 놀랍게 보존되어 있다.

넷째로, 성경의 '주제의 통일성'을 통해 알 수 있다. 66권으로 구성된 신구약 성경은 3개 대륙에서, 3가지 언어로, 40여 명의 서로 다른 직업을 가진 사람들이, 다른 사람, 다른 시대, 다른 언어로, 1600년이라는 기간 동안 쓰인 것인데도 놀라운 통일성을 유지하고 있다. 예수님께서 "너희가 성경에서 영생을 얻는 줄 생각하고 성경을 상고하거니와 이 성경이 곧 내게 대하여 증거하는 것이로다"[65]라고 하신 말씀대로 성경의 대주제는 예수님이요 그중에서도 십자가와 부활이다. 성경은 이 큰 주제를 중심으로 놀랍도록 통일되어 있다. 이처럼 오랜 시간 동안 보존되고 놀랄 만한 통일성을 유지할 수 있었던 비결은 무엇인가? "너희는 여호와의 책을 자세히 읽어보라 이것들이 하나도 빠진 것이 없고 하나도 그 짝이 없는 것이 없으리니 이는 여호와의 입이 이를 명하셨고 그의 신이 이것들을 모으셨음이라"[66] 하나님께서 쓰시고 모으셨기 때문이다.

성경의 영향력은 문화와 언어와 환경과 역사와 인종을 초월하여 동일하게 나타났다. 구제 불능의 사람, 무식하고 무능한 사람이 세상이 감당

---

65 요 5:39

66 사 34:16

치 못할 사람으로 변화되었다. 영국의 국왕 윌리엄 4세를 이어 왕이 된 빅토리아 여왕은 64년 동안 제위에 있으면서 영국의 번영을 이루었다. 영국이 해가 지지 않는 나라로 불리던 때가 바로 이 빅토리아 여왕 시절이었다. 빅토리아는 국왕 윌리엄 4세를 이어 왕이 되었다는 소식을 듣고는 즉시 무릎을 꿇고 잠시도 자신의 품에서 떠나지 않았던 성경을 펼쳐 놓고 기도했다고 한다. "주여, 내가 여왕이 되면 하나님의 말씀대로 통치하게 해 주십시오." 빅토리아 여왕은 모든 문제에 대한 답을 하나님의 말씀 속에서 찾고 기도로 나라를 다스렸다. 하루는 한 인도 왕자가 찾아와서 빅토리아 여왕에게 나라를 잘 다스리는 비결이 무엇인지 물었을 때 빅토리아 여왕은 성경을 펴 들고 "바로 이것뿐입니다."라고 대답했다고 한다.

2. 주님의 재림과 성도의 은혜에 대한 기원

사도 요한은 "내가 진실로 속히 오리라"라는 주님의 말씀에 "아멘! 주 예수여! 오시옵소서!"라고 응답하면서 재림을 기다리는 성도들에게 은혜를 기원하며 요한계시록을 마무리한다. "주 예수의 은혜가 모든 자들에게 있을찌어다 아멘"[1] 구약(창세기-말라기)은 '저주'로 끝나지만 신약(마태복음-요한계시록)과 성경 전체는 '은혜'로 끝난다.[2] 요한계시록은 아멘으로 시작하여[3] 아멘으로 끝난다. 성경의 결론은 '은혜'요, 은혜에 대한 '아멘'이다. 예수 그리스도께서 율법의 저주에서 우리를 속량(구원)하셨기 때문이다.[4] 성도의 삶은 은혜로 시작하여 아멘으로 끝나야 한다.

성경에 가장 많이 등장하는 단어 중의 하나가 '은혜'다. 모든 은혜는 '주께로부터' 오는 것이다. 하나님은 '모든 은혜의 하나님'이요 하나님의 보좌는 '은혜의 보좌'이며, '은혜와 진리'는 예수 그리스도로 말미암아 오는 것이요, 성령은 '은혜의 성령'이다.[5] 모든 것이 하나님의 은혜이다. 그렇다면 우리가 받은 은혜는 무엇인가?

'삶'이 은혜다. 물리학자들은 우주가 존재할 수 있는 것은, 20만 가지의 물리적 상수들이 균형을 이루도록 미세 조정되어 있기 때문이라고 말한

---

1 계 22:21
2 말 4:6; 계 22:21
3 계 1:6
4 갈 3:13
5 벧전 5:10; 요 1:17; 히 4:16; 10:29

다. 전자와 양성자의 질량 비율은 1,837배인데, 만일 이 값에서 10의 37승 분의 1만큼만 차이가 나도 우주는 존재할 수 없고, '강한 핵력' 상수의 편차가 10의 31승 분의 1보다 더 높았다면 생명체에 반드시 필요한 수소가 만들어질 수 없고, 반대로 더 약했다면 수소 외에 다른 원소들이 만들어질 수 없다고 한다. 지구가 조금만 더 커도 중력이 커져서 메탄이나 암모니아와 같은 가벼운 기체들의 농도가 높아져 살 수가 없고, 더 작으면 산소가 지구 밖으로 빠져나가 살 수가 없다. 지구와 태양의 거리가 지금보다 가까우면 뜨거워서 살 수 없고 멀면 추워서 살 수 없다. 지축이 23.5도 기울어져 있어 사계절이 발생하고 에너지 순환이 이루어져 살 수 있다. 지구의 그 어떤 자동 공정 공장보다 세밀하고 정교한 인체의 신비는 더 말할 것도 없다. 이 모든 것들은 결코 우연히 진화되거나 자연적으로 만들어진 것이 아니다. 하나님이 은혜로 주신 것들이다. 우리가 사람으로 태어나 하나님을 아는 것이 은혜요 이 땅에 많은 나라 가운데 예수 믿는 나라에 태어난 것이 은혜다. 숨을 쉴 수 있고, 보고 듣고 말할 수 있고, 추위와 더위를 느낄 수 있고, 앉고 일어서고 걷는 것이 모두 은혜다. 풀 한 포기, 먼지 하나 그냥 존재할 수 없다. 하늘과 땅과 바다와 산과 들과 강과 하늘의 별들과 아름답고 향기 나는 꽃들과 온갖 식물과 사랑스러운 동물과 햇빛과 공기와 물을 주신 것이 은혜다. 먹고 마시며 잘 소화하며 따뜻한 옷과 편히 쉬는 것이 은혜다. 가정이 있고 부모 형제와 친구와 이웃과 사회와 나라가 있고, 의사소통할 수 있는 언어가 있고 삶의 지혜와 지각과 분별력이 있는 것이 은혜다.

'구원'(생명)이 은혜다. 나를 구원한 것은 나의 의로운 행위가 아니라, 전적인 하나님의 은혜다. 로마의 법은 2천 권이나 되고, 중세 프랑스의 민법은 2천 가지가 넘고, 미국의 법은 2백만 조항이 넘는다고 한다. 인류가 제정한 법률을 모두 합하면 하루에 10개만 배워도 천 년이 넘게 걸리는 어마어마한 양이다. 그 많은 법들을 어떻게 다 알며, 알지도 못하는 법을 어떻게 지킬 수 있겠는가? 법대로 구원받을 사람은 아무도 없다. 감사하게도, 우리가 구원받은 것은 법 때문이 아니라 전적인 하나님의 은혜 때문이다. "너희가 그 은혜를 인하여 믿음으로 말미암아 구원을 얻었나니 이것이 너희에게서 난 것이 아니요 하나님의 선물이라"[6]라고 했다. 우리를 택하시고 구원하심이 은혜다.[7] 하나님은 야곱이 무슨 선이나 악을 행하기도 전에 어머니(리브가) 태속에서 그를 택하셨고, 사도 바울이 무슨 선이나 악한 일을 하기 전에, 어머니의 태로부터 택정하시고 은혜로 부르셨다.[8] 하나님은 세상을 창조하기도 전, 곧 창세전에 그리스도 안에서 우리를 택하셨다.[9] 우리의 의지나 선한 행위와 전혀 관계없이, 전적으로 주권적 은혜로 택하신 것이다. 은혜로 택하신 우리를 '부르심'이 은혜다. 모세는 이스라엘 백성들에게 "여호와께서 너희를 기뻐하시고 너희를 택하심은 너희가 다른 민족보다 수효가 많은 연고가 아니라 너희는 모든 민족 중에 가장 적으니라"[10]라고 했다. 그들에게 '나의 의로움'으로 인하여 여호와께서 나를 이 땅으로 인도하여 들여서 그것을 얻게 하셨다고 심중에 말하지 말라

6 엡 2:8
7 롬 11:5
8 갈 1:15
9 엡 1:4
10 신 7:7

고 당부했다. 실상은 가나안 백성들의 악함으로 인하여 하나님께서 그들을 쫓아내신 것이요 이스라엘 백성들이 의롭거나 그들의 마음이 정직해서가 아니라고 했다. 오히려 그들은 목이 곧은 백성이라고 했다.[11] 하나님께서 이스라엘을 부르심은 오직 은혜다. 우리를 부르심도 마찬가지다. "형제들아 너희를 부르심을 보라 육체를 따라 지혜 있는 자가 많지 아니하며 능한 자가 많지 아니하며 문벌 좋은 자가 많지 아니하도다"[12] "하나님께서 세상의 천한 것들과 멸시 받는 것들과 없는 것들을 택하사 있는 것들을 폐하려 하시나니"[13]라고 했다. "하나님이 우리를 구원하사 거룩하신 부르심으로 부르심은 우리의 행위대로 하심이 아니요 오직 자기 뜻과 영원한 때 전부터 그리스도 예수 안에서 우리에게 주신 은혜대로 하심이라"[14]라고 했다. 우리의 '행위'를 보고 부르시지 않고 '은혜'로 부르셨다. "그리스도의 은혜로 너희를 부르신 이"[15]라고 했다. 성도의 구원은 전적인 하나님의 은혜다.[16] 그래서 자랑할 것도 교만할 것도 없다. 오직 주의 은혜만 자랑할 뿐이다.

'사명'(일)이 은혜다. 우리에게 일을 주시고 일터를 주신 것이 은혜다. 원래 우리는 포도원 밖에서 놀고 섰던 '영적 실업자들'이었으나[17] 그런 우리

---

11 신 9:4-6
12 고전 1:26
13 고전 1:28
14 딤후 1:9
15 갈 1:6
16 롬 3:24
17 마 20:3

를 불러 주의 일꾼 삼아 주시고 성령의 은사를 부어 주신 것이 은혜다.[18] 노아가 구원의 방주를 만들고 자기 가족과 네 생물을 살리는 큰일을 할 수 있었던 것은 그가 대단해서라기보다 하나님께 은혜를 입었기 때문이다.[19] 노아가 네 생물을 찾아다닌 것이 아니요 하나님께서 네 생물을 이끌어 그에게 보내 주셔서 방주 안에 네 생물이 가득하게 되었다. 이것도 은혜다. 야곱의 열두 아들 중 '가장 작은 자' 요셉이 '가장 큰 자' 애굽 총리가 되어 일할 수 있었던 것, 기드온이 삼백 용사로 십만이 넘는 미디안 군사를 이길 수 있었던 것, 다윗이 하나님 나라 이스라엘의 위임받은 왕이 되고 가는 곳마다 승리할 수 있었던 것은 모두 하나님의 은혜다.[20] 우리가 믿음을 지키고 사명을 감당할 수 있는 것도 은혜다.[21] 은혜를 알고 은혜 입기를 사모하고 은혜에 보답하는 삶을 살아가야 한다.

요한계시록 요약정리

이제 요한계시록을 정리하고 요약하려고 한다. 요한계시록은 장래의 비밀을 알려 주는 삼위일체 하나님의 계시를 담은 책이다. 요한계시록은 사도 요한이 본 것(과거의 사건), 지금 있는 일(현재의 사건), 장차 될 일(미래의 사건), 세 부분으로 구성되어 있고[22] 그중에서도 장차 될 일(장래의 비밀)을 알려 주시려는 것이 요한계시록을 주신 주목적이다. 장차 될 일은

---

18 롬 12:6
19 창 6:8
20 삼하 5:12
21 롬 11:5
22 계 1:19

일곱 인, 일곱 나팔, 일곱 대접 재앙의 순서대로 찾아온다. 먼저 사람의 미혹, 전쟁, 기근, 전염병과 같은 온갖 재난으로 수많은 사람들이 죽게 된다(첫째에서 넷째 인 재앙). 그러나 이것은 재난의 시작일 뿐이다.[23] 이후에 성도의 핍박이 찾아오고(다섯째 인 재앙) 그 결과 하나님과 어린 양의 진노의 날(대환난)이 시작됨을 알리는 하늘과 땅의 진동이 있다(여섯째 인 재앙). 이것은 본격적인 재난(대환난)의 신호탄 같은 것이다.

하나님과 어린 양의 진노의 날(대환난)이 이르기 전에 주의 종들을 보호하고 전 세계적인 복음 전파의 약속[24]을 이루기 위해 인치는 사건이 있다.[25] 주의 종들을 통해 전 세계적인 복음 전파가 이루어지는 동안, 일곱째 인의 때가 이르러 일곱 나팔 재앙 곧 대환난이 찾아온다. 이때 지구의 삼분의 일이 해를 받고(첫째에서 넷째 나팔 재앙) 하나님의 인을 받지 않은 자들에게 다섯 달 동안 고통이 찾아오며(다섯째 나팔 재앙), 3차 세계 대전(핵전쟁)으로 사람 삼분의 일이 죽는 유브라데 전쟁이 일어난다(여섯째 나팔 재앙). 유브라데 전쟁 후 여자의 후손 예수 그리스도[26]께서 보내실 두 증인[27]과, 하늘 전쟁에서 패배하여 땅으로 쫓겨 내려온 사탄 마귀[28]가 세울 두 짐승 곧 적그리스도와 거짓 선지자[29]가 출현하여 각각 3년 반 동안 사역한다.

---

23 마 24:8
24 마 24:14
25 요한계시록 7장
26 요한계시록 12장
27 요한계시록 11장
28 요한계시록 12장
29 요한계시록 13장

두 증인의 승천 후 두 추수가 찾아온다.[30] 먼저는 곡식 추수가 상징하는 성도의 부활이 있고(일곱째 나팔) 그다음 포도 추수가 상징하는 악인들(적그리스도의 표를 받고 그의 우상에게 경배하는 자들)에 대한 심판(일곱 대접 재앙)이 찾아온다.

일곱 대접 재앙 중의 마지막 일곱 번째 대접 재앙 때 큰 성 바벨론이 멸망하고,[31] 예수 그리스도의 재림과 함께 두 짐승은 산 채로 유황 불못에 떨어지고 그를 따르던 세상 나라와 백성은 멸망한다.[32] 두 짐승과 세상 나라를 미혹하던 마귀 사탄은 천년 동안 무저갱에 갇히고 세상 나라는 그리스도의 나라(예수 그리스도의 천년 왕국)가 된다.

천년 왕국 마지막 때 무저갱에서 잠시 풀려난 마귀 사탄이 곡과 마곡을 미혹하여 전쟁을 일으키나 하늘의 불로 멸망하고, 하나님의 최후 심판으로 죽은 자들과 사탄 마귀와 사망과 음부까지 모두 불못에 떨어진다.[33] 최후 심판 후 새 하늘 새 땅이 창조되고 새 예루살렘성이 내려오며 구원받은 자들은 죄와 죽음이 없는 새 하늘 새 땅 새 예루살렘성에서 세세토록 하나님과 어린 양을 섬기며 왕 노릇하고 영생복락을 누린다.[34]

"저희는 눈물 골짜기로 통행할 때에 그곳으로 많은 샘의 곳이 되게 하며 이른 비도 은택을 입히나이다"[35]라고 했다. 우리 인생은 눈물 골짜기에 핀

30 요한계시록 14장
31 요한계시록 17-18장
32 요한계시록 19장
33 요한계시록 20장
34 요한계시록 21-22장
35 시 84:6

꽃과 같다. 불이 섞인 유리 바다를 지나야 수정 같은 유리 바다에 서서 저 천국 하나님의 보좌 앞에서 하나님과 어린 양을 예배할 수 있다. 그것은 나그네와 같은 우리 인생길의 영원한 소망이다. 그날을 바라보며 순종하고 회개하며 끝까지 믿음의 선한 싸움에서 승리해야 하리라.